쉽게 배우는

회계입문
Principles of Accounting

박주형 · 문성훈

박영사

PREFACE

    회계는 기업 외부의 정보이용자에게 정보를 제공하는 '언어'로서의 역할을 하므로 기업과 산업, 그리고 경제를 이해하기 위해서는 회계정보를 읽고 이해하고 분석할 줄 알아야 합니다. 기업 외부 측면에서 회계정보를 읽는 것뿐만 아니라 창업 및 사업 운영과정에서도 회계정보 작성자로서 회계를 아는 것이 중요합니다.

    이 책은 회계에 처음 발을 디디는 학생들을 위해 쓰여졌습니다. 복잡한 분개나 전문적인 회계 처리 방법을 다루기보다는, 회계용어와 기본개념을 이해하고 기본지식을 쌓는 데 적합한 책입니다. 경영학을 전공하거나 회계에 관심을 가진 학생들뿐만 아니라, 이 책을 접하는 모든 이들이 회계를 보다 쉽고 명확하게 이해할 수 있도록 하는 데 초점을 두었습니다.

    회계입문 과정에서 많은 학생들이 회계가 어렵고, 재미없다는 인식 때문에 좌절하는 경우가 적지 않습니다. 이러한 점을 고려하여 본 책은 각 장마다 실제 회계 사례와 주요이슈를 소개함으로써 교과서에서 배운 지식이 현실에서는 어떻게 적용되는지 파악할 수 있게 하였습니다. 단순히 숫자를 읽는 것을 넘어, 그 의미를 해석하고 이해하는 능력을 기를 수 있도록 돕습니다. 또한, 이 책은 회계 개념을 직관적으로 이해할 수 있도록 최대한 그림을 다양하게 활용해 설명하고자 합니다.

    이 책을 통해 모든 독자가 회계의 기본 개념을 명확하게 이해하고, 보다 심도 있는 회계 지식을 탐구하며, 그에 대한 호기심을 키울 수 있기를 바랍니다. 『쉽게 배우는 회계입문』이 독자 여러분의 회계 학습 여정에서 흥미로운 첫걸음이 되기를 기대합니다.

대표저자 박 주 형

C O N T E N T S

차 례

제3장　**회계의 기록**

제2부 재무회계

제4장 당좌자산

제5장 재고자산

제6장 **비유동자산**

제3부 원가 · 관리회계

제10장 제조원가의 계산과 분석

제11장 원가행태와 경영의사결정

QR코드를 스캔하시면 정오표를 확인할 수 있습니다.

쉽게 배우는
회계입문

Principles of Accounting

ACCOUNTING PRINCIPLES

제1부

회계란 무엇인가

흔히들 회계사를 자본주의의 파수꾼이라 하기도 하며, 회계를 기업의 언어라 부르기도 한다. 도대체 회계가 무엇이길래, 이와 같이 불리는 것인가? 회계를 처음 접하기 시작한 사람들은 막연히 회계가 수학적 지식이 필요하고 생소한 개념, 용어들로 나열된 어려운 분야로 생각한다. 또는, 기업의 재무팀, 회계팀에 속하지 않거나 주식을 투자하지 않는 한 나와는 상관없는 영역이라 생각할 수 있다. 하지만 일상 속에서 회계는 구직하기 위해 기업정보를 스터디할 때, 또는 개인 사업자로서 작은 치킨가게를 열거나 사업을 시작할 때, 스타트업을 창업할 때부터 반드시 알아야 하는 일상적이고 기본적인 개념이다.

여러분이 가족들과 작은 쇼핑몰을 운영하기 시작했다고 가정해보자. 사업의 시작은 가족들이 함께 동대문에서 옷을 도매가에 구입하고 다시 이를 판매하는 것이었으나 점점 고객도, 매출도 많아져 투자해야 할 기회가 많아졌다. 옷을 더 다양하고 많게 구입해야 하고 재고를 보관할 창고를 마련해야 할 수 있다. 인터넷으로만 팔던 옷을 고객들이 직접 입어볼 수 있도록 쇼룸을 마련해야 하고 CS(고객서비스) 담당직원, 촬영기사 및 모델, 쇼룸 직원 등 고용해야 하는 종업원의 수가 늘어나고 써야 할 돈도 많아지게 된다. 자본금이 필요해진 쇼핑몰의 운영자는 돈을 마련하기 위해 투자자를 모집하거나 은행에 돈을 빌려야 할 수도 있다. 여러분들이 만약 돈이 필요해 은행에서 대출을 해야 할 상황이라면 은행은 차입자의 신용이나 담보 등을 보증할 수 있는 서류를 요구할 것이다. 마찬가지로 쇼핑몰의 운영자도 투자를 받고 돈을 빌리기 위해서는 기업이 돈을 어떻게 쓰고 있고 얼마나 벌고 있으며 얼마의 자산을 가지고 있는지, 그동안의 부채는 어떠한지 등에 대한 정보를 제공해야 투자자는 투자를 할지, 은행은 돈을 빌려줄지에 대한 의사결정을 할 수 있는 것이다. 즉, 이 쇼핑몰은 자금조달을 위해 투자자와 은행 등 이해관계자의 의사결정에 도움을 줄 수 있는 정보를 제공해야 한다. 그리고 그 정보를 제공하기 위해서는 과거에 자금을 어떻게 조달했고, 자금을 어떻게 사용했는지의 재무상태와, 쇼핑몰이 얼마나 돈을 잘 벌어왔는지의 경영성과를 정해진 규칙에 맞게 잘 기록해두어야 할 것이다. 이를 재무회계로 설명할 수 있다. 또한, 이 쇼핑몰은 영업전략과 수익 창출을 위해 원가를 정확히 계산해보고 원가절감 방안과 가격전략을 고민해봐야 할 것이다. 이는 원가·관리회계와 관련된 내용이다. 뿐만 아니라 쇼핑몰을 운영하면서 종업원에게 지불한 임금에서 근로소득세를 여러분들이 원천징수하여 관련 기관에 납입하거나, 쇼핑몰 운영에 사용된 비용이 어떠한 항목들이 있는지, 공제받을 수 있는 것들은 무엇인지, 그리고 이들이 최종적으로 내야 하는 세금은 얼마인지 등 세금과 관련된 여러 가지 문제들도 발생할 것이다. 이는 세무회계와 관련된 내용이다.

본 교과서에서는 일반기업 회계 기준에 따른 재무회계, 원가·관리회계의 기초적인 내용들을 다루도록 한다.

회계의 역사

최초의 주식회사는 어떻게, 왜 만들어졌을까?

최초의 주식회사는 1602년에 설립된 네덜란드의 동인도 주식회사였다.

콜럼버스가 아메리카 대륙을 발견하여 자연스럽게 해상무역을 중심으로 한 상공업이 발전하기 시작했고, 이후 인도항로 개척 등으로 16세기에 대항해 시대가 열리게 되었다. 중국의 비단이나 인도의 향료를 유럽으로 가져오는 중개무역을 시작한 것이다. 유럽의 대항해 시대에 무역이 성공하면 그 이윤이 무려 4배에 달했기에 너도나도 인도, 중국과의 무역에 진출하고 싶어 했다. 영국 상인들이 서로 연합하여 영국의 동인도회사를 설립하자, 당시 국가 재정이 어려웠던 네덜란드 정부 또한 막대한 자금을 벌어들이고 싶어 했다. 그러나 원거리 항해에는 대규모의 선박단을 마련해야 했기에 막대한 자금이 필요했고, 16세기 말 독립전쟁으로 인해 자금이 부족했던 네덜란드는 의회와 상인들의 자금이 부족했던 차에 한 아이디어를 고안하게 된다. 국민들에게 투자를 받아 동방무역에 필요한 대규모 선단을 꾸리고 이익이 생기면 이윤을 투자자들끼리 배분하자는 것이다. 이때 출범한 회사가 바로 동인도 주식회사였다. 동인도 주식회사는 투자자를 모으고 그들에게 얼마의 지분을 투자했는지를 적은 증서를 주게 된다. 이것이 바로 **주식**이다. 회사가 주주들로부터 투자를 받고 이익이 생기면 주주들에게 배분한다는 주식회사의 개념이 처음 생긴 것이다. 이렇게 최초의 주식회사는 막대한 자금을 조달하기 위해 자연스럽게 생겨나게 되었다.

또 다른 이야기를 해보자. 원거리 항해에는 막대한 자금이 필요했다. 아무 문제 없이 항해에 성공한 경우 막대한 돈을 벌게 되었지만, 많은 금과 은, 무역품들을 싣고 가던 범선은 늘 해적 공격의 대상이었고 풍랑과 같은 자연재해로 인해 대항해를 떠난 배가 돌아올 확률은 높지 않았다. 어떠한 선주가 막대한 자금을 들여 그의 선단을 꾸리고 출항시켰다고 가정해보자. 선단이 안전하게 물건을 싣고 다시 돌아왔다면 대성공이겠지만 자연재해를 만나 배가 좌초되면 자신이 투자한 모든 것들을 잃게 된다. 막대한 자금을 마련하기 위해 지인에게 돈을 빌렸다고 한들, 자신의 돈과 빌린 돈 모두 본인이 책임져야 할 몫이 된다.[1] 즉,

---

1) 이를 무한책임이라 한다.

성공만 하면 어마한 돈을 벌게 되었지만 실패할 경우 선주의 돈을 모두 잃고 파산하게 되는, 고위험 고수익(high risk high return) 게임이었던 것이다. 그러나 동인도 주식회사는 최초의 투자자들을 모아 대규모 선단을 꾸리고, 성공적으로 돌아오게 되면 그 이윤을 각자의 투자금의 비율에 맞게 배분하기로 했다. 반대로 말하면 배가 돌아오지 못해 성과가 없다 하더라도 자신이 투자한 금액만큼만 잃게 되는 것이다.[2]

단, 출항할 때마다 대규모 자금을 조달하는 것이 힘들었기 때문에 동인도 주식회사는 장기간 투자금을 유치하도록 했다. 투자자들은 이를 부담스러워할 수 있기에 자신의 지분을 다른 사람들에게 양도, 이전할 수 있는 권리가 있다는 조항을 만들어두게 된다. 이게 주식거래의 시초가 된다. 당시의 동인도 주식회사는 높은 수익률로 인해 입소문을 타고 있었기에 시장에서 지분을 양도·이전 받으려는 사람들 간의 거래가 활발해졌다. 이러한 시장을 **자본시장**이라 한다. 결국 네덜란드 정부는 1609년 암스테르담에 **증권거래소**를 설립하게 된다.

💡 우리나라의 증권거래소는 어디일까?

---

2) 이를 유한책임이라 한다.

제1장 | 회계란 무엇인가

회계란 무엇인가

1. 회계의 전제

흔히들 회계는 '기업의 언어'라는 이야기를 많이 들어봤을 것이다. '언어'가 존재하는 이유는 무엇일까? 의사소통하기 위해서? 그렇다면 의사소통을 왜 하는 것일까. 바로 내가 가지고 있는 생각을 상대방은 알지 못하고, 마찬가지로 상대방이 하고 있는 생각을 내가 알지 못하기 때문에 이를 전달해주기 위함이다. 예를 들어, 한 가족이 장거리 여행을 떠나고 있다. 오랜 시간 자동차 여행을 한 아들은 화장실이 매우 급했다. 아들이 부모님에게 "화장실이 급하니 휴게소에 들리자."라는 자신의 생각을 언어로 표현하지 않는 이상 부모님은 그 아들이 얼마나 급한 상황인지, 또는 화장실을 가야 하는지조차 알 수 없을 것이다. 이때 아들은 자신이 가지고 있는, 화장실이 급하다는 정보를 언어로써 표현해야 한다. 즉, 아들이 가지고 있는 정보를 부모님이 가지고 있지 않기 때문에 정보를 흘려주고자 언어가 존재한다는 이야기이다. 이와 같은 상황에서 아들은 정보가 많은 사람, 부모는 정보가 적은 사람이 된다. 아들의 정보와 부모의 정보가 대칭적이지 않고 한쪽으로 기울어져 있는 것이다. 이를 **정보의 비대칭성**이라 부른다. 다시 말해, 정보의 비대칭성 때문에 언어가 존재하는 것이고, 언어는 정보의 비대칭성을 줄여주는 수단이라는 것이다. 이 가족의 여행에서 정보의 비대칭성이 어느 정도 해결되지 않는다면 모두가 불편한 상황과 비효율이 발생할 것이다.

다시 회계 이야기로 돌아가 보자. 회계는 기업의 '언어'라고 했다. 이는 즉슨 회계는 정보의 비대칭성이 전제된다는 것이다. 즉, 자본시장에서 정보가 대칭적이지 않은 상황이 있다는 것이고, 정보가 많은 곳으로부터 정보가 적은 곳으로 정보를 흘려보내는 역할을 바로 회계가 한다는 것이다. 정보가 흘러가기 위해서는 수요가 존재해야 한다. 여행 중에 아들이 화장실이 급하다는 정보는 원만한 여행을 원하는 부모님에게나 수요가 있지, 먼 나라에서 별개로 여행하고 있는 다른 사람들에게는 중요하고 필요한 정보가 되지 않는다. 회계에서도 마찬가지이다. 회계에서의 정보는 회계·재무정보를 의미하며, 기업을 둘러싼 이해관계자들이 바로 회계정보를 필요로 한 사람들이 된다. 이 기업의 투자자 또는 돈을 빌려주는 사람들은 그들의 의사결정을 위해 회계정보가 필요하지만 그 정보는 절대적으로 기업이 많이 가지고 있다. 즉, 종업원 고용, 연구개발투자 등 막대한 자금이 필요한 기업은 상대적으로 정보가 부족한 투자자와 채권자에게 투명하고 신뢰성 있는 재무정보를 작성·공시하여 정보의 비대칭을 줄이고 자금을 확보하고자 하는 것이다. 따라서 기업에서의 회계란 기업을 둘러싼 정보이용자(또는 이해관계자라고도 한다) 간 정보의 비대칭성 때문에 존재하는 것이며, 회계의 역할은 기업과 이해관계자들 간 정보의 비대칭성을 줄임으로써 이해관계자들의 의사결정에 유용한 정보를 제공하는 것을 의미한다.

2. 회계의 정의

회계란, 기업을 둘러싼 정보이용자(또는 이해관계자)의 의사결정에 유용한 정보를 제공하는 정보시스템을 의미한다.

> **[개념]**
> 회계란, 기업을 둘러싼 정보이용자(이해관계자)의 의사결정에 유용한 정보를 제공하는 정보시스템을 의미한다.

한 단어씩의 의미를 짚어보자. **정보이용자(이해관계자)**란 기업의 재무정보를 이용하여 어떠한 의사결정을 내리는 사람들을 지칭한다. 정보이용자, 또는 이해관계자들은 회계의 종류에 따라 달라질 수 있는데 대표적으로는 주주, 채권자, 경영자 등이 있다. 다음으로 회계의 정의에서 **의사결정**이라 함은 기업과 관련해 재무정보를 이용하여 수행하는 의사결정을 의미한다. 이해관계자가 주주일 때의 의사결정은 해당 기업의 주식을 매수·매도·유지할지, 이해관계자가 채권자일 때의 의사결정은 해당 기업에 돈을 빌려줄지, 이해관계자가 경영자일 때는 기업에 연구개발과 관련된 투자를 진행할지 등 그 기업과 관련한 의사결정 모두를 의미한다. 이러한 정보이용자(이해관계자)들의 의사결정에 회계정보는 유용하게 사용될 수 있도록 작성·보고되어야 한다. 주주에게는 주식의 매수·매도·유지와 관련한 의사결정에 사용 및 도움이 될 수 있어야 유용한 정보가 된다. 경영자가 짜장면보다는 비빔면을 좋아한다는 정보는 주주에게 유용한 정보가 될 수 있을까? 그렇지 않다. 경영자의 비빔면에 대한 선호도는 주주들이 투자의사결정을 하는데 어떠한 차이를 줄 수 없다. 즉, 기업의 재무정보가 주주의 의사결정에 차이를 줄 수 있을 때 비로소 그 정보는 **유용한 정보**가 된다.

3. 회계의 종류

회계는 목적에 따라 재무회계, 원가회계, 관리회계, 세무회계, 비영리회계, 감사 등으로 나뉘어 종류를 설명할 수 있다.[1]

(1) 재무회계(Financial Accounting)

기업은 투자를 유치하거나, 기계장치를 구입하는 등 다양한 의사결정에 많은 돈이 필요할 수 있다. 이때 기업 내부로부터의 자금 융통이 어렵다면 경영자는 기업 외부로부터 투자를 받거나, 돈을 빌리고 싶어 할 것이다. 이를 자본조달이라 한다. 기업이 재무정보를 기록하여 외부에 보고·제공하고자 하는 목적은 다양하게 있을 수 있는데 가장 큰 목적이 자본조달이라 할 수 있다. 자본조

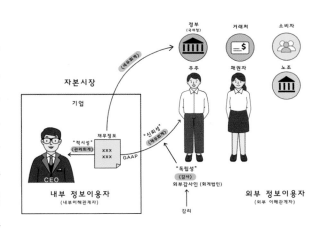

• 그림 1-1   회계의 종류

달을 위해 기업이 가장 먼저 할 수 있는 일은 투자자들에게 투자를 요청하거나 은행에 돈을 빌리는 것이다. 단, 기업과 기업 외부의 이해관계자 사이에는 정보의 비대칭이 존재하므로 경영자는 기업에 관한 정보를 간략히 적어 투자자와 채권자들에게 보여주고, 투자와 대출을 요청해야 할 것

---

1) 본 교과서에서는 위의 내용 중 재무회계, 원가회계의 일부를 넓게 다루고자 한다.

이다. 자본조달을 위해 경영자는 기업이 돈을 얼마나 잘 벌어왔고 얼마나 튼실한 기업인지, 그리고 기업이 투명하게 운영되고 있으며 미래에도 지속적인 이익을 창출하는 기업이라는 정보를 제공하고 싶어 한다. 이와 같이 투자자와 채권자의 의사결정에 필요한 기업의 회계정보를 산출, 작성 및 공시하는 일련의 시스템을 **재무회계**라 한다.

> [개념]
> 재무회계란 외부 이해관계자들의 의사결정에 유용한 정보를 전달하는 정보시스템, 즉 재무정보를 작성하고, 보고하는 일련의 시스템을 의미한다.

재무회계의 이용자는 **외부 이해관계자**이다. 외부 이해관계자들이란 기업 외부에서 해당 기업의 정보를 이용하여 의사결정하는 다양한 주체들을 의미한다. 외부 이해관계자로는 주주, 채권자, 공급자(거래처), 정부기관, 세무당국, 정보중개인, 노조와 근로자, 소비자 등 다양하다. 주주란 투자 의사결정을 수행하는 주체인 투자자를 의미한다. 이들은 기업에 투자하여 수익을 얻을 수 있는지, 장기간 투자해도 괜찮은 기업인지 궁금해할 테고, 주가가 상승할 경우 주식을 언제 매도하여 시세차익을 얻을지 등 회계정보를 이용하여 투자 의사결정을 수행한다. 채권자란 기업에 자금을 상환받을 권리가 있는 자금대여자이므로 돈을 빌려주고 이자와 원금을 제때 받을 수 있는지 그 기업의 신용을 파악하고자 회계정보를 이용한다. 이외에도 공급자(거래처)는 거래하고 있는 기업이 충분한 지불능력이 있는지, 장기간 함께 거래할 수 있는 기업인지를 판단하기 위해 회계정보를 이용한다. 또한, 정부기관은 경제정책 수립 또는 기업규제 정책의 결정을 위해, 세무당국은 적절한 법인세를 납부했는가 판단하기 위해 회계정보를 필요로 한다. 정보중개인은 주로 재무분석가와 신용평가기관을 의미하는데, 이들은 기업에 대한 투자 의사결정, 또는 회사채의 신용등급에 관한 정보를 제공하기 위해 회계정보를 이용한다. 노조와 근로자는 기업이 운영되고 있는 상황, 안정성, 수익성에 대해, 소비자는 제품을 사용하는 동안 충분한 A/S를 받을 수 있을지에 관심가지고 기업의 재무정보를 이용하려 할 것이다. 회계는 이러한 다양한 외부 이해관계자의 의사결정에 유용한 정보를 제공하는 데 그 목적이 있다. 단, 재무정보이용자가 다양하고 많기 때문에 모든 이들의 이해를 충족시키기 위한 회계정보를 산출하는 것이 어려우므로 재무회계에서는 주된 정보이용자를 주주와 채권자로 한정한다.

그렇다면 기업의 경영자가 주주와 채권자가 궁금해할 만한 재무정보(매출 100억, 이익 20억)를 종이에 연필로 적어 외부의 투자자와 채권자들에게 보여준다고 생각해보자. 외부 이해관계자들은 과연 이러한 기업의 재무 정보를 믿고 돈을 투자하고, 빌려줄 수 있을 것인가? 그렇지 않다. 돈이 오가는 일에는 신뢰성이 가장 중요하다. 기업은 이러한 신뢰성을 확보하기 위해 규칙에 맞게 여러 거래들을 회계장부에 기록하게 된다. 이러한 규칙을 우리는 **일반적으로 인정된 회계원칙** (Generally Accepted Accounting Principles, GAAP)이라 한다.[2]

결국, 회계원칙이 존재하는 이유는 기업이 산출하는 재무정보의 신뢰성을 확보해야 하기 때문이다. 그러나 단지 규칙에 맞게 매출 100억, 이익 20억을 기록해서 외부 이해관계자들에게 보여준다 해도, 그것이 정말 신뢰성이 확보된 정보라 할 수 있을까? 신뢰성을 확보하고 이해관계자들의 피해를 줄이기 위해서는 재무정보가 회계원칙에 맞게 잘 작성되었음을 검증할 수 있는 시스템이 필요하다. 이를 **감사**라 한다. 또한, 회계장부를 감사하는 주체는 감사를 받는 기업(이를 피감법인이라 한다)과 독립적인 제3자여야 신뢰성을 확보할 수 있을 것이다. 이때 제3자는 기업 외부에 있는 주체를 의미하므로 '외부감사인'이라 불리며, 회계법인에 소속된 공인회계사들이 외부감사인으로서 각 기업의 회계장부를 감사하게 된다.[3] 이렇게 기업은 회계장부를 규칙에 맞게 기록하고, 외부감사인으로부터 회계장부를 감사받아 기업 외부의 이해관계자들에게 유용한 회계정보를 제공한다. 우리는 이러한 회계를 '재무회계'라 한다.

(2) 관리회계(Management Accounting) · 원가회계(Cost Accounting)

재무정보를 작성 · 보고해 외부 이해관계자들의 의사결정에 유용한 정보를 제공하는 것이 재무회계라 한다면, 내부에서 재무정보를 작성하고 내부 이해관계자들의 의사결정에 유용한 정보를 제공하는 것을 관리회계라 한다. 기업 내부에서 경영진은 재무정보를 바탕으로 기업의 현 상황을 유지할지, 더 투자할지, 종업원을 더 고용할지 등의 의사결정을 수행할 것이다. 이에 **관리회계**는 경영자와 같은 내부 이해관계자들의 의사결정에 유용한 정보를 제공하는 시스템을 의미한다.

> [개념]
> 관리회계란 내부 이해관계자들의 의사결정에 유용한 정보를 제공하는 것을 의미한다.

---

2) 일반적으로 인정된 회계원칙(GAAP)은 포괄적 개념으로 사용된다. 대상에 따라 GAAP으로써 일반기업회계기준, 한국채택 국제회계기준(K-IFRS)이 적용된다.
3) 외부감사를 받아야 하는 기업들은 일정 규모이상의 큰 기업이다. 기업의 규모가 큰 만큼 다양하고 많은 외부 이해관계자들이 얽혀있기 때문에, 감사를 받도록 하여 신뢰성있는 재무정보를 제공하게 하는 것이다. 이외 외부감사대상인 기업과 그렇지 않은 기업은 2절에서 서술한다.

관리회계정보의 이용자는 **내부 이해관계자**들이다. 이때 내부 이해관계자들이란, 기업 내부에서 재무정보를 이용하여 계획(예산편성), 통제(성과평가), 가격결정 등의 경영전략과 같은 의사결정을 수행할 수 있는 주체를 의미한다. 따라서 기업 내부에 있다고 해서 모두 관리회계의 정보이용자가 되는 것이 아니라 기업과 관련한 주요 의사결정의 권한이 있는 경영진을 의미한다. 경영진은 의사결정의 목적에 맞게 재무정보를 다양한 형태로 산출·활용·분석하여 다양한 의사결정을 수행할 수 있다. 이에 관리회계에서는 규칙이 따로 존재하지 않으며, 외부감사인으로부터 감사를 받아야 할 필요성도 없다.

원가회계는 외부에 보고하기 위한 목적을 포함하여 제품, 서비스, 고객, 프로젝트 등에 대한 원가를 계산하는 회계시스템을 의미한다. 즉, 원가회계는 원가를 계산하는 시스템 자체를 의미하고, 관리회계는 원가회계를 통해 정확하게 계산된 원가 정보를 이용하여 계획과 통제, 가격설정 등 내부 이해관계자의 의사결정에 도움을 주는 시스템을 의미한다.

(3) 세무회계(Tax Accounting)

기업은 매출활동을 통해 소득을 발생시키고 이를 재무정보로써 기록한다. 국가는 기업이 작성한 회계기록을 바탕으로 재정수입 조달 및 공평한 과세를 실현하기 위해 세법상 기업의 소득을 계산하여 세금을 산출하는데, 세무회계는 이러한 과정에 필요한 회계시스템으로써 정부기관(국세청)에 세금산출에 필요한 정보를 제공하는 것을 목적으로 한다.

[개념]
세무회계란 기업이 작성한 회계기록을 바탕으로 세법에 따라 과세소득(세금)을 산정하는 일련의 과정들을 재무적 정보로써 이해관계자들에게 전달하는 회계시스템을 의미한다.

● 표 1-1 회계의 분류 및 비교

	재무회계	관리회계·원가회계	세무회계
정보이용자	외부정보이용자 (투자자, 채권자, 거래처 등)	내부정보이용자 (경영진)	정부기관 (국세청)
목적	과거의 재무정보를 작성·보고	경영자의 의사결정을 위한 재무정보 생성·분석	법인세, 소득세, 부가가치세 등 세무보고서 작성
작성기준	일반적으로 인정된 회계원칙(GAAP)	특별한 기준이나 원칙이 존재하지 않음	법인세법, 소득세법, 부가가치세법

(4) 감사(Audit)

재무회계를 통해 산출, 작성 및 공시되는 회계정보의 신뢰성을 확보하기 위해서는 기업과 독립된 제3자로부터 감사를 받아야 한다. **감사란**, 기업이 작성한 회계기록이 회계기준과 원칙에 따라 작성되고 있는지, 기업의 재무상태와 경영성과를 적절하게 표시하고 있는지를 확인하기 위해 증거들을 수집·평가하고 결과를 전달하는 체계적인 과정을 의미한다. 이때의 제3자는 기업의 외부에 있는 독립적인 제3자로서 회계기록을 분석적으로 검토하여 적정여부에 관한 의견을 표명하는 역할을 수행한다. 주로 공인회계사가 소속된 회계법인이 이 역할을 담당하며, 이들을 통칭하여 외부감사인이라 한다.

[개념]

감사(Audit)란, 기업이 작성한 회계기록이 회계기준 및 원칙에 따라 작성되고 기업의 재무상태와 경영성과를 적절하게 표시하고 있는가를 확인하기 위해 증거들을 수집·평가하고 결과를 전달하는 체계적인 과정을 의미한다.

[개념]

외부감사인이란, 감사를 받는 기업(피감법인)과 독립적인 제3자로서 피감기업이 작성한 회계기록을 분석적으로 검토하여 적정여부에 관한 의견을 표명하는 역할을 수행한다. 주로 공인회계사가 소속된 회계법인이 이 역할을 담당한다. 기업 내부에서 기업 경영활동을 감사하는 내부감사인과 구별해야 한다.

이외에도 영리를 목적으로 하지 않는 소비경제주체인 가계, 교회, 정부, 학교 등 비영리기관의 회계를 의미하는 비영리회계가 있다. 본 교과서에서는 돈을 벌려는 목적으로(영리목적) 법인을 만들고, 사업을 영위하면서 접할 수 있는 회계시스템인 재무회계, 관리회계·원가회계에 대해 다루도록 한다.

 생각해보기 ▷ 공인회계사는 누구인가? 왜 존재하는가? 무엇이 중요한가!

외부감사인은 자본시장의 투명성을 확보하기 위해, 기업이 산출한 회계정보가 신뢰할 만한지 감사하는 역할을 수행한다. 그렇다면 재무제표를 감사하는 데 있어, 중요한 것은 무엇인가? 바로 외부감사인이 감사를 받는 기업과 독립적인 위치를 유지하는 것인가에 대한 이슈이다. 외부감사인은 공인회계사나, 회계법인이 그 역할을 수행할 수 있는데, 그렇다면 이들은 감사업무만 수행할까? 그렇지 않다. 감사 이외의 비감사업무인 세무,

경영자문, 회계업무 등을 수행한다. 심지어 회계법인 입장에서는 감사에 대한 수임료보다 그 외 비감사업무에 대한 수임료가 더 수익성이 좋다. 그렇다면 외부감사인이 동일한 기업에 대해 비감사업무를 수행하고, 동시에 감사업무를 수행한다면, 재무제표가 신뢰성 있게 작성되었는지 제대로 감사할 수 있을까? 이를 위해 어떠한 시스템이 갖춰지고 어떠한 노력들을 수행하고 있는가?

💡 감리에 대해 알아보자.

 생각해보기 **지정감사제도가 좋은 거야?**

한국은 1980년대까지 외부감사인을 전면 지정제로 운영했다. 감사인 지정제란 정부가 회계법인에 특정 고객사를 직접 지정해주는 제도를 의미한다. 감사인 지정제는 외부감사인의 독립성을 확보한다는 큰 장점이 있지만 회계법인이 직접 감사받는 기업(피감기업)을 찾아다닐 필요가 없어 경쟁을 완화시킨다는 점에서 감사품질이 평준화될 수 있다는 비판을 받는다. 또한 회계법인 입장에서는 처음 감사를 맡게 되는 기업이 생겨 정보 획득의 시간·비용이 증가하고 초도감사 리스크가 높아질 수밖에 없다. 피감기업 입장에서는 전문성이 부족한 감사인이 채택될 수 있다는 점에서 회계리스크 또한 커질 수 있고, 경쟁을 저해한다는 점에서 감사비용이 부담될 수 있다는 비판을 받아왔다.

세계적으로 이러한 전면 지정제를 채택하는 나라는 드물며, 유럽연합과 미국과 같은 역사가 깊은 국가에서는 모두 자유 수임제를 채택하고 있었다. 한국도 피감기업의 규모가 커지고, 회계법인 간 공정한 경쟁을 유도하고 감사의 품질을 높이고자 1980년대 이후로 자유수임제로 변경하였다.

그러나 2018년, 대우조선해양의 분식회계 사태는 사회적으로 큰 파장을 일으키며 자유수임제에 대한 비판의 목소리가 다시 커졌다. 회계법인과 피감기업의 유착관계가 독립성을 저해하고, 부실감사로 이어져 회계투명성이 훼손된다는 것이다. 결국 대기업의 분식회계 사태 이후 2018년 '주기적 감사인 지정제(지정감사제)'가 도입되었고 실질적으로는 2020년부터 시행되었다. 지정감사제란 감사를 받는 기업 대신 금융당국이 피감기업의 회계법인을 지정하는 제도로, 피감기업이 6년간 감사인을 자유롭게 선임한 후, 이어지는 3년간은 금융당국(증권선물위원회)이 감사인을 의무적으로 지정하는 방식이다.

💡 지정감사제 및 자유수임제와 외부감사인의 독립성은 어떠한 연관이 있는지 생각해보자.
💡 회계품질과 회계보수는 자유수임제와 및 지정감사제와 어떤 관련성이 있을까?
💡 회계 투명성 제고를 위해서는 자유수임제, 또는 지정감사제 중 어떠한 방법이 적절할까?

알아보기　회계의 투명성과 전자공시시스템(DART)이란?

재무회계는 정보의 비대칭성 문제로 인해 외부 이해관계자들에게 신뢰할 수 있는 정보를 제공하는 것이 중요하다. 특히 재무정보의 신뢰성을 확보하기 위해서는 정보가 투명하게 기록되어야 하며 모든 사람이 정보에 접근할 수 있어야 한다. 외부 감사인의 감사, 감독, 회계 기준 및 기관은 회계정보가 투명하게 기록되도록 하는 제도적 장치로서 중요한 역할을 한다. 하지만, 정보가 아무리 투명하게 기록되어도 그 정보에 접근할 수 없다면 투명성은 의미가 없을 것이다. 금융감독원은 회계 투명성을 제고하고자 전자공시시스템(DART: Data Analysis, Retrieval, and Transfer System)을 운영하고, 정보 이용자들은 전자공시시스템을 통해 언제 어디서든, 누구나 회계 정보에 접근할 수 있다. 전자공시시스템이란 상장법인이 인터넷을 통해 공시서류를 제출하고 투자자 등 이용자가 제출된 서류를 즉시 조회할 수 있도록 하는 종합적 기업공시 시스템을 의미한다.

정보에 쉽게 접근할 수 있다 하더라도 그 정보가 신뢰성 있고 투명하게 기록되지 않는다면 회계의 투명성은 확보될 수 없다. 따라서 정보가 투명하게 기록되는 것과 누구나 쉽게 접근할 수 있는 것, 이 두 가지 모두가 필요하다. 이제 전자공시시스템을 통해 우리가 관심 있는 기업의 일반정보 및 재무정보를 살펴보자.

💡 전자공시시스템에서 내가 관심 있는 기업의 일반정보 및 재무정보를 열람해보자.

02 회계기준 및 기업의 분류

1. 회계기준의 종류

앞에서 언급한 바와 같이, 기업은 회계정보의 신뢰성을 확보하기 위하여 정해진 규칙에 의해 회계장부를 작성해야 한다. 그렇다면 어떤 기업에 어떤 규칙이 적용되는 것일까? 회계정보를 기록하는 데 따라야 하는 규칙을 포괄적인 개념으로서 일반적으로 인정된 회계원칙(Generally Accepted Accounting Principles, GAAP)이라 부른다.

우리나라는 다음의 표와 같이 기업의 분류에 따라 일반적으로 인정된 회계원칙으로서 한국채택 국제회계기준(이하 K-IFRS), 일반기업회계기준, 중소기업회계기준을 적용한다. 한국채택 국제회계기준(K-IFRS)은 회계기준위원회가 국제회계기준(IFRS)을 근거로 제정한 한국의 회계기준을 의미한다. 상장기업과 금융기업들은 한국채택 국제회계기준(K-IFRS)을 적용하여 회계정보를 기록해야 한다. 비상장기업 중 주식회사 등의 외부감사에 관한 법률(이하 외감법)의 적용을 받는 기업, 즉 외감대상인 기업은 일반회계기준을 따라야 하나 선택적으로 K-IFRS을 적용할 수 있다. 비상장기업 중 외감법의 적용을 받지 않는 비외감기업들은 상법에서 고시된 중소기업회계기준을 따라야 하고, 마찬가지로 K-IFRS를 선택적으로 적용할 수 있다. 본 교과서에서는 비상장 외감대상기업을 대상으로 하는 일반기업회계기준을 중심으로 학습한다.

● 표 1-2 회계원칙의 분류 및 적용

기업	외부감사	관련 법령	K-IFRS	의무 회계기준
상장사, 금융기업	의무	외감법	의무	K-IFRS
비상장사 - 외감대상기업	의무	외감법	선택 가능	일반기업회계기준
비상장사 - 비외감기업	면제	상법	선택 가능	중소기업회계기준

2. 회계정보 산출 대상

그렇다면, 앞에서 언급한 일반기업회계기준을 따르는 외감대상인 비상장기업들은 구체적으로 어떤 기업들을 의미하는 것일까? 이를 알기 위해서는 구체적으로 기업의 종류에 대해 알아볼 필요가 있다.[4)]

먼저, 기업을 시작할 때 사업의 주체에 따라 개인기업과 법인기업으로 구분할 수 있다. 개인기업이란, 일반적으로 한 개인이 소유하고 운영하는 기업으로, 개인사업자라고도 한다. 즉, 기업을

---

4) 기업, 정부, 가계, 학교, 병원 등 회계를 기록하고 보고하고자 하는 대상은 회계작성자의 목적에 의해 달라지는데, 본 교과목에서는 '기업'만을 대상으로 설명한다.

소유하고 있는 사람이 동시에 경영도 하고 있으므로 경영자가 사업에 대해 손실, 이익 등 전적으로 책임을 지게 된다. 예를 들어, 소상공인, 자영업자의 대부분이 개인사업자이며, 이외에도 프리랜서, 개인사무소(회계사, 변호사, 건축사 등), 개인병원이 있다. 개인기업(또는 개인사업자)은 소득세법을 적용받는다.

　법인기업이란 상행위나 그 밖의 영리를 목적으로 설립한 법인으로 주로 주식회사의 형태를 지닌다.[5] **주식회사**란 주식을 발행해 주주로부터 자금을 출자하여 설립된 기업을 의미한다. 이때의 주주는 자신이 투자한 금액 또는 출자금액을 한도로 책임을 지게 된다. 이를 유한책임이라 한다. 또한, 주주는 각자 보유한 주식수에 따라 의결권을 가지므로 기업의 주요한 의사결정에 참여할 수 있는 권한이 주어진다.

> **[개념]**
> 주식회사란 주식을 발행해 주주로부터 자금을 출자하여 설립된 기업으로, 주주는 출자금액을 한도로 책임을 지고(유한책임) 주주는 각자 보유한 주식수에 따라 의결권을 가진다.

　만일 주식회사가 유가증권시장(코스피), 코스닥시장, 코넥스시장에 상장되었다면 상장기업으로서 한국채택 국제회계기준(K-IFRS)을 따라야 한다. 반면 일반기업회계기준 대상이 되는 기업은 상장하지 않았지만 기업의 규모, 경영성과 등의 조건에 부합되어 외감대상이 된 주식회사를 의미한다.

---

5) 출자자의 책임에 따라 합명회사, 합자회사, 유한회사, 유한책임회사, 주식회사의 형태로 나타나는데 우리나라에서 만들어지는 법인의 90% 이상이 주식회사이므로(국세통계연보), 본 교과서에서는 주식회사만을 설명한다. 주식회사 외의 회사 형태는 아래와 같다.
　① 합명회사: 회사의 채무에 대하여 출자자가 무한의 책임을 져야하는 회사(무한책임). 예) 법무법인, 회계법인, 버스 및 택시회사 등
　② 합자회사: 회사의 채무에 대하여 무한의 책임을 지는 무한책임사원과 출자금액을 한도로 책임을 지는 유한책임사원으로 구성. 예) 사모펀드(사모투자회사) 등
　③ 유한책임회사: 각 사원이 처음에 투자한 돈(출자금액)을 한도로 책임을 지는 회사(유한책임). 경영진은 업무집행사원이 되고 사원 수에 따라 의결권을 나누게 됨. 예) 벤처창업, 컨설팅, 전문서비스업 등.
　④ 유한회사: 각 사원이 출자금액을 한도로 책임을 지는 회사(유한책임). 경영진은 이사가 되고 지분에 따라 의결권을 가지게 됨. 예) 중소기업 등

 생각해보기 **코스피, 코스닥 시장이란? 왜 다들 상장하고 싶어 하지?**

상장이란? 기업공개(IPO)는 무엇인가? 2020년 10월 BTS의 소속사인 하이브가 유가증권시장인 코스피에 상장한 이후 엔터테인먼트 업계 시가총액 1위라는 타이틀을 얻었다. 상장이란 무엇이고 유가증권시장이란 무엇을 의미하는 것일까?

애플이나 삼성전자 주식을 사고싶다면 (일반적으로) 증권사의 계좌를 개설하여 홈트레이딩시스템(Home Trading System, HTS)을 통해 매수하면 된다. 마찬가지로 팔고 싶다면 매도 물량과 매도가격을 정한 뒤 주문 버튼만 누르면 된다. 주식 거래 장이 열리는 시간 내에서는 마치 마트에서 컵라면을 사오듯 주식거래를 자유롭게 할 수 있다. 그렇다면 주식회사로 표기된 기업의 주식은 모두 이와 같은 HTS를 통해 사고팔 수 있는 것일까? 그렇지 않다. 모두가 자유롭게 주식거래를 수행할 수 있는 주식회사는 한국거래소에 상장된 기업만 해당된다. 주식을 거래할 수 있는 시장에 기업을 등록(상장)하는 절차를 기업공개(IPO)라 한다. 주식시장에 상장되면 불특정다수가 해당 기업의 주식을 거래할 수 있기 때문에 재무상태가 건전하지 않은 기업이 상장되고 주식이 거래 된다면 일반인들을 포함한 많은 피해자를 초래할 수 있다. 그렇기에 기업공개의 심사 절차와 조건이 까다로울 수밖에 없고, 이를 충족하는 기업의 대부분이 큰 규모의 기업이 된다.

그렇다면 왜 기업들은 상장하고 싶어 할까? 상장기업이 되면 일반적으로 자금조달이 원활해진다는 큰 장점이 있다. 기업이 주식을 발행해서 파는 만큼 기업은 자금을 확보할 수 있다. 뿐만 아니라 상장기업은 매출, 이익, 기업규모 등의 까다로운 조건을 만족시켜야 되므로 시장으로부터 성장성과 안정성을 인정받게 된다. 반면, 주주는 지분율만큼의 의결권을 갖게 되는데 불특정다수로 주주가 많아진다는 것은 기업의 경영권이 약화된다는 것을 의미하게 된다. 잘 알려진 다이슨은 높은 성장성과 일정 규모를 갖추었음에도 불구하고 상장하지 않은 기업으로 유명하다. 창업자가 장기적인 전략을 짜고 급진적인 의사결정을 내리는데 제3자의 방해를 받지 않기 위해서이다. 또한 상장기업은 불특정다수의 주주의 이해가 얽혀있으므로 정부 및 규제당국으로부터 까다로운 규제를 받고, 다수의 이해관계자들로부터 철저한 모니터링을 받아야 한다는 단점이 있다. 특히 여러 가지 재무 정보를 포함한 회사의 상황을 누구나, 언제든지, 쉽게 알 수 있도록 금융감독원 전자공시시스템(DART)에 공시해야 한다.

주식회사이지만 거래소에 상장하지 않은 기업들의 주식은 전혀 거래되지 못하는 것일까? 그렇지 않다. 비상장주식도 사고 팔 수 있지만 주식을 살 사람과 팔 사람을 직접 찾아서 증권을 거래해야 하는 번거로움이 있다. 시장이라는 시스템이 갖춰져 있지 않기 때문에 비상장주식의 가격을 가늠하는 것도 쉽지 않다. 다만, 기업공개를 앞둔 비상장주식의 경우 별도의 플랫폼이 있어 주식 거래이 이루어지기도 한다.

💡 코스피시장 vs 코스닥시장 vs 코넥스 시장에 대해 알아보자.

💡 상장하고 싶은 기업들은 모두 원하는 시장에 상장할 수 있는 것인가? 기업이 상장하기 위한 조건은 무엇일까?

💡 상장에 대한 장점과 단점을 되짚어보자.

20 제1부 회계란 무엇인가

연습문제

1. ○× 문제 연습

(1) 회계란 기업을 둘러싼 이해관계자의 의사결정에 정보를 제공하는 것으로, 최대한 많은 정보를 제공하는 것이 좋다.
(2) 상장사는 의무적으로 한국채택국제회계기준(K-IFRS)을 적용해야 한다.
(3) 비상장사는 '주식회사 등의 외부감사에 관한 법률(외감법)'을 적용해야 하는 외감대상 법인이다.
(4) 주식회사의 주주는 출자금액과 상관없이 무한의 책임을 져야 한다.
(5) 회계 정보이용자의 의사결정에 차이를 줄 수 있어야 유용한 정보라 한다.
(6) 재무회계에서 외부 이해관계자는 다양하고 많기 때문에 이들의 이해를 모두 충족시켜야 유용한 정보가 된다.

해답
(1) ×. 이해관계자들의 의사결정의 각 대안 간에 차이를 가져오는 유용한 정보를 제공해야 한다.
(2) ○.
(3) ×. 일정한 규모와 경영성과 등의 조건에 부합된 비상장 주식회사가 외감대상 법인이 된다.
(4) ×. 주주는 출자금 한도 내에서 유한책임을 진다.
(5) ○. 회계정보가 유용하려면 정보를 이용하는 이해관계자들의 의사결정에 실질적인 차이를 줄 수 있어야 한다.
(6) ×. 다양한 이해관계자들의 다양한 목적을 모두 충족시키기에는 소비되는 시간과 비용이 크기 때문에 재무회계는 주된 이해관계자인 주주와 채권자의 의사결정에 유용한 정보를 제공하는 것을 목적으로 한다.

2. 괄호 안에 알맞은 답 넣기

(1) 회계의 전제는 (   )이다.
(2) 기업이 작성한 회계기록이 회계기준 및 원칙에 따라 작성되고 기업의 재무상태와 경영성과를 적절하게 표시하고 있는가를 확인하기 위해 증거들을 수집·평가하고 결과를 전달하는 체계적인 과정을 (   )(이)라 한다.

(3) 외부감사인은 감사를 받는 기업(피감법인)으로부터 (   )을(를) 확보하는 것이 중요하다.

(4) 재무정보의 신뢰성과 비교가능성을 제고하기 위하여 회계정보를 기록하는 데 따라야 하는 규칙을 (   )(이)라 한다.

(5) (   )(은)는 주식을 발행해 주주로부터 자금을 출자하여 설립된 기업을 의미한다.

해답

(1) 정보의 비대칭성

(2) 감사

(3) 독립성

(4) 일반적으로 인정된 회계원칙(Generally Accepted Accounting Principles, GAAP)

(5) 주식회사

3. 객관식 문제

(1) 재무회계와 원가·관리회계의 차이로 알맞은 것은?

　① 원가·관리회계는 경영자, 노조 및 종업원을 포함한 내부 정보이용자들의 의사결정에 유용한 정보를 제공해야 한다.

　② 재무회계는 기업을 둘러싼 외부 정보이용자들을 대상으로 하는 것이므로 주주, 채권자뿐만 아니라 정부, 거래처, 고객 등을 골고루 만족시킬 수 있는 재무정보를 제공해야 한다.

　③ 재무회계는 일반적으로 인정된 회계원칙을 따라야 하고, 원가·관리회계는 정해진 규칙이 없다.

　④ 재무회계와 원가·관리회계 모두 신뢰성 확보를 위해 외부감사인으로부터 감사를 받아야 한다.

(2) 외부감사인으로서 공인회계사의 역할이 중요한 가장 큰 이유는 무엇인가?

　① 잠재적 투자자들에게 직접적인 자문을 제공해줄 수 있기 때문에

　② 재무제표 정보를 투자자들이 신뢰할 수 있도록 돕기 때문에

　③ 재무정보를 산출하고 재무제표의 작성에 일차적인 책임이 있기 때문에

　④ 세무, 경영자문 및 회계업무 등을 기업에 제공해줄 수 있기 때문에

해답

(1) ③. 원가·관리회계는 기업의 주된 의사결정 권한이 있는 경영진의 의사결정에 유용한 정보를 제공하며, 재무회계에서의 주된 의사결정 주체는 주주와 채권자로 본다. 또한, 재무회계에서는 신뢰성 확보가 보다 중요하기 때문에 외부감사인으로부터의 감사를 받아야 하며, 원가·관리회계는 내부 사정을 잘 알고 있는 경영자가 의사결정 주체이며, 의사결정의 목적과 취지에 따라 원가정보를 다양하게 생성할 수 있어 규칙이 따로

존재하지 않는다.

(2) ②. 공인회계사는 세무, 경영자문을 제공하고 때로는 회계업무 등을 수행하여 재무정보를 산출해내기도 한다. 그러나 외부감사인으로서의 공인회계사의 역할은 기업이 산출·작성한 재무정보가 적정한지를 검토하여 투자자들에게 재무정보의 신뢰성을 제공하는 것이 가장 중요하다.

제2장 | 회계의 구성요소

절친한 친구 사이이자 각자 회사를 다니고 있는 직장인인 재경이와 경리는 돈을 모아 청소업체를 창업하기로 결정했다. 각자 1,000만 원씩을 투자했고, 다른 친구들에게 돈을 빌려 3,000만 원을 모았다. 이들은 투잡으로 청소업체를 운영하려 했기에 자신들 대신 업체를 잘 운영해줄 사람을 사장으로 고용했다. 청소업체의 사장은 100만 원 상당의 청소도구와 900만 원 상당의 영업차량을 구입하였고, 아직 직원이 없어 직접 청소 서비스를 제공하고 고객으로부터 돈을 받는다.

위의 예시에서 재경이와 경리는 각자 돈을 내어 사업을 시작하였다. 재경이와 경리를 **주주**라 하고, 주주가 사업의 시작에 돈을 내는 것을 **출자**라 표현한다. 또한, 돈을 빌려준 친구들은 **채권자**라 한다. 재경이와 경리는 시간이 부족하고, 청소를 잘 할 실력이 없다고 판단하여 자신들을 대리해줄 사장을 고용했다. 이를 **대리인**이라 칭한다. 기업에서도 마찬가지로, 주주들은 직접 기업을 경영하기에는 전문성이 떨어지고 시간이 부족하기 때문에 자신들을 대신해 경영을 맡아줄 대리인인 경영자를 고용하게 된다. 재경이와 경리(주주)를 대신하여 청소업체를 운영하는 대리인은 주주의 부를 극대화할 수 있도록 업체를 잘 운영해야 할 책임이 있다. 이를 **수탁책임**이라 한다. 또한, 대리인은 청소 서비스를 제공하고 벌어들인 돈과, 청소를 위해 구입한 청소도구와 트럭에 대한 정보를 주주와 채권자에게 투명하게 보고해야 할 의무가 있다. 이를 **회계책임**이라 한다. 주주인 재경이와 경리뿐만 아니라 돈을 빌려준 채권자 모두가 외부 이해관계자로서 청소업체의 운영 성과 및 재무상태에 대해 알고 싶어 할 것이기 때문이다. 재무회계에서는 외부 이해관계자들에게 이러한 재무상태와 경영성과 등을 체계적으로 작성·보고 하기 위해 여러 개의 표를 만드는데, 이를 재무제표라 한다.

재무제표의 종류와 정의

재무제표란, 여러 재무정보를 작성/보고하는 표(보고서)를 통칭하는 말이다. 재무제표는 주주, 채권자, 정부 등 외부 이해관계자들에게 재무정보를 제공하는 수단이며 이를 작성·보고하는 책임은 경영자에게 있다. 일반기업회계기준에서는 재무상태표, 손익계산서, 자본변동표, 현금흐름표, 주석으로 구성되도록 재무제표를 규정하고 있다.

1. 재무상태표

대리인은 청소업체가 잘 운영되고 있는지 재경이와 경리에게 업체가 보유하고 있는 현금, 청소도구와 트럭의 가치, 갚아야 할 돈, 주주들이 투자한 돈의 현재 상태를 말해줄 수 있다. 이때 현금, 청소도구와 트럭은 회계에서 자산이라 하고, 채권자로부터 빌린 돈은 부채, 주주(재경이와 경리)가 납입한 돈은 자본으로 재무상태표라는 회계장부에 기록한다. **재무상태표**란 기업의 특정시점(회계기간 말) 현재 기업의 재무상태를 요약해 보여주는 보고서를 의미한다. 재무상태라 함은, 기업이 보유하고 있는 경제적 자원(자산), 채권자가 청구할 수 있는 권리(부채), 주주가 기업에 청구할 수 있는 권리(자본)를 의미하며, 자산, 부채, 자본을 재무상태표의 구성요소라 한다.

2. 손익계산서

청소업체를 운영한지 한 달이 지났다. 재경이와 경리는 청소업체의 현재 재무상태뿐만 아니라 한 달 동안의 운영 성과를 물을 것이고 청소업체 사장은 '이번 달에 400만 원을 벌었다'라고 기간과 금액을 함께 답해줄 것이다. 이를 재무회계에서는 손익계산서라 한다. **손익계산서**란 일정 기간 동안의 경영성과를 요약해 보여주는 보고서이다. 이때 경영성과는 기업이 경영활동으로 인해 벌어들인 수익과 사용한 비용을 의미한다.[1] 손익계산서의 구성요소라 함은 수익과 비용을 의미한다. 수익과 비용의 결과를 이익이라 하며 이익은 손익계산서의 구성요소에 포함시키지 않는다.

---

[1] 한국채택국제회계기준(K-IFRS)에서는 손익계산서에 기타포괄손익(미실현이익)을 더한 포괄손익계산서가 재무제표에 포함되어야 한다.

재경이와 경리 이야기로 돌아가보자. 이들은 청소업체 사장에게 월급으로 250만 원을 주기로 했다. 이를 비용이라 한다.[2] 청소업체 사장이 열심히 일해서 번 돈 400만 원을 회계에서는 수익이라 한다. 400만 원을 벌고 250만 원을 사장의 월급으로 사용했기에 청소업체는 결과적으로 150만 원의 이익을 번게 된 셈이다.

3. 자본변동표

청소업체가 잘 운영되면 청소기계의 확충, 청소용역직원 고용 등 추가적인 투자금을 확보하고 싶을 수 있다. 투자금을 확보하기 위해서는 주식을 새롭게 발행하여 주주들로부터 투자금을 조달하는 방법이 있다. 이를 회계에서는 유상증자라 한다. 또한, 청소업체에서는 영업을 통해 벌어들인 이익을 미래의 투자활동을 위하여 그들 나름대로 적립하려 할 것이다. 이를 이익잉여금이라 한다. 또한 재경이과 경리는 자신들이 투자한 돈에 비례해, 보상으로써 이익잉여금에서 일부 금액을 먼저 가져가고 싶어 할 것이다. 이를 배당금이라 한다. 주주인 재경이와 경리는 유상증자, 이익잉여금, 배당 등으로 인해 자신들의 투자금이 어떻게 변동하는지의 내역만을 한눈에 파악하고 싶어 할 수 있다. 이러한 정보를 자본변동표에서 제공한다. **자본변동표**란 기업의 소유주 지분, 즉 자본의 크기 및 그 변동에 관한 내용을 종합적으로 보여주는 보고서로써 자본의 일정 시점 현재 크기와 일정 기간 동안의 변동내역을 나타낸다. 자본변동표는 납입자본, 자본조정, 기타포괄손익누계액, 이익잉여금(또는 결손금)으로 구성된다.

4. 현금흐름표

재경이와 경리가 대리인에게 필요한 경비에 사용하라며 신용카드를 주었다고 생각해보자. 신용카드는 체크카드처럼 계좌에 존재하는 잔액만큼 사용하는 것이 아니라, 먼저 신용카드로 결제하고 추후 사용 내역서가 나온 뒤 현금을 지급한다. 그렇다면 신용카드를 사용할 때 실제로 현금이 지출되지 않으니 돈을 쓰지 않았다고 생각할 것인가? 그렇지 않다. 실제 현금의 지출이 없어도,

---

2) 재경이와 경리가 구입한 소형 노트북은 비용이 아니라 자산이다. 노트북은 현금으로 구매하여 돈을 썼기 때문에 비용이라 생각할 수 있지만, 현금을 지출했어도 노트북이라는 소유물이 생겼고, 노트북을 팔지, 계속 보유할지 등에 대한 권리를 가지고 있으며, 소형 노트북을 이용하여 카지도의 게임성과를 높이는 데 이용할 수 있기 때문에 노트북은 이들의 자산이라 할 수 있다. 자세한 내용은 추후 재무상태표 파트에서 설명하도록 한다.

신용카드를 사용하고 돈을 썼다고 생각하게 된다. 그리고 다음 달에 신용카드 사용금액을 결제해야 할 현금이 계좌에 얼마나 남아있는지를 고려하며 신용카드를 사용할 것이다. 수익과 비용으로 구성된 손익계산서는 신용카드처럼 현금의 지출과 상관없이 돈을 얼마나 벌었는지와 사용했는지를 나타낸다. 그렇지만 앞선 예시처럼 현금의 유출입에 대해서도 따로 관리하고 기록해야 외부이해관계자들에게 유용한 정보를 제공할 수 있을 것이다. 이에 기업은 재무회계를 통해, 현금흐름표를 작성하여 현금흐름의 변동을 보고하는 것이다. **현금흐름표**란 기업의 현금흐름 변동(현금 유입 및 유출) 내역을 종합적으로 보여주는 보고서로서, 현금의 현재 크기와 일정 기간 동안의 변동내역을 나타낸다. 현금흐름표에는 영업활동으로 인한 현금흐름, 투자활동으로 인한 현금흐름, 재무활동으로 인한 현금흐름 항목이 표시된다.

5. 주석

재무회계에서는 기업과 외부 이해관계자 간의 정보 비대칭이 존재하기 때문에 신뢰성의 확보가 매우 중요하다. 이에 객관성과 신뢰성을 확보하기 위해 계량정보(숫자)를 재무상태표, 손익계산서, 자본변동표, 현금흐름표에 작성해야 한다. 그러나 이러한 숫자 정보만으로는 세부적인 사항을 설명하기 힘들기 때문에 주석을 통해 추가적인 정보들을 제공해주고 외부 이해관계자의 이해를 도와야 한다. **주석**은 재무제표와 관련하여 중요하거나 설명이 필요한 항목과 금액에 기호를 붙여 동 항목에 대한 추가적인 정보를 나타내는 별지이다. 재무제표에 포함되지만 표의 형태는 아니고, 쉽게 말해 설명노트라고 생각하면 된다.

본 교과서의 재무회계 파트에서는 재무제표 중 주로 재무상태표와 손익계산서만을 자세히 다뤄보도록 한다.

02 재무상태표

1. 재무상태표의 정의

재무상태표란 기업의 특정시점(회계기간 말) 현재 기업의 재무상태를 보여주는 보고서로, 자산, 부채, 자본으로 구성된다. 앞서 설명한 예시에서 재경이와 경리가 사업 초반에 투자한 2,000만 원은 자본, 다른 친구들로부터 빌린 돈 3,000만 원은 부채, 사업을 위해 구입한 청소도구와 영업차량은 자산이된다. 좀 더 구체적으로 설명해보겠다. [그림 2-1]처럼 재경이와 경리, 그리고 다른 친구들에게 빌린 돈을 합하여 총 5,000만 원을 모았다. 이를 자금을 조달했다고 하여 '자금조달'이라 표현한다. 자금조달을 통해 청소업체는 초창기 현금 5,000만 원으로 사업을 시작하게 된다. 이 현금으로 청소업체 사장은 먼저 100만 원 상당의 청소도구와 900만 원 상당의 영업차량을 구입했다. [그림 2-2]와 같이 현금 1,000만 원을 1,000만 원(=100만 원+900만 원) 상당의 다른 자산으로 대체한 것이다.

[그림 2-1]과 [그림 2-2]의 오른쪽은 사업을 시작하기 위해 자금이 어떻게 마련되었는가를 보여준다. 빌린 돈이 적힌 박스를 부채, 주주인 재경이와 경리가 출자한 사업투자금이 있는 박스를 자본이라 한다. [그림 2-1]과 [그림 2-2]의 왼쪽은 사업을 위해 자금을 어떻게 사용했는가를 나타낸다. [그림 2-1]은 조달한 자금을 현금으로 보유하고 있음을 보여주고 있고, [그림 2-2]는

• 그림 2-1 초창기의 자금조달

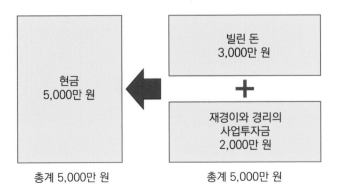

• 그림 2-2   초창기의 자금사용

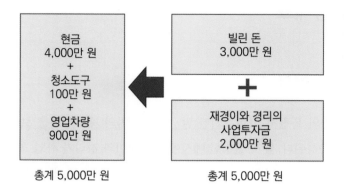

현금의 일부를 청소도구와 영업차량으로 대체했음을 보여주고 있다. 사업을 영위하기 위해 기업이 가지고 있는 왼쪽 박스를 자산이라 한다. 이같이 자금을 어떻게 조달했는가를 부채와 자본으로, 조달한 자금을 사업을 위해 어떻게 사용했는가를 자산의 형태로 나타낸 것이 바로 재무상태표이다. [그림 2-3]은 재무상태표를 나타낸다. 재무상태표의 오른쪽은 자금을 어떻게 조달했는가를 나타내고 왼쪽은 조달한 자본을 어떻게 운용했는가를 보여준다.[3]

• 그림 2-3   재무상태표의 구성

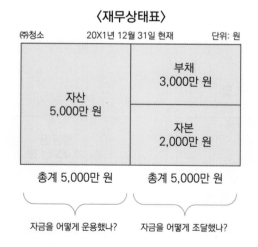

〈재무상태표〉

---

3) 회계에서는 오른쪽, 왼쪽을 대변, 차변이라는 용어를 쓴다. 재무상태표를 예시로 설명하자면 재무상태표상 자산이 위치한 왼쪽이 차변, 부채 및 자본이 위치한 오른쪽이 대변이 된다.

2. 재무상태표의 구성요소와 회계등식

앞서 설명한 것과 같이 **재무상태표의 구성요소**로는 **자산, 부채, 자본** 계정이 있다. 계정이란, 회계거래를 기록하는 단위를 의미한다. 이 계정에 구체적인 명칭을 붙인 개별항목을 **계정과목**이라 부르는데 이를 좀 더 쉽게 이해하기 위해서는 자산, 부채, 자본과 같은 계정의 개념을 폴더, 계정과목의 개념을 파일이라 생각해보자. [그림 2−3]의 자산이라는 폴더(계정)를 열면 현금, 청소도구, 영업차량 등의 세부 파일(계정과목)이 나오는 것이다.

구체적으로 자산, 부채, 자본에 대해 알아보자. **자산**이란 기업이 미래 경제적 이익을 창출하기 위해 보유·사용하는 것이다. 사전적인 정의로는 '과거사건의 결과로 기업이 통제하고 있는 현재의 경제적 자원'을 의미한다. 현재의 경제적 자원이라 함은 미래 경제적 효익을 가져다 줄것으로 기대되는 것을 의미한다. 청소업체가 가지고 있는 현금, 청소도구, 영업차량은 모두 청소용역을 통한 수익창출을 위해 보유하고 있는 것이므로 자산에 해당된다.

부채란 남의 돈, 즉 타인자본을 의미한다. 사전적인 정의로는 '과거사건의 결과로 기업이 이전해야 하는 현재의 의무'로 나타낼 수 있다. 채권자 등 타인으로부터 조달한 자금이기에 현재 이를 상환해야 할 의무가 있는 것이다. 예시에서, 다른 친구들에게 빌린 돈 3,000만 원이 부채이다. 청소업체가 더 이상 돈을 벌지 못해 문을 닫아야 하는 상황이 된다면 돈을 빌려준 사람은 채권자로서 빌려준 돈을 상환하도록 요청할 수 있기에 부채를 채권자가 청구할 수 있는 권리 또는 채권자의 지분이라고도 한다.

자본이란 내 돈, 즉 자기자본을 의미한다. 사전적으로는 '자산에서 부채를 차감한 순자산'으로 정의한다. 청소업체에 처음 자금을 조달한 재경이와 경리는 청소업체가 문을 닫게 되면 자신들이 투자한 금액인 2,000만 원 만큼을 청구할 수 있다. 이에 자본을 주주가 청구할 수 있는 권리, 또는 주주의 지분이라 한다. 재무상태표에서는 부채를 자본보다 앞서 표기하는 경우가 일반적인데, 그 이유는 자산에 대한 채권자의 청구권이 주주의 소유권보다 우선하기 때문이다. 앞서 설명한 예시에서 청소업체가 문을 닫아 더 이상 운영되지 않는다고 생각해보자. 이 경우 재경이와 경리는 운이 좋지 않아 자신들이 투자한 2,000만 원을 잃었다 생각할지라도, 친구들에게 빌린 3,000만 원은 의무적으로 갚아야 할 돈이 된다. 즉, 상환해야 할 의무(부채의 청구권)가 주주의 돈보다 우선하기 때문에 부채가 자본보다 앞서 표기되는 것이다. 기업이 파산하게 되면 남아 있는 자산을 나누어야 하는데 채권자들이 먼저 빌려준 돈을 찾아가고 남은 돈에 대해서만 주주는 자신의 투자금을 받아갈 수 있게 된다. 그래서 자본을 **잔여지분**이라 하기도 한다. 청소업체가 문을 닫았을 때 재경이와 경리는 얼마를 잃었다 생각할 것인가? 자신들이 투자한 돈 2,000만 원을 잃었다 할 것이다. 주주는 이와 같이 자신이 투자한 금액 내에서만 책임을 지니게 되는데, 이를 **유한책임**이라 한다.

3. 재무상태표의 작성기준

재무상태표는 구분표시원칙, 총액주의, 유동성 배열법, 잉여금의 구분, 미결산항목 표시 금지의 기준에 따라 작성해야 한다. **구분표시원칙**이란 자산, 부채, 자본의 계정과목 중 외부 이해관계자가 참고해야 할 중요한 항목이 있다면, 이를 재무상태표 본문에 별도의 항목으로 구분해 보고해야 하는 원칙을 의미한다. **총액주의**란 자산, 부채, 자본은 상계해서는 안되고 모두 총액으로 표시해야 함을 의미한다.

또한, 자산, 부채는 유동성이 높은 계정과목부터 배열해야 하는데, 이를 **유동성 배열법**이라 한다. [표 2–1] 크래프톤의 2017년 재무상태표를 보면, 자산 밑에 유동자산과 비유동자산이, 부채밑에 유동부채와 비유동부채가 표기되어 있는 것을 볼 수 있다. 유동과 비유동이 무엇일까? 자산, 부채는 1년 또는 정상영업주기를 기준으로 유동과 비유동을 구분하여 표기한다.[4] 유동자산, 비유동자산, 유동부채, 비유동부채는 쉽게 말해 외부 이해관계자들의 정보유용성을 위하여 계정과목을 특성에 따라 분류한 카테고리라 생각하면 된다. **유동자산**에는 1년 또는 정상영업주기 이내로 현금화되는 현금, 재고자산 등의 자산 계정과목이 포함된다. 재고자산의 경우, 통상적으로 기업들은 장기간 이를 쌓아두기 보다 1년 이내로 상품(재고자산)을 판매하여 현금화하는 것을 목표로할 것이기 때문에 유동자산으로 분류한다. **비유동자산**에는 유동자산으로 분류되지 않는 그 외의 자산 계정과목, 예를 들어 차량운반구 등이 포함된 유형자산이 포함된다. **유동부채**는 1년 또는 정상적인 영업주기 이내로 상환 또는 소멸되는 부채 계정과목을 포함한다. 가령 청소업체가 청소서비스를 제공해주기로 한 계약을 맺고 대금을 먼저 받았다면 청소업체는 가까운 시일 내에 고객에게 청소용역을 제공해야 할 의무가 생기게 된다. 이를 선수금이라 하며 유동부채로 분류한다. **비유동부채**는 그 외의 부채 계정과목을 포함한다. 친구들로부터 빌린 돈을 상환해야 하는 일자가 1년을 넘긴다면 장기차입금이라 부르며 비유동부채로 분류한다.

---

[4] 정상영업주기란, 원재료의 구입시점부터 제조, 판매, 판매 대금의 회수까지 소요되는 기간을 의미한다. 일반적인 제조업에서의 정상영업주기는 1년이지만, 건설업이나 조선업의 정상영업주기는 1년을 초과한다.

유동성 배열법을 통해 재무상태표는 기업의 다양한 활동에 대한 정보를 제공한다. 기업의 활동은 크게 재무활동, 투자활동, 영업활동으로 구분해볼 수 있다. **재무활동**이란 기업이 영업 및 투자 활동에 필요한 자금을 조달, 또는 상환하는 활동을 의미한다. 아래의 예시와 같이 주주의 출자(주식발행)로 조달한 자금을 자기자본이라 하며, 사채발행 또는 은행차입 등과 같이 타인에게 돈을 빌려 조달한 자금을 타인자본이라 한다. 청소업체에 투자한 주주의 출자, 친구들로부터 돈을 빌린 활동들을 모두 일컫는다. 유동성 배열법에 따라 표기된 재무상태표상의 비유동부채와 자본은 기업의 재무활동을 나타낸다.

재무활동의 예
1) 재경이와 경리가 ₩20,000,000의 자금을 출자하였다.
2) 은행 또는 타인으로부터 ₩30,000,000의 자금을 차입하였다.

투자활동이란 기업이 영업활동에 사용할 목적, 또는 투자 목적으로 자산을 취득하고 처분하는 일련의 활동을 의미한다. 가령 청소업체가 영업활동에 사용할 청소도구와 청소차량을 구입하는 것이 포함되며, 배당이나 시세차익을 얻기 위해 다른 기업의 주식을 취득하여 장기간 보유하는 것 또한 투자활동으로 포함된다. 재무상태표상의 비유동자산은 기업의 투자활동을 나타낸다.

투자활동의 예
1) 청소서비스 제공을 위해 ₩1,000,000을 주고 청소도구를 구입하였다.
2) 청소서비스 제공을 위해 ₩9,000,000을 주고 영업용 차량을 구입하였다.

영업활동이란 상품을 판매하거나 용역을 제공하여 수익을 창출하는 것과 관련된 일련의 활동을 의미한다. 활동을 의미한다. 청소업체에서 청소서비스를 제공하여 대가를 수취하는 활동이 그 예이다. 재무상태표상의 유동자산과 유동부채는 기업의 영업활동을 나타낸다.

영업활동의 예
1) 청소서비스를 제공하여 대가 ₩4,000,000을 현금으로 수취하다.

• 그림 2-4 재무상태표의 유동성 배열법

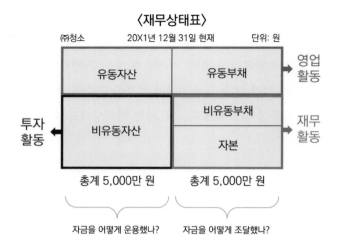

재무상태표를 통해 이러한 기업의 영업활동, 투자활동, 재무활동을 손쉽게 파악할 수 있다. 뿐만 아니라, 재무상태표를 통해 재무안정성을 알 수 있는 다양한 지표들이 있는데, 그중 대표적인 것이 유동비율이다. **유동비율**(Current Ratio)이란 유동자산에서 유동부채를 나눈 비율을 의미하며 기업의 단기채무에 대한 지급능력을 나타내는 지표이다. 유동비율이 높을수록 안정적인 기업으로 판단한다. 이와 같이 재무상태표는 기업의 여러 가지 활동과 다양한 정보를 제공하여 투자 및 신용의사결정에 도움을 준다.

이외에도 재무상태표의 작성기준으로 잉여금의 구분원칙이 있다. 주주의 출자, 또는 배당과 같이 주주와의 거래를 자본거래라 하고, 고객 등 주주 이외자 간의 거래를 손익거래라 한다. **잉여금의 구분**이란, 자본을 보고할 때는 자본거래에서 발생한 자본잉여금과 손익거래에서 발생한 이익잉여금을 구분하여 표시해야 함을 의미한다. 다음으로 **미결산항목 표시금지** 기준이 있다. 재무상태표의 계정과목 중에는 가지급금, 가수금 등과 같이 확정되지 않아 임시로 사용하는 계정과목들이 있는데, 이를 미결산항목이라 한다. 재무상태표의 작성 시 미결산항목을 적절한 계정과목으로 대체하여 보고해야 한다. 이러한 재무제표의 작성기준은 자산, 부채, 자본의 내용에 대해 자세히 배울 때 다시 이해해보도록 하자.

재무상태표는 특정시점의 기업의 재무상태를 나타내는 표이므로 자산, 부채 및 자본으로 구분되고, 유동성 배열법에 따라 자산, 부채는 각각 유동 및 비유동으로 보고된다. 또한, 재무상태표의 차변과 대변은 항상 일치한다.

• 표 2-1　크래프톤의 2017년 요약 재무상태표(계정식)

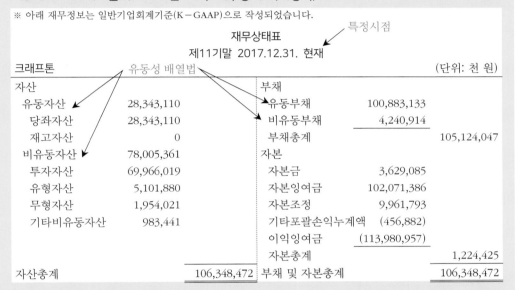

※ 아래 재무정보는 일반기업회계기준(K−GAAP)으로 작성되었습니다.

재무상태표
제11기말 2017.12.31. 현재　　←　특정시점

크래프톤　　　　　유동성 배열법　　　　　　　　　　　　(단위: 천 원)

자산		부채	
유동자산	28,343,110	유동부채	100,883,133
당좌자산	28,343,110	비유동부채	4,240,914
재고자산	0	부채총계	105,124,047
비유동자산	78,005,361	자본	
투자자산	69,966,019	자본금	3,629,085
유형자산	5,101,880	자본잉여금	102,071,386
무형자산	1,954,021	자본조정	9,961,793
기타비유동자산	983,441	기타포괄손익누계액	(456,882)
		이익잉여금	(113,980,957)
		자본총계	1,224,425
자산총계	106,348,472	부채 및 자본총계	106,348,472

게임회사 크래프톤의 상장 전 (요약)재무상태표는 [표 2-1]과 같다. 그러나 실제 (주)크래프톤의 재무상태표는 [표 2-2]와 같이 자산, 부채, 자본이 아래로 표기되어 있고 제11기말, 제10기말, 제9기말의 재무정보를 비교공시하고 있다. 왜 이렇게 보고되는 것일까?

재무상태표를 [표 2-1]과 같이 나타내는 방법을 계정식, [표 2-2]와 같이 나타내는 방법을 보고식 표기라 한다. 사업보고서상 열람되는 재무상태표는 자산, 부채, 자본을 세로로, 여러 연도를 가로로 나열하여 시계열적인 비교가능성을 높이고 지면상 부족한 공간을 줄여 보고의 효율을 높일 수 있다.

• 표 2-2 크래프톤의 사업보고서상 2017년 요약 재무상태표(보고식)

※ 아래 재무정보는 일반기업회계기준(K-GAAP)으로 작성되었습니다.

재무상태표

제11기말 2017.12.31. 현재

크래프톤

(단위: 천 원)

과목	제11기	제10기	제9기
	(2017년 12월 말)	(2016년 12월 말)	(2015년 12월 말)
[유동자산]	28,343,110	19,944,397	25,495,885
• 당좌자산	28,343,110	19,944,397	25,495,885
[비유동자산]	78,005,361	32,544,548	42,618,178
• 투자자산	69,966,019	15,785,297	31,777,205
• 유형자산	5,101,880	1,403,848	1,335,582
• 무형자산	1,9564,021	1,365,209	1,661,150
• 기타비유동자산	983,441	13,990194	7,844,242
자산총계	106,348,472	52,488,944	68,114,063
[유동부채]	100,883,133	41,225,089	13,497,759
[비유동부채]	4,240,914	19,491,995	43,999,823
부채총계	105,124,047	60,717,084	57,497,582
[자본금]	3,629,085	3,456,528	3,371,945
[자본잉여금]	102,071,386	102,392,199	97,460,155
[자본조정]	9,961,793	1,239,737	192,634
[기타포괄손익누계액]	−466,882	−355,188	−355,188
[이익잉여금]	−113,9800,957	−114,961,415	−90,053,064
자본총계	1,224,425	−8,228,139	10,616,482
부채 및 자본총계	106,348,472	52,488,944	68,114,063

03 손익계산서

1. 손익계산서의 정의

손익계산서란 기업의 일정 기간 동안의 경영성과를 보여주는 보고서이다. 이때 경영성과는 기업이 경영활동으로 인해 벌어들인 수익과 사용한 비용, 그리고 그 결과인 이익(또는 손실)을 의미한다.[5] 청소업체를 개업한지 한 달이 지났을 무렵 주주인 재경이와 경리가 청소업체의 성과를 묻는다면 사장은 1일부터 말일까지의 기간 동안 벌어들인 돈과 쓴 돈을 정리하여 말해줄 것이다. 누군가에게 얼마를 벌어들이는지를 묻는다면 월급, 또는 연봉으로 자신의 성과를 대답할 것이다. 이와 같이 성과라 함은 '일정 기간 동안'이라는 기간적 개념이 포함된다. 청소업체 사장은 한 달 동안 청소용역을 제공하고 400만 원을 벌고 월급으로 250만 원을 가져가 150만 원을 남겼다. 일반적으로 사람들이 수익과 이익을 혼동하는 경우가 많은데 회계에서의 수익은 총액(Gross)의 개념이다. ㈜청소가 청소용역으로 벌어들인 돈을 수익이라 하고, 사장이 본인의 급여로 사용한 250만 원은 비용으로써 수익에서 비용을 제하여야 이익을 알 수 있다. 즉 이익은 수익에서 비용을 제한 순액(Net)의 개념으로 엄격히 구분해야 한다.

2. 손익계산서의 구성요소와 회계등식

손익계산서의 구성요소로는 수익과 비용이 있다. 수익에서 비용을 차감한 이익은 손익계산서의 구성요소가 아니라 수익과 비용으로 인해 발생한 결과일 뿐이다. 수익과 비용은 자산, 부채, 자본과 마찬가지로 '계정'이라 부른다. 손익계산서에서 비용이라는 폴더를 열면 청소업체 사장에게 지급한 급여가 나오고, 수익이라는 폴더를 열면 청소용역으로 벌어들인 매출이 나오는 것이다. 급여, 매출과 같은 세부 항목을 계정과목이라 한다. 구체적으로 수익, 비용에 대해 알아보자. 수익이란 일정기간 동안 기업이 주된 영업활동으로 물건을 팔거나 서비스를 제공하여 벌어들인 돈을 의

---

5) 한국채택국제회계기준(K–IFRS)에서는 손익계산서에 기타포괄손익(미실현이익)을 더한 포괄손익계산서가 재무제표에 포함되어야 한다.

• 그림 2-5 손익계산서의 구성(계정식)

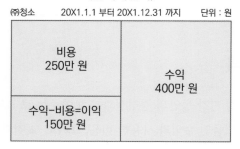

〈손익계산서〉

㈜청소   20X1.1.1 부터 20X1.12.31 까지   단위 : 원

비용
250만 원

수익
400만 원

수익-비용=이익
150만 원

미한다. 보다 자세히는 일정기간 동안 자산의 증가 또는 부채의 감소에 따른 결과로 자본의 증가를 초래하는 경제적 효익의 증가로 정의한다. **비용**이란 일정기간 동안 수익을 창출하기 위해 지출한 돈을 의미한다. 보다 자세히는 일정기간 동안 자산의 감소 또는 부채의 증가에 따라 자본의 감소를 초래하는 경제적 효익의 감소를 의미한다. 그리고 수익과 비용의 결과로 나타나는 것을 이익 또는 손실이라 한다. 당기의 수익에서 비용을 차감한 이익을 회계에서는 당기순이익이라 한다. 만일 손실이 발생했다면 당기순손실, 이익과 손실을 둘다 칭한다면 당기순손익이라 한다.

수익 − 비용 = 이익(또는 손실)

3. 손익계산서의 작성기준

손익계산서는 다음의 기준에 따라 작성해야 한다.

첫째, **발생주의**에 따라 수익과 비용을 현금의 유입·유출과 상관없이 해당 거래나 사건이 발생한 기간에 배분되도록 기록해야 한다. 현금을 직접적으로 지출하지 않는 신용카드를 사용했을 때 사용자는 지출이 있었다고 생각하는 것처럼, 실제 현금의 유입과 유출이 발생하지 않았음에도 회계상의 거래라고 판단되는 경우 이를 기록해야 한다는 것이다. 예를 들어 회계에서는 현금의 직접적인 유출이 없어도 '감가상각비'라는 계정과목으로 비용을 기록하는 경우가 있다. 감가상각비는 노트북, 자동차, 기계장치와 같은 자산취득을 기록한 후 해당 자산의 사용기간에 따라 자산의 가치가 하락하는 것을 기록하는 비용 계정과목이다. 따라서 발생주의로 회계를 기록하게 되면 기업의 재무상태와 경영성과를 적정하게 나타내줄 수 있다. 이와는 반대로 현금을 수취했을 때 수익을 기록하고 현금을 지급했을 때 비용을 기록하는 것을 **현금주의**라 한다. 현금주의는 현금의 수취시점이 명확하므로 객관적이라 할 수 있지만 경영성과를 제대로 반영하지 못하므로 회계에서는 발생주의로 기록하는 것을 원칙으로 한다. 단, 현금주의로 작성한 현금의 유출입은 정보이용자에게 중요한 재무정보이므로 현금흐름표를 보충적으로 기록·보고하여 유용한 의사결정을 돕는다.

[개념]

현금의 유출입에 따라 기록하는 것을 현금주의라 하며, 수익과 비용을 현금의 유입·유출과 상관없이 해당 거래나 사건이 발생한 기간에 배분되도록 기록하는 것을 발생주의라 한다. 회계에서는 발생주의로 기록하는 것을 원칙으로 한다.

특히 발생주의 하에서는 현금의 유출입과 관계없이 수익과 비용을 인식하는 것이므로 수익과 비용의 인식이 중요하다. 먼저, 수익은 가득기준과 실현기준을 모두 충족하였을 때 인식한다. **가득기준**을 충족한다는 것은 기업이 고객에게 재화나 용역을 제공하여 재화·용역에 대한 통제권이 고객에게 이전됨을 의미한다. **실현기준**이란 기업이 고객에게 재화나 용역을 제공하고 그 대가로 현금 또는 현금청구권을 수취한 경우를 의미한다. 가령 청소업체가 청소용역을 고객에게 제공했고 그 대가로 현금을 받았다면 수익으로 인식할 수 있다. 만일 청소를 제공하기로 약속하고 그 대가를 미리 받았다면 실현기준만 충족된 상태이므로 수익으로 인식하지 않고, 청소용역을 제공해야할 의무로써 부채를 인식해야 한다.

다음으로 비용은 수익·비용 대응의 원칙에 의해 인식 한다. **수익·비용 대응의 원칙**이란 비용은 그와 관련된 수익이 인식된 기간에 관련 수익에 대응시켜서 인식해야 하는 것을 의미한다. 예를 들어 한 쇼핑몰이 동대문에서 한 벌당 8,000원의 원가로 옷을 매입해 10,000원에 판매했다고 가정해보자. 이때 판매대금은 '매출액'이라는 세부 계정항목으로 표기할 수 있고, 8,000원은 매출과 관련하여 발생한 원가이므로 '매출원가'라는 세부 계정항목으로 비용 폴더 밑에 표기된다. 만일 옷을 두 벌 사왔는데 한 벌만 팔리고 나머지 한 벌은 쇼핑몰 창고에 있다고 가정해보자. 옷 구입대금 16,000원을 모두 매출원가(비용)로 계상해야 할까? 회계에서는 그렇게 처리하지 않는다. 수익·비용 대응의 원칙에 의해, 매출원가(비용)는 8,000원만 발생한 것으로 기록한다. 다시 말해, 수익은 옷 한 벌에 대해서만 발생했기 때문에 원가도 옷 한 벌에 대해서만 비용 처리하는 것이다. 또한 팔지 못한 나머지 옷 한 벌에 대하여 우리는 '8,000원짜리 재고가 남아있다'라고 이야기할 것이다. 즉 남은 옷의 원가는 재고자산(자산)으로 계상되고, 이 재고자산은 다시 판매가 되어 수익이 인식될 때 비로서 매출원가(비용)로 인식할 수 있게 된다.

　마지막으로 손익계산서는 재무상태표와 마찬가지로 총액주의에 따라 작성되어야 한다. **총액주의란 수익과 비용은 상계해서는 안 되고 모두 총액으로 표시해야 하는 것을 의미한다.** 또한, 재무상태표의 작성에는 구분표시의 원칙을 적용하는 반면, 손익계산서의 작성에는 구분계산의 원칙을 따라야 한다. **구분계산의 원칙이란** 손익은 매출총손익, 영업손익, 법인세비용차감전순손익, 당기순손익으로 구분하여 계산해야 함을 의미한다.

 알아보기　**손익계산서의 보고 방식**

　손익계산서는 일정기간 동안의 기업의 경영성과를 나타내는 표이므로 '기간'이 표시되고 경영성과(수익, 비용)가 보고된다.

　[그림 2-5]의 손익계산서는 수익을 대변에, 비용을 차변에 기록하는 계정식으로 보고되었다. 수직으로 계정과 계정과목들을 나열한 보고식 손익계산서는 다음의 표와 같다. [표 2-4]는 삼성전자의 손익계산서를 나타낸다.

● 표 2-4　삼성전자의 사업보고서상 2017년 요약 손익계산서(보고식, 기능별 분류방식)

※ 아래 재무정보는 한국채택국제회계기준(K-IFRS)으로 작성되었습니다.

재무상태표
제52기 2020.01.01부터 2020.12.31까지

(주)삼성전자	(단위: 천 원)
수익(매출액)	166,311,191
매출원가	116,753,419
매출총이익	49,557,772
판매비와관리비	29,038,798
영업이익	20,518,974
기타수익	797,494
기타비용	857,242
금융수익	5,676,877
금융비용	5,684,180
법인세비용차감전순이익(손실)	20,451,923
법인세비용	4,836,905
계속영업이익(손실)	15,615,018
당기순이익(손실)	15,615,018

[표 2-4]에서 (주)삼성전자의 손익계산서는 매출액, 매출원가, 매출총이익, 판매비와 관리비, 영업이익, 영업외수익(기타수익, 금융수익), 영업외비용(기타비용, 금융비용), 법인세비용차감전순손익, 법인세비용, 당기순손익 등으로 구성되어 있다.

삼성전자는 판매된 제품과 관련된 비용을 매출원가로, 그 이외의 매출과 관련하여 발생한 비용을 '판매비와 관리비'로 기록했다. 예를 들면 삼성전자의 제조라인에 근무하는 임직원의 인건비는 매출원가로 계상되고(이는 원가에서 배울 내용이므로 편하게 보고 넘기자), 본사 지원부서에서 근무하는 임직원의 인건비는 판매비와 관리비로 계상된다. 이와 같은 방법을 기능별 분류 방식이라 한다.

반면 [표2-5]는 (주)크래프톤의 손익계산서를 나타내는데, 내용을 보면 영업수익, 영업비용, 영업손익, 영업외수익, 영업외비용, 법인세비용차감전순손익, 법인세비용, 당기순손익으로 구성되어 있다. 크래프트는 삼성전자처럼 기능별로 계정을 분리하기보다, 수익·비용성격을 가진 계정항목을 모두 모아 비용의 성격에 따라 손익계산서를 작성하였다. 이와 같이 작성하는 방법을 성격별 분류 방식이라 한다.

● 표 2-5　크래프톤의 사업보고서상 2017년 요약 손익계산서(보고식, 성격별 분류방식)

※ 아래 재무정보는 일반기업회계기준(K-GAAP)으로 작성되었습니다.

손익계산서
제11기 2017.01.01부터 2017.12.31까지

크래프톤	(단위: 천 원)
Ⅰ. 영업수익	12,808,318,982
Ⅱ. 영업비용	53,231,763,175
급여	36,364,604,159
퇴직급여	1,781,558,471
복리후생비	2,981,117,929
여비교통비	750,036,084
접대비	76,494,988
통신비	60,751,101
세금과공과금	331,498,853
감가상각비	727,000,782
지급임차료	1,604,563,485
보험료	259,820,460
운반비	4,855,440
교육훈련비	36,520,828
도서인쇄비	20,400,428
소모품비	502,153,843
지급수수료	2,626,683,362
광고선전비	1,797,520,318
무형고정자산상각	589,470,356
매출원가	9,657,498
주식보상비용	2,707,054,790

Ⅲ. 영업손익	− 40,423,444,193
Ⅳ. 영업외수익	46,972,520,197
이자수익	573,340,374
외환차익	97,906,683
외화환산이익	15,486,152
유형자산처분이익	12,123,042
매도가능증권손상차손환입	−
지분법이익	45,845,026,925
잡이익	428,637,021
Ⅴ. 영업외비용	9,715,609,113
이자비용	2,427,608,359
외환차손	181,152,165
기타의대손상각비	1,259,681,523
외화환산손실	825,680,973
무형자산폐기손실	−
유형자산처분손실	148,486,481
지분법손실	4,871,361,738
매도가능증권손상차손	−
지분법적용투자주신손상차손	−
잡손실	1,637,874
Ⅵ. 법인세비용차감전순손익	− 3,166,533,109
Ⅶ. 법인세비용	1,132,134,807
법인세등	1,132,134,807
Ⅷ. 당기순손익	− 4,298,667,916

 여기서잠깐   회계기간의 개념을 알고 가자!

    회계기간은 아래의 그림과 같이 나타낼 수 있다. 재무제표가 작성되는 해당기간을 당기라 하고, 그 전 기간을 전기, 그 이후 기간을 차기라 한다. 또한 한 회계기간을 반기로 나누어 앞선 기간을 상반기, 이후 기간을 하반기라 하며 한 회계기간을 4개의 분기로 나누어 1분기, 2분기, 3분기, 4분기라 한다. 대부분의 기업은 1월 1일부터 12월 31일까지를 한 회계기간으로 정하며 이때 회계기간의 마지막 월인 12월을 결산월, 마지막 일자인 12월 31일을 결산일이라 한다. 또한, 회계기간이 시작되는 시점을 기초라 하고 회계기간이 끝나는 시점을 기말이라 하며, 회계기간 중을 기중이라 칭한다.

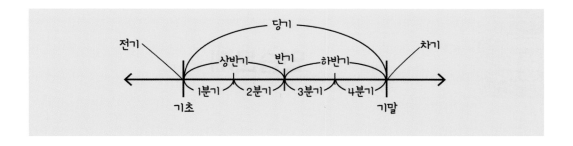

 생각해보기 12월 결산 법인과 그 외의 결산 법인의 차이는?

   대부분의 기업들은 12월 결산법인에 속한다. 1월 1일부터 12월 31일까지로 회계기간을 정하고, 결산일이 지나면 이 기간 동안의 경영성과와 12월 31일 현재의 재무상태 등 재무제표를 작성하여 외부감사인에게 감사를 받는다. 소수의 기업들이 3월, 5월, 6월 등 결산월을 달리 하고 있다.

💡 왜 기업들은 회계기간을 비슷한 기간에 집중되게 할까? 이에 대한 장점과 단점은 무엇일까?
💡 12월 외 결산법인에 해당하는 기업들은 어떤 기업들일까?

연습문제

1. ○× 문제 연습

(1) 재무제표에는 재무상태표, 손익계산서, 현금흐름표, 자본변동표, 주석까지 5개의 표가 있다.
(2) 재무상태표란 일정기간 동안의 경영성과를 나타내는 표이다.
(3) 기업의 소유주는 기업이 청산한다 하더라도 자신이 투자한 금액 내에서만 책임을 지면 된다.
(4) 부채는 타인자본, 자본은 자기자본, 또는 순자산이라 하기도 한다.
(5) 수익은 가득기준 또는 실현기준 둘 중 하나만이라도 충족하면 인식할 수 있다.

해답

(1) ×. 주석은 표가 아니다.
(2) ×. 재무상태표는 특정시점의 재무상태를 나타내는 표이다. 해당 설명은 손익계산서에 관한 것이다.
(3) ○. 이를 유한책임이라 한다.
(4) ○.
(5) ×. 둘 다 만족해야 수익을 인식할 수 있다.

2. 괄호 안에 알맞은 답 넣기

(1) 경영자는 (   )(으)로서 주주 가치를 극대화하기 위해 기업을 경영해야 하는
    (   )(와)과, 주주에게 재무상태 및 경영성과를 보고해야 하는 (   )
    이(가) 있다.
(2) 재무상태를 통해 (   )을 알 수 있고, 포괄손익계산서를 통해서는 (   )(을)를
    알 수 있다.
(3) 회계거래를 기록하는 단위를 (   ), 이 계정에 구체적인 명칭을 붙인 것을
    (   )(이)라 한다.
(4) 수익과 비용을 현금의 유입 및 유출과 상관없이 해당 거래나 사건이 발생한 기간에 배분되도록 기
    록하는 것을 (   )(이)라 한다.

(5) 비용은 그와 관련된 수익이 인식된 기간에 관련 수익에 대응시켜 인식하는 (   )에 따라 기록해야 한다.

해답
(1) 대리인, 수탁책임, 회계책임
(2) 특정시점의 자산, 부채, 자본/일정기간 동안의 수익, 비용
(3) 계정, 계정과목
(4) 발생주의
(5) 수익비용대응원칙

제 3 장 | 회계의 기록

01 회계등식의 이해

앞서 배운 재무상태표를 생각해보면 부채와 자본 합의 총계가 자산의 총계와 일치했다. 이를
재무상태표의 회계등식이라 하며, 자산은 부채와 자본의 합으로 표시하며 이 등식은 항상 성립해
야 한다.

$$자산 = 부채 + 자본$$

재무상태표의 회계등식에 수익과 비용을 추가하여 아래와 같은 식으로 나타내줄 수 있다. 이를
회계등식이라 하는데, 회계 거래는 항상 이 회계 등식에 따라 기록되므로 반드시 숙지해야 한다.

$$자산 + 비용 = 부채 + 자본 + 수익$$

앞서 재경이와 경리의 예시로 돌아가 영업을 시작하기 전에 청소업체의 재무상태를 생각해보
자. 처음 재경이와 경리는 투자금 2,000만 원과 빌린돈 3,000만 원으로 청소업체를 세웠다. 투자
금은 자본 계정의 자본금 계정과목으로 처리한다. 빌린돈은 부채 계정의 장기차입금 계정과목으

● 그림 3-1 　재무상태표와 손익계산서의 상호연관성

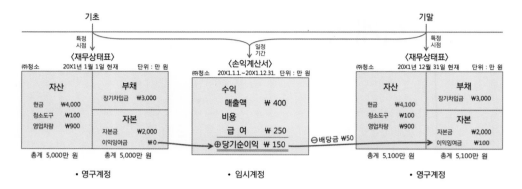

로 처리한다. 또한 이들의 돈을 합친 5,000만 원의 현금 중 일부는 청소도구와 영업차량을 구입에 사용했다. 그 결과 자산으로 현금 4,000만 원과 100만 원상당의 청소도구, 900만 원 상당의 영업차량을 보유하여 사업을 시작하게 되었다. 이를 기초의 재무상태표에 표기한다.

　다음으로 청소업체 사장을 고용해 사업을 시작하였고 기말 시점이 되었다. 이 기간 동안 청소업체 사장은 400만 원의 수익을 창출하고, 250만 원의 비용을 지출한 결과 150만 원의 이익을 남기게 되었다. 사장은 이 150만 원의 이익을 기업의 금고에 넣어두고 다시 사업활동을 수행할지, 자본을 더 조달하여 값비싼 자동청소기계장치를 추가구입하고 직원을 추가고용할지, 사업을 접을지 등에 대해 고민할 것이다. 청소업체 사장은 이익 150만 원 중 50만 원을 주주인 재경이와 경리에게 배당해주고 나머지 100만 원만을 금고에 넣어둔다고 생각해보자. 이 금고를 회계에서는 이익잉여금이라 부른다. 이익잉여금은 당기순이익을 쌓아두는 계정과목으로써 자본 계정에 속한다. 즉, 자본 계정에는 주주들이 출자한 금액과 더불어 기업이 경영활동을 통한 성과가 포함되는 것이다. 이 시점은 한 회계기간이 끝난 후의 시점이기 때문에 기말이라 부를 수 있으며 이들의 재무상태는 기말 재무상태표라 부를 수 있다. [그림 3-1]을 보자. 기초 이익잉여금에서 당기순이익을 가산한 후 배당금을 차감하여 기말 이익잉여금을 계산한다. 배당금은 주주와의 거래이므로 기업의 경영성과를 나타내는 수익과 비용에 영향을 미치지 않는다는 점을 주의하자.

기초이익잉여금 + 당기순이익 - 배당금 = 기말이익잉여금

또한, 기초의 재무상태표와 한 회계기간 동안의 경영성과를 보고한 손익계산서가 있어야 기말 재무상태표를 작성할 수 있다. 즉 손익계산서의 작성이 완료되어야 기말 재무상태표를 작성할 수 있다는 것이다.

재무상태표는 자산, 부채, 자본을 모두 누적하여 기록한다. 따라서 재무상태표를 작성할 때 현재까지의 잔액을 모두 누적하여 기록하고, 결산 마감 시 당기의 잔액을 차기로 이월시키므로 자산, 부채, 자본을 영구계정이라 부른다. [그림 3 – 1]의 기말재무상태표를 보자. 총자산이 5,100만 원, 총부채가 3,000만 원, 총자본이 2,100만 원이다. 이 금액은 매년 갱신되는 정보가 아니라, 청소업체가 사업을 시작한 이후의 변화분을 반영해 현재까지 누적시킨 금액이다. 경영자는 기업이 곧 청산하는 것이 아니라, 계속하여 존속하여야 한다는 가정을 가지고 기업을 운영한다.[1] 이 가정에 의해 재무상태표는 특정 시점까지 자산, 부채, 자본을 누적하여 보여주는 영구계정으로 기록하는 것이다. 반면 손익계산서상 이익은 재무상태표상 이익잉여금으로 누적했기 때문에 다시 회계기간이 시작하면 당기순이익을 초기화해야 한다. 경영성과를 나타내는 손익계산서는 다음 기간의 초에 초기화되므로 임시계정이라 한다.

[개념]

손익계산서 항목(수익, 비용)은 게임이 끝난 후 초기화 되므로 임시계정이라 하고 재무상태표(자산, 부채, 자본)는 누적되므로 영구계정이라 한다.

자, 그렇다면 '자산＋비용＝부채＋자본＋수익'이라는 회계등식은 어떻게 성립되는 것일까? 배당금은 없는 것으로 가정한다면 당기순이익 150만 원을 이익잉여금(자본)으로 누적하여 자본은 2,150만 원이 된다. 번 돈을 현금으로 보유하고 있을 것이므로 자산 또한 5,150만 원이 된다. 기말의 시점을 자산', 부채', 자본'으로 표기하자면 식 (1)에서 대변과 차변은 각각 5,150만 원으로 차·대변이 일치하는 재무상태표의 회계등식을 보이고 있다. 이때 기말 자본 2,150만 원은 기초의 자본금 2,000만 원과 당기순이익을 쌓아두는 기말 이익잉여금' 150만 원으로 구성된다(식 (2)). 다시 기말 이익잉여금'은 기초의 이익잉여금에서 당기순이익을 가산하고 배당금을 차감하여 계산할 수 있는데 배당금은 없는 것으로 가정했고 기초의 이익잉여금은 없었으니 당기순이익 150만 원만이 포함된다(식 (3)). 당기순이익은 수익에서 비용을 차감하는 것으로 분할 할 수 있다(식

---

1) 이를 계속기업의 가정이라 한다.

(4)). 그리고 음의 값으로 표현된 비용을 양의 값으로 표현하기 위해 회계 등식의 차변으로 이동시킨다(식 (5)). 그리고 다시 자본금과 이익잉여금의 합을 자본으로 합하면 식 (6)과 같이 '자산＋비용＝부채＋자본＋수익'의 식이 성립된다.

자산' 5,150만 원	= 부채' 3,000만 원	+	자본' 2,150만 원	식 (1)
자산' 5,150만 원	= 부채' 3,000만 원	+ 자본금 + 2,000만 원	이익잉여금' 150만 원	식 (2)
자산' 5,150만 원	= 부채' 3,000만 원	+ 자본금 + 이익잉여금 + 2,000만 원	당기순이익 150만 원	식 (3)
자산' 5,150만 원	= 부채' 3,000만 원	+ 자본금 + 이익잉여금 + 2,000만 원	수익 − 비용 400만 원 250만 원	식 (4)
자산' + 비용 5,150만 원 250만 원	= 부채' 3,000만 원	+ 자본금 + 이익잉여금 + 2,000만 원	수익 400만 원	식 (5)
자산' + 비용 5,150만 원 250만 원	= 부채' 3,000만 원	+ 자본 2,000만 원	+ 수익 400만 원	식 (6)

이 회계등식은 거래와 각 계정의 개념을 이해하고, 회계기록의 오류를 발견하기 위해 매우 중요한 개념이다. 회계등식에 의해 자산의 증가는 부채 및 자본의 증가, 수익의 발생과 함께 기록할 수 있고, 자산의 감소는 부채 및 자본의 감소, 비용의 발생과 함께 기록할 수 있다. 또한, 이전에 학습했던 수익과 발생의 정의를 생각해보자. 수익은 일정기간 동안 자산의 증가 또는 부채의 감소와 함께 기록된다. 또한 수익이 증가하면 당기순이익, 이익잉여금이 순차적으로 증가하여 결과적으로 자본의 증가를 초래하게 된다. 비용은 일정기간 동안 자산의 감소 또는 부채의 증가와 함께 기록된다. 비용이 증가하면 당기순이익, 이익잉여금이 순차적으로 감소하므로 결과적으로 자본의 감소를 초래하는 것이다.

만일 배당금을 지급하였다면 위의 식이 어떻게 될까? 배당금을 현금으로 지급한 경우 첫째, 현금(자산)이 줄어들게 되므로 식 (1)의 자산'은 5,100만 원(＝5,150만 원−50원)이 된다. 둘째, 배당금은 이익잉여금의 차감계정이므로 이익잉여금(자본)이 줄어들게 된다. 따라서 식 (1)의 자본'은 2,100만 원(＝2,150만 원−50원)이 된다.

02 회계기록의 이해

위에서 배운 회계등식으로 회계 거래를 다시 살펴보도록 한다. 각 거래의 회계처리를 그림과 함께 보면서 차변과 대변이 일치하는지, 회계등식이 성립되는지를 살펴보자.[2]

사업을 시작하는 시점이다. 첫째, 재경이와 경리는 청소업체를 개업하기 위해 각 1,000만 원씩의 투자금을 모았다. 이와 같이 주주가 사업을 위해 현금을 내어 놓는 것을 현금출자라 한다. 일반적으로 주주는 현금을 내고 보통주를 받는다. 주주들의 출자금은 회계에서 자본금(자본)으로 처리한다. 기업의 입장에서는 주주로부터 현금(자산)을 받았고, 동시에 자본금(자본)이 증가하게 된 것이다.

자산 현금 증가 & **자본** 자본금 증가

둘째, 사업을 시작하기위한 종잣돈이 부족하자 이 친구들은 다른 친구들로부터 3,000만 원을 빌려왔다. 빌린 돈을 회계에서는 차입금이라 부르며 1년 이내로 갚아야 하는 차입금을 단기차입금, 1년 이후로 상환해야하는 빌린 돈을 장기차입금으로 구분한다. 이 예시에서는 장기 차입금으로 분류해보겠다. 그렇다면 돈을 빌렸기 때문에 차입금(부채)이 증가하고 동시에 빌린 돈을 기업으로 가져왔기에 현금(자산)이 증가하게 된다.

자산 현금 증가 & **부채** 장기차입금 증가

셋째, 재경이와 경리는 사업을 대신 도맡아줄 대리인으로서 청소업체 사장을 고용했다. 사장에게 급여를 월 250만 원을 주기로 계약하고, 매달 말에 지급하기로 했다. 이 경우 회계에서는 거래로 보지 않으므로 기록하지 않는다. 회계에서 거래로 인식하기 위해서는 회계등식에 영향을 주어야 되기 때문이다. 계약을 체결한 것만으로는 회계등식에 영향을 주지 못한다. 만일 회계기록 시점이 사장이 이미 근로시간을 투입한 이후라면 사장이 일한 기간 동안의 급여를 지급해줘야 할 의무가 있기 때문에 부채가 계상된다. 혹은 회계거래 기록 시점에 계약서를 작성하고 사장에게 급여

---

[2] 일반적인 기업의 거래에서는 현금을 거의 사용하지 않고, 당좌예금, 보통예금 등을 사용한다. 이는 나중에 당좌자산 부분에서 배울 내용이며 현재는 이해를 돕기 위해 현금으로써 거래를 배우도록 한다.

를 미리 지급한 경우라면 사장으로부터 근로를 받아낼 수 있는 권리가 있기 때문에 자산이 계상된다.

넷째, 재경이와 경리가 고용한 사장은 사업을 위해 100만 원 상당의 청소도구와 900만 원 상당의 영업차량을 현금으로 구입하였다. 회계에서 사용되는 계정과목으로는 청소도구를 비품으로, 영업차량을 차량운반구로 계정과목을 표현할 수 있으며 이들은 자산 계정에 포함된다. 앞서 현금도 자산 계정과목에 포함된다고 배웠다. 즉, 현금이라는 자산이 비품 및 차량운반구라는 자산으로 대체된다는 것이다. 자산의 증가와 감소가 동시에 발생한 거래다.

자산 현금 감소 & **자산** 비품 및 차량운반구 증가

이제 사업을 시작한 청소업체의 사장은 한 달 동안 열심히 일하여 400만 원이라는 돈을 벌었다. 다섯째, 청소용역을 통해 고객들로부터 400만 원을 현금으로 받았다. 이를 회계에서는 매출이라 하며 수익 계정에 포함시킨다. 즉, 매출(수익)이 발생했고 그 결과로 400만 원 상당의 현금을 수취해 자산이 증가하게 된 결과가 됐다.

자산 현금 증가 & **수익** 매출 발생

여섯째, 한 달동안 열심히 돈을 번 사장은 급여로 250만 원을 현금으로 받아갔다. 회계에서 이를 급여라는 계정과목으로써 비용 계정에 포함시킨다. 또한 현금으로 급여를 지출했기 때문에 250만 원의 현금(자산)이 감소했다.

자산 현금 감소 & **비용** 급여 발생

이제 한 달이 지났고 사장이 한 회계기간 동안의 경영 성과(수익 및 비용)를 정리하기 시작했다. 일곱째, 사장은 한 달 동안 열심히 일하여 수익을 창출했고 비용을 지출했다. 그 결과 150만 원이라는 이익을 얻게 된 사장은 재경과 경리에게 투자에 대한 몫으로 50만 원 상당의 현금을 보내주었다. 이를 배당금으로 표현하기로 했다. 배당금은 주주와의 거래이기 때문에 경영성과인 수익과 비용의 발생으로 기록하지 않는다. 이익을 쌓아두는 이익잉여금(자본) 계정과목의 차감 계정으로 사용한다. 또한, 현금을 보내주었기에 자산이 감소하게 된다.

자산 현금 감소 & **자본** 이익잉여금 감소

아래의 그림을 보자. 등호를 기준으로 차변에 있는 자산과 비용의 합은 대변의 부채, 자본 및 수익의 합과 일치하다.

● 그림 3-2 각 거래의 회계등식 성립

(단위: 만 원)

	자산	+	비용	=	부채	+	자본	+	수익
①	+ 현금 2,000						+ 자본금 2,000		
②	+ 현금 3,000				+ 장기차입금 3,000				
③									
④	+ 비품 100								
	+ 차량운반구 900								
	− 현금 1,000								
⑤	+ 현금 400								+ 매출 400
⑥	− 현금 250		급여 250						
⑦	− 현금 50						− 이익잉여금 50		
	소계 5,100		소계 250		소계 3,000		소계 1,950		소계 400

그리고 이번 달 이익을 정리하고 다음 달 다시 수익을 얼마 냈는지, 추가적으로 사용한 비용 지출이 있었는지를 기록하게 될 것이다. 한 회계기간이 지나면 수익과 비용의 계정 잔액을 초기화시켜야 다음기간의 성과를 잘 파악할 수 있기 때문이다. 이때 임시계정인 수익과 비용을 정리하기 위해 집합손익이라는 임시계정을 사용한다. 즉 집합손익을 이용하여 수익과 비용의 잔액을 0으로 만들어 주고 동시에 수익과 비용의 결과인 이익을 이익잉여금(자본)에 포함시킨다. 수익과 비용이 지워지는 과정은 [그림 3−3]과 같다. 다만 집합손익의 거래기록은 다소 복잡하기 때문에 추후 설명하기로 한다.[3]

---

3) 집합손익은 가계정과목이다. 수익과 비용을 삭제해주는 과정에 집합손익을 만들어주고, 그 결과인 집합손익을 이익잉여금 항목으로 대체해준다.

• 그림 3-3 수익과 비용계정의 마감

(단위: 만 원)

자산	+	비용	=	부채	+	자본	+	수익
소계 5,100		소계 250		소계 3,000		소계 1,950		소계 400
						+ 이익잉여금 150		
총계 5,100				총계 3,000		총계 2,100		

03 회계의 순환과정

　회계는 인위적으로 회계기간을 만들어 구분한 후, 각 회계기간마다 재무제표를 작성·보고한다. 이를 위해 매 회계기간마다 발생하는 수많은 거래를 장부에 기록하고, 요약하여 회계정보를 만들어 내는 과정을 반복한다. 이를 **회계의 순환과정**이라 하며, [그림 3-4]와 같이 8단계를 거치며 순환하는 구조를 가진다.

　회계의 순환과정은 크게 회계기간 중에 이루어지는 부분과 회계기간 말에 이루어지는 부분으로 크게 나뉜다. 먼저 회계기간 동안에는 [1] 회계상 거래를 식별하고 [2] 분개장에 분개하고 [3] 총계정원장의 각 계정에 전기하는 일을 해야 한다. [1], [2], [3]은 회계기간 중에 거래가 발생할 때 동시다발적으로 수행해야 한다. 다음으로 회계기간 말이 되면 [4] 수정전시산표를 작성하고 [5] 결산조정(또는 기말수정)을 통해 수정분개 및 전기를 수행한다. 이후 [6] 수정후시산표를 작성하여 이를 바탕으로 [7] 재무제표를 작성하고, [8] 마감분개와 전기를 통해 장부를 마감한다. 그리고 다시 기초가 되면 처음으로 돌아가 회계상 거래 식별부터의 과정을 거친다.

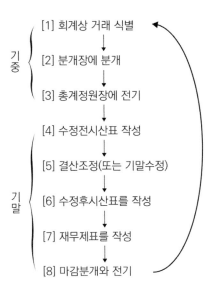

기
중 { [1] 회계상 거래 식별
[2] 분개장에 분개
[3] 총계정원장에 전기

[4] 수정전시산표 작성

기
말 { [5] 결산조정(또는 기말수정)
[6] 수정후시산표를 작성
[7] 재무제표를 작성
[8] 마감분개와 전기

1. 회계상 거래의 식별

회계의 거래는 일반적으로 생각하는(경제적) 거래와는 다르다. 회계의 거래만 장부에 기록해야 하기 때문에 어떠한 거래가 발생하게 되면 이를 회계적인 거래인지 아닌지를 먼저 식별하는 과정이 필요하다. 가령 일상생활에서는 금전적인 거래 없이 계약만 성사되어도 거래가 되었다고 생각하지만 회계상으로는 회계등식의 변동이 있고 화폐적 가치로 신뢰성 있게 측정할 수 있어야 거래로 인정한다. 앞서 배운 사례에서 사장을 월 급여 250만 원에 고용하기로 계약했다고 한 것은 회계상 거래가 아니다. 계약만 체결하였으므로 회계등식에 변동을 줄 수 없기 때문이다. 반대로 상품의 도난이나 파손이 발생한 것은 일상생활에서는 거래로 보지 않으나 회계에서는 이를 거래로 취급하여 장부에 기록한다. 도난당한 상품의 화폐가치를 신뢰성있게 측정할 수 있으며, 기업의 상품(자산)이 감소한 것이므로 회계등식에 영향을 주기 때문이다. 일상생활에서의 경제적 거래와 회계에서의 거래는 아래와 같이 구분할 수 있으며, 회계상 거래만을 장부에 기록한다.

• 표 3-1 경제적 거래와 회계상 거래의 비교

거래로 인정 여부	경제적 거래	회계상 거래
금전거래 없이 체결한 계약	○	×
도난, 파손, 화재	×	○
상품·제품의 가치 감소	×	○

2. 〈분개장〉에 분개

회계상 거래라고 인정되었다면 해당 거래를 모두 회계등식에 맞게 〈분개장〉이라는 장부에 기록해야 한다. 이를 분개한다고 표현한다. 또한 거래가 발생하는 즉시 분개해야 하므로 이 단계는 기중에 매 거래마다 발생하며 하나의 거래마다 하나의 분개가 기록되어야 한다. [그림 3-2]에서 음(-)의 부호로 나타난 계정과목 및 금액을 양(+)의 부호가 되게끔 모두 이항한 뒤 부호를 제외해 표시하면 아래와 같이 분개를 기록할 수 있다. 단, 간편하게 설명하기 위하여 ⑦의 배당금 거래는 없는 것으로 가정한다.

<분개장>

(단위: 만 원)

① (차) 현   금   2,000   (대) 자 본 금   2,000

② (차) 현   금   3,000   (대) 장 기 차 입 금   3,000

③ 회계상 거래가 아니므로 기록하지 않음

④ (차) 비   품   100   (대) 현   금   1,000
        차 량 운 반 구   900

⑤ (차) 현   금   400   (대) 매   출   400

⑥ (차) 급   여   250   (대) 현   금   250

이와 같이 회계의 거래는 기록시 차변과 대변의 합이 일치되게 이중으로 작성이 되는데, 이를 회계에서는 복식부기라 일컫는다. 복식부기의 이점은 첫째, 차변의 합과 대변의 합이 일치되는지 여부를 판단하여 오류를 쉽게 걸러낼 수 있고 둘째, 원인과 결과를 기록함으로써 거래를 쉽게 파악할 수 있게 한다는 이점이 있다. 이해를 돕기 위하여 위의 거래 중 ②를 해석해보자. 현금(자산)이 차변에 위치하고 장기차입금(부채)이 대변에 위치함으로써 현금 및 장기차입금이 증가했음을 알 수 있다. 3,000만 원을 장기차입했기 때문에(원인), 현금 3,000만 원 증가라는 결과가 생겼다.

3. 〈원장〉에 전기

위의 분개를 보며 ⑥의 시점에서 현금이 얼마 있는지 빠르게 답할 수 있는가? 거래가 몇 없는 사례에서는 가능하나 하루에도 수십건, 또는 그 이상의 거래가 이루어진다면 분개만으로 현금의 잔액을 한 눈에 파악하기 어려울 것이다. 분개만 나열된다면 각 계정과목의 전반적인 변동을 파악하기 어려우므로 이를 쉽고 편리하게 볼 수 있도록 하는 것이 〈원장〉이라는 장부이다. 〈원장〉에 T모양으로 된 각 계정과목(이를 T계정이라 한다)을 그려 차변과 대변을 누적하여 기록하는 것을 전기한다고 표현한다. 그리고 T계정을 모아두는 장부가 〈원장〉인 것이다.

전기하는 방식은 다음과 같다. 먼저 회계등식에 따라 자산, 비용, 부채, 자본, 수익 계정에 대한 각 계정과목의 T계정이 존재해야 한다. 첫째, 각 거래에 대해 분개가 끝나면 분개의 차변 및 대변과 동일한 위치에 거래의 시점과 금액을 기입한다. ① 분개의 경우 현금 2,000만 원이 차변에 위치하고 있으므로 현금 T계정의 차변에 시점(①)과 금액(2,000만 원)을 기입한다. 또한, 자본금 2,000만 원이 대변에 위치하고 있으므로 자본금 T계정의 대변에 시점(①)과 금액(2,000)을 기입한다. 다음으로 분개에서 반대의 계정과목을 각각의 위치에 기입한다. 즉 ① 분개에서 현금의 위치는 차변이고, 반대편은 자본금이 위치해 있으므로 현금 T계정으로 가 '① 자본금 2,000만 원'을 마저 기록하면 된다. 이러한 원칙에 의해 각 계정과목의 T계정이 작성되면 언제, 무엇 때문에(원인) 해당 금액이 발생했는지(결과)를 알 수 있게 된다. 또한, 빠르고 쉽게 ⑥의 시점에서 현금 보유액을 파악할 수 있다. 현금 T계정의 차변은 현금이 증가한 내역을, T계정의 대변은 현금이 감소한 내역을 나타낸다. 차변을 모두 가산하면 총 5,400만 원의 현금이 증가했음을 알 수 있다. 마찬가지

● 그림 3-5 원장 예시

<원장>

(단위: 만 원)

자산	+	비용	=	부채	+	자본	+	수익
현 금		급 여		장기차입금		자 본 금		매 출

현 금
① 자 본 금 2,000 | ④ 제 좌 1,000
② 장기차입금 3,000 | ⑥ 급 여 250
⑤ 매 출 400

비 품
④ 현 금 100

차량운반구
④ 현 금 900

급 여
⑥ 현 금 250

장기차입금
② 현 금 3,000

자 본 금
① 현 금 2,000

매 출
⑤ 현 금 400

로 대변의 합을 통해 총 1,250만 원 상당의 현금을 사용했음을 알 수 있다. 그리고 차변과 대변을 상계하면 차변에 4,150만 원만큼의 현금이 남는다. 이것을 통해 ⑥ 거래까지의 보유 현금이 4,150만 원 남아있음을 알 수 있다. 단, ④의 대변에 현금 1,000만 원의 지출을 전기하기 위해서는 차변의 비품 및 차량운반구 계정과목을 사용해야 한다. 이때 계정과목이 두 개 이상 사용된 경우에는 '제좌'라는 항목으로 T계정을 표기하면 된다.

주의해야 할 점은 회계등식에서 등호를 기준으로 차변에 위치한 계정 및 계정과목은 차변을 증가, 대변을 감소로 기록하고, 등호 기준 대변에 위치한 계정 및 계정과목은 대변을 증가, 차변을 감소로 기록한다는 것이다. 위의 <원장>에서 장기차입금(부채), 자본금(자본), 매출(수익) T계정의 대변에 기록된 거래들은 각 계정과목의 증가를 나타낸다.

4. 수정전시산표 작성

기말이 되면 <원장>의 내용을 바탕으로 수정전 시산표를 작성해 차변과 대변의 합이 일치하는가를 확인하는 작업이 필요하다. <원장>은 각 계정과목의 중간 합계를 쉽게 파악할 수 있게 하지만 기업 전체의 거래로 인한 각 계정의 잔액을 한 눈에 파악하기 어렵기 때문이다. 이에 각 계정과목별로 잔액과 기업 전체의 차변과 대변의 합계를 보여주고, 손익계산서 및 재무상태표의 작성을 돕는 시산표를 작성하게 된다. 시산표에는 원장에 기입된 각 T계정의 계정과목을 세로로 나열한 뒤, T계정의 차변의 합과 대변의 합을 '합계'열에 입력한다. 그리고 차변과 대변을 상계한 잔액을 기록한다. 현금의 경우 차변의 합은 5,400만 원, 대변의 합은 1,250만 원이다. 이를 상계하면

● 그림 3-6   시산표 예시

수정전시산표

차변		계정과목	대변	
잔액	합계		합계	잔액
4,150	5,400	현금	1,250	
100	100	비품		
900	900	차량운반구		
250	250	급여		
		장기차입금	3,000	3,000
		자본금	2,000	2,000
		매출	400	400
5,400	6,650	합계	6,650	5,400

㈜청소   20X1년 10월 31일 현재   (단위: 만 원)

4,150만 원이 차변에 더 많게 되므로 차변의 잔액에 기록해준다. 이와 같은 식으로 모든 계정과목들을 기록하면 가장 아래 열에서 차변의 잔액합계와 대변의 잔액 합계가 5,400만 원으로 일치하게 된다. 또한 차변의 총합과 대변의 총합이 6,650만 원으로 일치한 것을 볼 수 있다. 수정전 시산표를 통해 각 계정과목의 잔액이 얼마인지를 쉽게 알 수 있고 대변의 합과 차변의 합이 일치한 것을 통해 오류를 쉽게 파악할 수 있다.

5. 결산조정(또는 기말수정)

발생주의 원칙에 따라 재무제표를 작성하기 위하여 기말 결산 시점에 [표 3-2]의 내용을 파악해 이를 조정해주는 회계처리를 한다. 조정할 항목이 있다면 [2] 분개와 [3] 전기를 수정하면 된다. 단 본 예시에서는 결산조정 항목이 없다고 가정하고 넘어가도록 하며, 해당 내용은 추후 각 장에서 서술하도록 한다.

조정항목	예시
이연항목	비용의 이연(선급비용), 수익의 이연(선수수익)
발생항목	비용의 발생(미지급비용), 수익의 발생(미수수익)
추정항목	대손상각비, 감가상각비 등
기타항목	재고자산 계정의 정리, 소모품비의 정리 등
회계기록의 오류	

6. 수정후시산표 작성

[4] 수정전시산표에 [5] 결산조정(기말수정)을 반영해 시산표를 재작성하고 각 계정의 대변의 합과 차변의 합이 일치하는가를 다시 파악한다. 조정항목이 반영된 후의 시산표라 하여 수정후시산표로 부른다. 본 예시에서는 결산조정항목이 없으므로 수정전시산표와 수정후시산표를 같다고 본다.

7. 재무제표 작성

[6] 수정후시산표의 잔액 내용을 바탕으로 재무제표를 작성한다. 경영성과로 인한 당기순손익을 파악해 이익잉여금(자본)에 포함시켜야 하므로 손익계산서를 먼저 작성한 뒤 재무상태표를 작성해야 한다.

회계에서는 [4] 수정전시산표, [5] 결산조정(기말수정), [6] 수정후시산표, [7] 재무제표의 작성(손익계산서 → 재무상태표)의 과정을 정리해 보여주는 정산표를 작성하기도 한다. 정산표는 결과적으로 손익계산서 상의 당기순손익과 재무상태표 상의 이익잉여금 포함 전 당기순손익이 일치하는가를 손쉽게 파악하게 해준다는 장점이 있다. 본 교과서에서는 정산표의 내용은 생략하도록 한다.

• 그림 3-7 재무제표 작성 예시

손익계산서

㈜청소 20X1.1.1~20X1.12.31	(단위: 만 원)
매출액	400
급여	(250)
당기순이익	150

기말 이익잉여금의 계산

기초 이익잉여금	0
+ 당기순이익	150
− 배당금	0
기말 이익잉여금	150

재무상태표

㈜청소 20X1.12.31 현재	(단위: 만 원)
자산	
현금	4,150
비품	100
차량운반구	900
자산총계	5,150
부채	
장기차입금	3,000
부채총계	3,000
자본	
자본금	2,000
이익잉여금	150
자본총계	2,150
부채와 자본총계	5,150

8. 장부의 마감

경영성과를 새롭게 기록하기 위해 결산시점에서 이를 마감분개를 통해 장부를 마감해야 한다. 특히 손익계산서는 일정 기간 동안의 경영성과(수익, 비용)를 나타내므로 임시계정을 최종적으로 이익잉여금(자본)으로 대체하는 마감분개를 수행하고, 재무상태표는 누적하여 재무상태(자산, 부채, 자본)을 보고하므로 영구계정을 다음 기간으로 이월하는 마감을 수행한다. 장부의 마감의 단계는 아래와 같다.

첫째, 임시계정(수익, 비용)을 마감한다. 즉 마감분개를 통해 수익 및 비용 계정을 모두 지우고 잔액을 '₩0'으로 만들어 주는 것이다. 앞서 기중에 수익(비용)거래를 회계처리할 때 회계등식의 위치에 따라 수익(비용)의 발생을 대변(차변)에 기록하였다. 따라서 수익(비용)을 마감하려면 해당 계정과목을 없애야하기 때문에 차변(대변)에 기록해주면 된다. 이때 대변(차변)에는 임시계정 과목인 '집합손익'을 대응해준다.

수익 계정의 마감 :
    (차) 매　　　　출　　　400　(대) 집 합 손 익　　　400

비용 계정의 마감
    (차) 집 합 손 익　　250　(대) 급　　　여　　　250

둘째, 임시계정(집합손익)을 마감한다. 위의 수익 및 비용의 마감을 통해 수익과 비용의 잔액은 모두 지워지게 되고 집합손익의 대변에 400만 원이, 차변에 250만 원이 기록된다. 집합손익 계정은 임시계정이므로 수익 및 비용과 마찬가지로 잔액을 ₩0으로 만들어 줘야 한다. 이를 위해서는 앞서 분개한 집합손익 계정의 위치를 다시 반대의 위치로 분개해주면 된다. 그리고 집합손익의 대체와 함께 그 금액을 이익잉여금(자본)으로 대응해준다. 당기순이익이 발생한 경우 이익잉여금은 자연스럽게 회계등식 상 자본의 위치인 대변에 기록되고, 당기순손실이 발생한 경우 이익잉여금은 그 반대의 위치인 차변에 기록된다.

집합손익계정의 마감(당기순이익 발생 시):
    (차) 집 합 손 익　　400　(대) 집 합 손 익　　250
    　　　　　　　　　　　　　　이 익 잉 여 금　　150

셋째, 영구계정을 이월한다. 재무상태표는 기업의 재무상태(자산, 부채, 자본)를 누적하여 기록하므로 영구계정의 잔액을 '₩0'으로 만들지 않는다. 결산시점에서 회계기간말까지의 잔액을 파악한 뒤 차기로 보낸다는 내용인 '차기이월'을 기록하여 차변의 합과 대변의 합을 같게 한 후, 차기 처음의 회계기간(기초)에 이전의 내용을 가져왔다는 의미의 '전기이월'을 기록하며 차기 이월 금액을 그대로 기입해준다.

• 그림 3-8 장부마감 예시

<원장>

(단위: 만 원)

자산		비용	=	부채	+	자본	+	수익

현금 (자산)

① 자 본 금 2,000	④ 제 좌 1,000		
② 장기차입금 3,000	⑥ 급 여 250		
⑤ 매 출 400	차 기 이 월 4,150		
총 계 5,400	총 계 5,400		
전 기 이 월 4,150			

급여 (비용)

⑥ 현 금 250	집합손익 250

장기차입금 (부채)

차기이월 3,000	② 현 금 3,000
총 계 3,000	총 계 3,000
	전기이월 3,000

자본금 (자본)

차기이월 2,000	① 현 금 2,000
총 계 2,000	총 계 2,000
	전기이월 2,000

매출 (수익)

집합손익 400	⑤ 현 금 400

비품

④ 현 금 100	차 기 이 월 100
총 계 100	총 계 100
전 기 이 월 100	

이익잉여금

차기이월 150	집합손익 150
총 계 150	총 계 150
	전기이월 150

차량운반구

④ 현 금 900	차 기 이 월 900
총 계 900	총 계 900
전 기 이 월 900	

연습문제

1. ○× 문제 연습

(1) 기업이 소유주에게 배당금을 지급하게 되면 비용이 발생한다.
(2) 기말이익잉여금은 기초이익잉여금에서 당기순이익을 가산하고 배당금을 차감하여 계산하면 된다.
(3) 복식부기로 회계를 기록하면 원인과 결과를 파악하는데 용이하고 쉽게 오류를 알 수 있다는 이점이 있다.
(4) 재무제표상 자산, 부채, 자본은 영구계정이므로 기말시점에 잔액을 차기로 이월시킨다.
(5) 기말시점에 손익계산서상 수익과 비용은 재무상태표상의 이익잉여금에 포함되고, 마감 후 잔액은 ₩0이 된다.

해답
(1) ×. 배당금은 이익잉여금의 차감계정이다.
(2) ○.
(3) ○.
(4) ○.
(5) ○.

2. 괄호 안에 알맞은 답 넣기

(1) 차변과 대변을 대응하여 회계거래를 기록하는 것을 (   )(이)라 한다.

해답
(1) 복식부기

3. 객관식 및 주관식 문제

(1) 회계등식을 이용하여 다음 괄호 속의 금액을 입력하시오.

	자산	부채	자본
①	( )	₩300,000	₩250,000
②	₩1,150,000	( )	₩350,000
③	₩950,000	₩670,000	( )

(2) 재무상태표 등식을 이용하여 다음 중 동시에 발생할 수 없는 거래의 유형은? 단, 두 가지 외 다른 거래는 없다고 가정한다.

① 자산의 증가, 부채의 증가   ② 자산의 감소, 부채의 감소

③ 부채의 감소, 자본의 감소   ④ 자산의 증가, 자산의 감소

(3) (주)한림의 자산과 부채, 자본이 다음과 같을 때 (주)한림의 자본금은 얼마인가?

단 기 차 입 금	₩100,000	이 익 잉 여 금	₩25,000	기 계 장 치	₩150,000
현 금	90,000	매 출 채 권	40,000	매 입 채 무	55,000
자 본 금	?				

* 단, 기계장치, 현금, 매출채권은 자산, 단기차입금, 매입채무는 부채, 이익잉여금, 자본금은 자본에 속한다.

① ₩50,000   ② ₩75,000

③ ₩100,000   ④ ₩125,000

(4) 20×1년의 총수익은 ₩520,000, 총비용은 ₩880,000이다. 아래에 주어진 회계연도 초의 자산과 부채 내역을 참고하여 회계연도말의 총자본을 구하라.

현 금	₩550,000	재 고 자 산	₩200,000
미 지 급 금	2,500	단 기 차 입 금	200,000
장 기 차 입 금	80,000	매 출 채 권	265,000
미 수 수 익	21,000	토 지	200,000

* 단, 현금, 재고자산, 매출채권, 미수수익, 토지는 자산, 미지급금, 단기차입금, 장기차입금은 부채이다.

(5) 20×1년 동안 (주)한림의 자산은 ₩50,000 감소하였으며 부채는 ₩90,000 감소하였다. 그렇다면 (주)한림의 자본은 어떻게 되었는가?

① ₩40,000 증가하였다.   ② ₩140,000 감소하였다.

③ ₩40,000 감소하였다.   ④ ₩140,000 증가하였다.

(6) (주)한림의 당기 자산총액은 기초에는 ₩150,000이고 기말에는 ₩450,000이다. 부채총액은 기초에 ₩50,000이다. 만약 당기중에 ₩10,000만큼 자본금을 출자하고 당기순이익이 ₩16,000이면 기말의 부채총액은 얼마인가?

(7) 다음 상황 중 회계거래인 것을 고르고, 아래의 계정과 계정과목을 참고하여 각각 자산, 부채, 자본에 어떤 영향을 미치는지 밝히시오.

계정	계정과목
자산	현금
비용	임차료, 이자비용

계정	계정과목
부채	미지급비용(미지급임차료), 단기차입금
자본	자본금

1) 주식을 발행하고 현금을 받아 기업을 설립함
2) 사무실을 임차하고 월말에 임차료를 지급하기로 함
3) 은행으로부터 단기자금을 현금으로 차입함
4) 다음 주부터 용역을 제공해주기로 계약을 체결함
5) 은행으로부터 빌린 자금에 대한 이자를 현금으로 지급함

(8) 부채가 감소하는 거래가 발생할 경우 복식부기원리상 동시에 발생하는 현상으로 볼 수 없는 것은?
   ① 자산의 감소
   ② 부채의 증가
   ③ 비용의 발생
   ④ 수익의 발생

(9) 다음 거래요소의 결합관계를 나타낸 것 중 올바른 것은?

> 현금 ₩50,000으로 상품을 구입하다.
> * 단, 상품은 자산에 속한다.

   ① 자산의 증가 – 자산의 감소
   ② 비용의 발생 – 자산의 감소
   ③ 자산의 증가 – 자본의 감소
   ④ 비용의 발생 – 자본의 감소

(10) 차입금 ₩1,000,000을 현금으로 상환하고 동시에 관련 이자 ₩120,000을 현금으로 지급하였다. 차변과 대변에 미치는 영향은?
   ① (차) 자산의 증가 (대) 부채의 증가 & 수익의 발생
   ② (차) 자산의 증가 (대) 자산의 감소 & 수익의 발생
   ③ (차) 부채의 감소 & 비용의 발생 (대) 자산의 감소
   ④ (차) 자산의 증가 & 비용의 발생 (대) 자산의 감소

(11) 차변과 대변에의 기입원칙과 관련한 다음 보기 중 틀린 것은?
　① 자본의 감소는 차변에 기록한다.
　② 수익의 발생은 대변에 기록한다.
　③ 자산의 감소는 차변에 기록한다.
　④ 부채의 감소는 차변에 기록한다.

(12) 다음 중 회계상의 거래가 아닌 것은?
　① 보관 중인 상품이 폭우로 소실되었다.
　② 월 ₩100,000의 임차료로 건물을 임차하기로 계약했다.
　③ 차입금에 대한 이자를 수표로 지급했다.
　④ 수재민 돕기 성금으로 ₩200,000을 기탁했다.

(13) 분개와 전기에 대한 다음 내용 중 잘못된 설명은?
　① 분개장에는 분개를 기록한다.
　② 원장에 대한 거래의 기입을 전기라 한다.
　③ 회계순환과정에서, 거래의 식별 및 측정 다음으로 이루어지는 것이 전기이다.
　④ 거래를 차변과 대변으로 나누어 기록하는 행위가 분개이다.

(14) 다음 중 마감분개에 대한 설명 중 잘못된 것은?
　① 마감분개는 수익·비용과 같은 손익계정을 이익잉여금으로 대체하고 그 잔액을 '₩0'으로 만들기 위한 절차이다.
　② 마감분개는 이익잉여금계정 잔액에 그 결과를 대체하고, 다음 회계기간을 위해 수익과 비용계정이나 배당금계정을 준비하기 위한 절차이다.
　③ 자산, 부채와 자본은 결산정리 시 마감분개를 하지 않고 이월시킨다.
　④ 마감분개를 마치고 나면 집합손익계정 잔액이 남게 된다.

(15) (주)한림은 당기에 ₩120,000의 순이익을 보고하고, 배당금으로 ₩70,000을 지급하였다. 기말이익잉여금이 ₩310,000이면, 기초이익잉여금은 얼마인가?
　① ₩400,000　　　　　　　　② ₩260,000
　③ ₩500,000　　　　　　　　④ ₩360,000

(16) 연도말에 (주)한림의 장부를 조사하다가 다음과 같은 자료를 얻었다. 연도초 자본총액은 얼마였는가?

자산총액	₩8,800,000	부채총액	₩1,500,000
1년간 수익총액	₩325,000	1년간 비용총액	₩206,000

(단 회계기간중에는 손익거래 이외에 자본총계에 영향을 미치는 거래나 사건은 발생하지 않았다)

① ₩7,300,000   ② ₩7,419,000

③ ₩7,181,000   ④ ₩5,107,000

(17) 다음의 자료와 회계등식을 이용하여 기말 자본총계를 구하라(단 회계기간중에는 손익거래와 배당금지급 이외에 자본총계에 영향을 미치는 거래나 사건은 발생하지 않았다).

기초자산	기초부채	기말부채	총수익	총비용
₩32,000,000	₩14,000,000	₩11,000,000	₩32,000,000	₩33,000,000

① ₩16,000,000   ② ₩19,000,000

③ ₩15,000,000   ④ ₩17,000,000

(18) 다음 중 기말에 이루어지는 회계처리에 관한 설명으로 옳지 않은 것은?

① 결산수정분개란 결산일에 발생주의를 반영하여 정확한 금액으로 조정하기 위한 분개이다.

② 장부의 마감 시 재무상태표 계정들은 회계 기간이 종료되면 잔액이 차기로 이월되므로 그 잔액은 ₩0이 된다.

③ 비용분개를 누락하였다면, 당기순이익과 자본 모두 과대계상되므로 오류를 수정해야 한다.

④ 집합손익계정의 차변 합계와 대변 합계의 차액은 당기순이익(당기순손실) 금액과 일치하며 이익잉여금 계정과목으로 기록된다.

해답

(1) 회계등식은 "자산＝부채＋자본"이다.   ① ₩550,000, ② ₩800,000, ③ ₩280,000

(2) ③

(3) ③

(4) ₩593,500

기초재무상태표

현 금	₩550,000	미지급금	₩2,500
매출채권	265,000	단기차입금	200,000
미수수익	21,000	장기차입금	80,000
재고자산	200,000	부채총계	282,500
토 지	200,000	자본총계	953,500*
자산총계	₩1,236,000	부채와 자본총계	₩1,236,000

* 기초의 자본총계 = 총자산 − 총부채 = ₩1,236,000 − 282,500 = ₩953,500
  당기순이익 = 수익 − 비용 = ₩520,000 − 880,000 = −₩360,000(당기순손실)
  기말의 자본총계 = 기초자본 − 당기순손실 = ₩953,500 − 360,000 = ₩593,500

(5) ①

(6) ₩324,000

기초재무상태표

자 산	150,000	부 채	50,000
		자 본	100,000 *

* 기초자본 = 기초자산 − 기초부채 = ₩150,000 − 50,000 = ₩100,000

기말재무상태표

자 산	450,000	부 채	324,000 **
		자 본	126,000 *

* 기말자본 = 기초자본 + 추가출자 + 당기순이익
  = ₩100,000 + 10,000 + 16,000 = ₩126,000
** 기말부채 = 기말자산 − 기말자본 = ₩450,000 − 126,000 = ₩324,000

(7)
1) 현금(자산)이 증가하고, 자본금(자본)이 증가하는 회계거래임
2) 자산, 부채, 자본에 변동이 생기지 않으므로 회계거래가 아님
3) 현금(자산)이 증가하고, 단기차입금(부채)이 증가하는 회계거래임
4) 자산, 부채, 자본에 변동이 생기지 않으므로 회계거래가 아님
5) 이자비용(비용)이 발생하고, 현금(자산)이 감소하는 회계거래임. 비용은 자본의 감소를 초래함.

(8) ③

(9) ①

(10) ③

(11) ③

(12) ② 임차계약은 중요한 활동이지만 현재 시점에 자산, 부채, 자본에 미치는 영향이 없기에 회계상 거래라고 볼 수 없다.

(13) ③

(14) ④

(15) ②

(16) ③

(17) ④
1) 기초자본 = 기초자산 − 기초부채 = ₩32,000,000 − 14,000,000 = ₩18,000,000
2) 기말자본 = 기초자본 + (총수익 − 총비용)
   = ₩18,000,000 + (₩32,000,000 − 33,000,000) = ₩17,000,000

위 경우에는 총비용이 총수익을 초과하여 당기순손실 ₩1,000,000만큼이 발생했기 때문에 자본이 기초보다 동 금액만큼 감소하였다.

(18) ②

ACCOUNTING PRINCIPLES

제2부

재무회계

제4장

당좌자산

재무상태표 > 자산 > 유동자산 > 당좌자산

재무상태표의 차변의 합계인 총자산은 기업규모를 나타내는 대용치로서 주로 사용되며 기업은 자산에 대해 각각의 항목별로 기업이 영업활동을 위해 자금을 어떻게 사용했는가를 보고한다. 자산은 기업이 소유하거나 통제하고 있는 자원을 의미하며, 특히 기업은 이 자산을 이용해 경영활동을 수행하고 미래의 경제적 이익을 기대하게 된다. 기업이 영업활동을 위해 사용할 기계장치를 구입했다고 생각해보자. 기업은 기계장치라는 자산에 자금을 투자하여 수익창출을 위해 사용한다. 특히 기계장치의 매입과정에서 현금이 유출되지만 회계에서는 이를 비용으로 보지 않고 자산의 취득으로 본다. 돈을 썼는데도 말이다! 단, 시간이 지나면서 감가상각비라는 명목의 비용이 기계장치의 사용기간 동안 안분되어 발생하게 된다. 이러한 원칙을 모른다면 기업이나 가계에서 자금을 지출했을 때 적절한 기록 할 수 없고 정확한 재무상태와 경영성과를 잘 이해할 수 없게 된다. 따라서 정보이용자들은 기업이 가진 자산에 대해 궁금해 하는 것이고, 이를 읽고 해석하는 것 또한 중요하다.

자산은 유동성배열법에 따라 보고기간 종료일로부터 1년 이내 현금화 할 수 있는 경우 유동자산으로, 그렇지 않은 경우를 비유동자산으로 구분하여 보고한다. 유동자산과 비유동자산의 구분이 자산의 대분류라면, 유동자산 내에는 당좌자산과 재고자산이라는 중분류가 있다. 재고자산이란 판

〈재무상태표〉

㈜청소　　　　20X1년 12월 31일 현재　　　　단위: 원

자산	부채
▼ 유동자산	▷ 유동부채
∎ 당좌자산	▷ 비유동부채
∎ 재고자산	
▷ 유동자산	자본

매를 통해 1년 이내 현금화되는 자산 계정과목을 모아두는 유동자산이라면 **당좌자산**은 판매과정을 거치지 않고서도 1년 이내에 현금화되는 유동자산을 의미한다. 당좌자산이 많을수록 기업이 단기적으로 현금화 가능한 자산을 많이 보유하는 것으로 해석할 수 있기 때문에 당좌자산은 기업의 재무상태표에서 기업의 재무 안정성을 나타내는 중요한 지표로 사용된다.

본 장에서는 당좌자산에 포함되는 구체적인 계정과목에 대해 알아보도록 한다. 당좌자산에는 현금 및 현금성자산, 단기투자자산이 포함되고 외상거래와 관련된 매출채권, 미수금, 선급금, 결산조정항목인 미수수익, 선급비용, 미결산항목인 가지급금, 현금과부족, 세금 관련 부가세대급금, 선납세금이 포함된다. 본 장에서는 이중 중요성이 있는 항목을 선별하여 설명하도록 한다.

01 현금 및 현금성 자산

재무상태표의 가장 위에 위치한 현금 및 현금성자산은 현금과 현금성자산을 통합하여 표시한 계정과목이다. 내부적으로는 현금과 현금성자산을 구분할 수 있겠지만 외부보고용 재무상태표에는 현금 및 현금성자산이라는 통합표시계정으로 보고한다.

1. 현금

일반적으로 우리가 알고 있는 현금은 한국은행에서 발행한 통화(지폐, 주화, 외화)일 것이다. 그러나 회계에서의 현금은 통화뿐만 아니라 통화 대신 사용할 수 있는 통화대용증권과 요구불예금을 모두 포함한다. **통화**란 구체적으로 지폐, 주화, 외화(원화로 전환이 용이한 외화)를 의미한다. **통화대용증권**이란 현금과 동일한 증권을 의미하며, 구체적으로는 타인발행 당좌수표, (금융기관이 발행한) 자기앞 수표, 송금환, 우편환증서, 배당금지급 통지표, 만기가 도래한 공채·사채의 이자표, 기한이 도래한 어음을 포함한다.[1] 다음으로 **요구불예금**이란 만기 없이 현금의 입출금이 자유로운 단기 예금으로 보통예금 및 당좌예금을 포함한다. 보통예금이란 자유롭게 수시로 입출

---

[1] 이중 타인발행 당좌수표. 자기앞수표에 관해서는 다음에서 자세히 설명한다.

금할 수 있는 통장식 은행예금을 의미한다. 당좌예금이란 거래 은행과의 당좌거래 약정으로 현금을 예금하고, 당좌수표를 발행하는 은행예금을 의미한다. 만일 요구불예금의 사용이 제한되었다면 현금처럼 자유롭게 사용하지 못함을 의미하므로 현금 및 현금성자산으로 분류하지 아니하고 만기에 따라 단기금융상품 또는 장기금융상품으로 분류한다.[2]

 여기서잠깐 **우표와 우편환**

우표와 우편환은 다른 개념이다. 우편환이란 우체국에서 발행하는 우편환증서에 의한 송금수단을 의미한다. 요즘은 카카오페이, 카카오톡 송금하기 등의 기능을 이용해 상대방의 은행과 계좌번호를 몰라도 송금이 가능한 시대가 되었다. 요즘같이 IT기술 및 송금기술의 발달이 이루어지기 전에는 우체국에서 이름과 주소지를 이용해 송금하는 방식을 이용했었다. 현재는 각종 송금서비스가 급속하게 확장·보급되어 우편환의 이용실적이 급격히 감소하였다.

회계에서 현금으로 통용되는 것은 우편환이니, 우표와 구분하여 기억하도록 하자!

 [주의]

만일 요구불예금의 사용이 제한되었다면 현금처럼 자유롭게 사용하지 못함을 의미하므로 현금 및 현금성자산으로 분류하지 아니하고 만기에 따라 단기금융상품 또는 장기금융상품으로 분류한다.

2. 현금성자산

현금성자산이란 기업이 단기적으로 운용할 목적으로 투자해 거의 현금과 비슷한 환금성을 가지는 자산을 의미한다. 기업은 여유자금으로써 현금을 보유하고 있지만, 단기투자의 목적으로 다른 금융자산을 취득하는 경우도 있다. 단기투자 목적으로 가지고 있는 은행의 예·적금, 어음 및 다른 기업의 주식 등을 회계에서는 단기투자자산으로 기록하는데, 몇 가지의 조건을 모두 만족하는 경우라면 현금처럼 사용할 수 있는 것으로 보고 현금성자산으로 분류한다. 현금성자산이 되기 위한 정의 및 조건은 다음과 같다. 첫째, 큰 거래비용 없이 현금으로 전환이 용이해야 한다. 둘째, 이자율변동에 따른 가치변동의 위험이 중요하지 않아야 한다. 대부분의 나라들이 비트코인을 국

---

2) 단기금융상품 및 장기금융상품은 추후 설명하도록 한다.

가통화로 지정하지 않는 것과 비슷한 이유다. 비트코인과 같은 가상화폐는 국가가 직접 가치를 보증하고 강제로 유통한 화폐가 아니어서 가치변동이 크기 때문이다. 셋째, 취득당시 만기(상환)가 3개월 이내로 도래해야 한다. 예를 들어 다른 기업의 채권을 취득했을 때 채권의 만기가 3개월 이내로 도래한다는 것은 3개월 이내로 채권의 원금을 현금으로 수취할 수 있다는 의미이다. 이 세 가지 조건을 모두 충족한 경우 현금성자산으로 분류할 수 있다. 단, 결산일 3개월 이내가 아니라 취득일 3개월 이내여야 한다는 것과, 상환조건이 없는 주식에 투자한 경우는 현금성자산이 될 수 없다는 것을 주의하자. 일반적으로 주식을 취득하면 금방 매매하여 현금으로 전환할 수 있을 것으로 예상하지만 주식은 만기가 없으므로 다른 기업의 지분증권을 투자한다 하더라도 상환조건이 없으면 현금성자산으로 구분하지 않는다.

● 표 4-1 현금 및 현금성자산의 종류 및 분류

현금의 분류		예시
현금	통화	• 지폐, 주화, 외화
	통화대용증권	• 타인발행 당좌수표, (금융기관이 발행한) 자기앞 수표 • 송금환, 우편환 • 배당금지급 통지표, 만기가 도래한 공채·사채의 이자표 • 기한이 도래한 어음
	요구불예금	• 보통예금 • 당좌예금
	현금성자산[3]	• 취득 당시 만기가 3개월 이내에 도래하는 채무상품(채권 등) • 취득 당시 3개월 이내에 상환조건이 있는 상환우선주 • 취득 당시 3개월 이내의 환매조건이 있는 환매조건부채권(RP) • 취득 당시 만기가 3개월 이내에 도래하는 금융상품(정기예금, 정기적금, 양도성예금증서(CD), 어음관리계좌(CMA), 기업어음(CP), 초단기 금융상품(MMF) 등)

---

3) 정기예금, 정기적금 등의 용어는 아래와 같이 정리한다.

정기예금	기간을 정해두고 일정한 금액을 예치한 후 만기가 되면 이자와 원금을 돌려받는 금융상품
정기적금	기간을 정해두고 일정한 금액을 정기적으로(매월) 납입한 후 만기가 되면 이자와 원금을 돌려받는 금융상품
상환우선주	보통주보다 높은 배당을 받을 수 있지만 의결권이 없는 우선주의 성격을 지닌 주식으로, 특정기간 동안 지니고 있다가 기간이 만료되면 주식을 발행한 기업이 해당 주식을 다시 상환해가는(되사가는) 금융상품
양도성예금증서(CD)	은행이 정기예금에 대해 발행하는 무기명 정기예금증서로, 예금의 만기일에 예금증서를 가지고 있는 사람에게 원금과 이자를 지급하는 방식임. 예금자는 양도성예금증서(CD)를

3. 당좌예금과 당좌수표, 당좌차월

앞서 현금에는 보통예금과 당좌예금을 포함한 요구불예금이 포함될 수 있다고 학습하였다. 보통예금은 일반적으로 개인이 은행에서 자주 사용하고 있으나 당좌예금은 조금 생소할 것이다. 본 절에서는 당좌예금에 대해 배워보고, 파생적으로 당좌수표 및 당좌차월에 대해 알아보도록 한다.

(1) 당좌예금과 당좌수표

기업들은 하루에도 수많은 거래를 수행하고 대금을 지불해야 하므로 공간과 이동의 제약 및 보관의 어려움이 있는 현금을 이용하는 것이 불편할 수 있다. 이에 기업들은 보통예금처럼 입출금이 자유로우면서도 대금 거래에 필요한 수표와 어음을 발행하여 현금의 분실, 도난의 위험을 크게 줄일 수 있는 당좌예금을 이용한다. **당좌예금**이란, 거래 은행과의 당좌거래 약정으로 현금을 예치하는 예금으로서 이자는 없고 수시로 입출금이 가능한 예금을 의미한다. 기업들은 현금을 받아 당좌예금으로 입금하고 당좌수표를 발행해 대금을 지급할 수 있다. **당좌수표**란 은행에 당좌예금을 개설하고 그 예금을 기초로 거래 은행 앞으로 발행하는 수표를 의미한다. 당좌예금은 유동자산의 현금및현금성자산에 포함되므로 자산이다.

기업이 현금을 당좌예금계좌에 입금했다면 어떤 회계처리를 수행할까? 현금(자산)이 당좌예금

	금융시장에 매각하고 현금을 마련할 수 있음.
어음관리계좌(CMA)	종금사에서 판매하는 수시입출금상품으로, 고객이 예탁한 금액을 어음이나 채권에 투자하여 그 수익을 돌려주는 실적배당상품
환매조건부채권(RP)	환매채라고도 하며, 발행기관이 일정 기간 후에 다시 매입하는 조건으로 판매하는 채권
기업어음(CP)	신용도 높은 우량기업이 단기적인 자금조달을 위해 자기 신용을 바탕으로 발행한 만기 1내의 무담보 융통어음
초단기금융상품(MMF)	투자신탁회사가 고객들의 투자금을 모아 펀드를 구성한 후 여러 금융상품에 투자하는 30일 이내로 만기가 도래하는 초단기금융상품.

(자산)으로 대체되는 거래로써 현금이라는 자산의 감소와 당좌예금이라는 자산의 증가를 함께 기록하면 된다. 또한, ㈜청소가 주된 영업활동(청소 용역)에 사용할 목적으로 도매상에서 청소용품(비품)을 구입했고, 당좌예금 계좌에서 대금을 바로 수표로 인출하여 지급했다면 마찬가지로 당좌예금(자산)이 비품(자산)으로 대체되는 거래가 된다. 따라서 당좌예금(자산)의 감소와 비품(자산)의 증가를 함께 기록하면 된다. 위의 예시는 모두 자산 총계에 변동을 주지 않는 거래가 된다.

(2) 당좌차월

은행에서 체크카드를 발행 받을 때 현금서비스에 대한 설명을 들어본 적이 있을 것이다. 체크카드가 예금계좌 한도 내에 사용할 수 있는 카드라면 현금서비스는 예금계좌에 예치된 현금이 없더라도 카드사가 지정한 한도 내에서 소액으로 대출해주는 서비스를 의미한다.[4] 기업은 원칙적으로 은행의 당좌예금계좌에 예금한 금액 내에서만 당좌수표를 인출할 수 있다. 그러나 예금잔액이 부족하여 발행한 수표의 지급이 거절되는 경우 부도처리가 되므로, 예금 범위를 벗어나 일정한 한도까지 수표를 발행할 수 있도록 은행과 약정을 맺을 수 있는데 이를 당좌차월 계약이라 한다. 앞서 설명한 현금서비스가 대출이 되는 것처럼 당좌차월도 부채의 성격으로 이해하면 쉽다. 당좌차월이 발생한 경우 당좌예금의 잔액은 (−)가 되지만 재무상태표의 총액주의 원칙에 따라 당좌예금과 상계하지 않는다. 당좌차월은 기업의 예금 잔액을 초과한 범위의 금액을 은행으로부터 지급받는 것이므로 자산이 아닌 단기차입금(부채)으로 분류한다. 예를 들어 ㈜청소가 거래 은행의 당좌계좌에 ₩5,000을 예치했다가 청소용품을 구입하며 ₩15,000상당의 당좌수표를 거래처에 지급한 경우 ₩15,000 상당의 비품(자산)이 증가한다. 그리고 동시에 예치되어 있던 ₩5,000 상당

● 그림 4-1 당좌예금과 당좌차월의 예

---

4) 현재는 현금서비스라는 명칭이 모호하여 부채의 성격을 나타내는 단기 카드 대출이라는 명칭으로 변경되었다.

의 당좌예금(자산)의 감소와 나머지 ₩10,000 상당의 당좌차월, 즉 단기차입금(부채)의 증가를 기록한다.

4. 내부통제제도

현금 및 현금성자산은 실물이 있기 때문에 이동과 사용이 간편하지만 동시에 기업의 영업활동 중 유입 및 유출이 빈번하므로 분실이나 도난의 위험이 높은 자산이다. 기업은 이러한 위험을 최소화하기 위하여 내부통제제도를 마련한다. **내부통제제도**(internal control system)란, 현금, 또는 회계 관련 절차에 국한되지 않고 기업 내에서 전반적인 영업활동을 통해 발생할 수 있는 다양한 유형의 부정과 오류를 사전에 예방하거나 발생 즉시 빠르게 발견하기 위해 설계된 관리 통제시스템을 의미한다. 이를 통해 기업 자산 보호와 회계기록의 신뢰성을 확보할 수 있게 한다.

내부통제제도 중 현금에 대한 것은 현금의 입·출금에 대한 통제와 이를 문서화 및 검증하는 절차로 구분이 된다. 첫째, 현금 입·출금을 통제하기 위해서는 소수의 지정된 인원만이 현금을 관리하고 입출금할 수 있도록 책임과 권한을 부여하고 이들의 업무를 분장해야 한다. 이 과정에서 상위 직급의 임직원이 그 권한을 남용해서는 안 되고, 현금과 관련된 업무는 여러 담당자에게 분산되어야 한다(이를 업무분장이라 한다). 또한, 현금을 필요이상으로 과도하게 보유·관리하는 것은 위험하므로 금융기관에 예치하도록 하고, 책임권한이 있는 출납담당자만이 인터넷 뱅킹 비밀번호 및 공인인증서 등을 관리하여 다른 임직원이 접근하는 것을 제한해야 한다. 가령 인터넷 뱅킹의 비밀번호와 공인인증서를 관리하는 한 종업원이 현금출납기록을 담당하고, 현금을 지급해야 하는 거래처의 계좌도 관리한다면 다른 사람 몰래 예금을 인출해도 현금의 분실이나 도난을 예방·탐지할 수 없다. 둘째, 모든 현금 거래는 즉시 내부 양식이나 전산 시스템에 기록해 문서화하고, 일정 주기로 현금 입출금 기록을 검증해야 한다. 그렇지 않으면 현금 거래의 오류나 누락이 발생할 수 있고, 부정확한 정보가 재무제표에 반영될 수 있어 재무정보의 신뢰성을 훼손하게 된다.

오스템임플란트 직원 횡령 사건

오스템 임플란트의 재무담당 직원 이모씨가 취약한 내부통제시스템 구조를 이용해 2,215억 원에 달하는 거액의 자금을 횡령한 사건이 발생하였다.

2021년 10월, 한 개인투자자가 동진쎄미켐 지분의 7.62%(총 1,430억 원)를 매수하여 대주주의 반열에 오르게 되어[5] 시장에서는 슈퍼개미 이씨의 정체를 궁금해 했다. 그리고 그 개인의 정체가 바로 3개월 뒤에 드러났다. 바로 오스템 임플란트 재무부서에서 재무담당 직원 이모씨였다. 오스템 임플란트는 2021년 결산 시점 이모씨의 계좌로 대규모의 자금이 이체되었다는 사실을 발견하게 된다. 다음해 1월 초, 오스템임플란트는 이모씨를 업무상 횡령으로 공시하고 신고하였고, 동시에 오스템임플란트의 주식거래는 정지 되었다. 오스템 임플란트는 치과용 기기제조업으로 2020년 12월 결산 기준 매출 6,315억 원, 종업원 2,157명, 시가총액 2조원에 달하는 코스닥 20위권의 상장사이기에 업계는 큰 충격을 받았다.

2020년 11월부터 이씨는 회사의 계좌에서 2,215억 원을 15차례에 걸쳐 본인의 계좌로 이체했다. 출금했다가 다시 반환한 금액인 335억 원을 제외하더라도 1,880억 원에 달하는 엄청난 규모의 자금이 인출된 것이다. 계좌로 이체된 총 2,215억 원은 오스템임플란트 자기자본의 108.18%에 해당되는 금액이다. 재무담당 이씨는 어떻게 이 거액의 자금을 횡령할 수 있었을까?

이씨의 수법은 간단했다. 회사의 자금이 입·출금될 때마다 회사의 잔액증명서[6]와 일치하는지 확인해야 하는데, 이씨가 기업의 계좌 잔액증명서를 위조하여 회사를 속였던 것이다. 외부 감사기간에도 외부 감사인이 현금계정의 기중 거래 내역에 대해 샅샅이 살펴보지 않는 이상 자금 담당자가 돈을 빼어 쓰다 결산 기간에 채워 넣으면 횡령을 탐지하기가 어려운 구조이다. 게다가 이씨는 입출금 내역과 자금수지표[7]를 모두 위조해버렸다.

이 기업은 횡령사건으로 상장적격성(상장폐지) 실질 심사 사유로 주식거래가 정지되었다가 현재는 상장폐지가 되었다.

💡 이 기업은 내부통제시스템에 어떠한 문제가 있었나?

💡 횡령이 발생한 기업은 어떠한 회계처리를 할까?

💡 이 기업의 횡령은 누구에게 피해를 주는가?

---

5) 투자자 보호와 시장 투명성을 높이기 위해 기업은 공시사항에 대주주의 지분변동, 매수 및 매도물량 등을 공시하여야 한다.

6) 은행이 확인해주는 고객의 예금 잔액 증명서류를 의미한다.

7) 자금의 수입과 지출을 관리하고 통제하기 위해 작성하는 문서로, 자금수지표를 통해 자금의 흐름을 한눈에 파악한다.

단기투자자산

재무상태표에서 기록하는 당좌자산에는 단기투자자산 계정과목도 포함된다. 앞서 배운 현금 및현금성자산 절에서 취득시 3개월 이내로 만기가 도래하는 정기예금 등의 금융상품은 현금성자산으로 분류한다고 학습하였다. 정기예금 상품을 통해 현금을 예치하고 3개월 이내로 다시 찾을 수 있다면 현금성자산에 포함된다는 것이다. 만일 정기예금 상품에 예치한 현금을 3개월을 초과하지만 1년 이내로 현금을 찾을 수 있는 경우를 생각해보자. 기업은 예금계좌에 예치한 원금에 대한 권리를 가지고 있고 빠르게 이를 현금화할 수 있다. 또한, 원금뿐만 아니라 일정기간 동안 현금을 예치한 대가로 이자수익을 얻을 수 있기에 단기에 현금화할 수 있는 단기투자자산(자산 > 유동자산)으로 기록한다. **단기투자자산**이란 단기금융상품, 단기매매증권, 단기대여금을 통합하여 외부보고용 재무상태표에서 사용하는 통합표시계정이다. 단 앞서 언급한 각 계정과목별 금액이 중요하다면 재무상태표의 '구분표시의 원칙'에 의해 각각 표시해야 하나 중요하지 않은 경우라면 모두 통합하여 단기투자자산으로 보고한다. 본 절에서는 단기투자자산을 이해하기 위하여 단기금융상품, 단기매매증권, 단기대여금에 대해 알아보고자 한다.

1. 단기금융상품

단기금융상품이란 결산일로부터 1년 이내에 만기가 도래하는 금융상품으로 현금성자산에 분류되지 않는 투자자산을 의미한다. 앞선 예시에서 정기예금 계좌에 현금을 예치한 후 3개월 이내로 만기가 도래한다면 현금성자산, 그렇지 않은 경우로 결산일로부터 1년 이내에 만기가 도래하는 경우 단기금융상품(단기투자자산)으로 기록한다는 것이다. 단기금융상품의 예시로는 정기예금, 정기적금, 양도성예금증서(CD), 어음관리계좌(CMA), 환매조건부채권(RP), 기업어음(CP) 등이 있다.

 [주의]

금융상품의 개설 시 기준 시점과 만기에 따라 아래와 같이 분류를 달리한다.
- 취득일로부터 만기가 3개월 이내일 경우: 현금성자산*

* 큰 거래비용 없이 현금으로 전환 용이, 이자율 변동에 따른 가치변동의 위험이 중요하지 않음.
● 결산일로부터 만기가 1년 이내에 도래할 경우: 단기금융상품
● 결산일로부터 만기가 1년 이후에 도래할 경우: 장기금융상품

2. 단기매매증권

기업은 당사의 이익을 주주에게 배당금의 형태로 환원하기도 하지만 직접 다른 기업의 주식에 투자하여 투자회사의 배당금을 받기도 한다. 이때 단기간 내에 매매차익을 얻기 위한 목적으로 취득한 유가증권(지분증권, 채무증권)을 **단기매매증권**이라 한다. 특히 지분증권의 경우 타 기업이 발행한 주식을 매수하여 보유하고 있다면 해당 기업은 주식을 발행한 기업의 주주가 된다. 예를 들어 ㈜청소가 단기에 매매할 목적으로 ㈜청소용품 업체로부터 주식을 사들였고, 주식을 보유하다가 배당금을 받고 좋은 가격에 주식을 팔았다고 생각해보자. 먼저 주식을 매수했을 때 ㈜청소는 단기매매증권(자산)의 증가를 기록한다. 반면 ㈜청소용품은 자본금(자본)의 증가를 기록한다. 이후 ㈜청소가 배당금을 받게 되었다면 이를 배당금수익(수익)으로 기록하고 영업외수익으로 분류한다. 이때 ㈜청소용품은 지급한 배당금만큼을 이익잉여금(자본)의 차감을 기록한다.

● 그림 4-2 단기매매증권의 취득 및 배당금수령

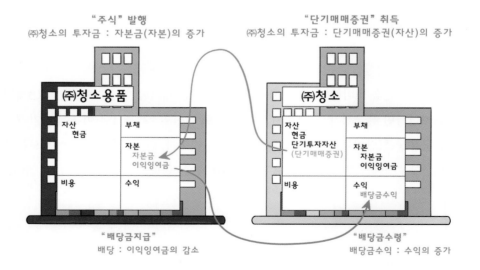

㈜청소는 단기 투자를 목적으로 주식을 사들인 것이기 때문에 주가가 단기간에 오르길 바랄 것이고 기업은 주주들에게 단기매매증권의 가치를 투명하게 보고해야할 의무가 있을 것이다. 따라서 결산시점이 되면 기업들은 보유 중인 단기매매증권의 시가를 파악하여 취득시점 보다 그 가치가 증가했는지 또는 감소했는지를 평가·보고한다. 이를 평가손익이라 하며 ㈜청소의 주된 영업활동이 아니므로 기업의 손익계산서에 영업외손익으로 분류한다. 마지막으로 ㈜청소가 ㈜청소용품의 주식을 매각했다면 처분손익을 영업외손익에 기록해야 한다.

3. 단기대여금

기업은 자본조달을 위해 타인자본을 끌어다 쓰기도 하지만 채권자로서 다른 기업에 돈을 빌려주기도 한다. 빌리는 돈을 차입금이라 하고 빌려준 돈을 대여금이라 하는데, 다른 기업에 금전을 대여해주면 만기가 도래하여 원금을 상환받고 기간에 따라 이자수익을 얻을 수 있기 때문에 빌려준 돈은 투자자산(자산)이 된다. 만일 타인에게 빌려준 금전이 결산일로부터 1년 이내에 만기가 도래한다면 이를 단기대여금(자산 > 유동자산)으로 분류하고, 만기가 결산일로부터 1년 이후에 도래한다면 이를 장기대여금(자산 > 비유동자산)으로 분류하면 된다. 내부적으로는 기업이 관리할 목적으로 단기대여금을 구분하여 표시할 수 있으나 재무상태표에 보고할 때는 중요한 항목이 아닐 경우 단기투자자산 통합계정항목에 포함시킨다.

 [주의]
결산일로부터 만기에 따라 아래와 같이 분류를 달리한다.
● 결산일로부터 1년 이내에 만기가 도래하는 타인에게 빌려준 금전: 단기대여금
● 결산일로부터 1년 이후에 만기가 도래하는 타인에게 빌려준 금전: 장기대여금

만일 이마트가 농심에 현금 ₩100,000을 1년 이내 상환할 것을 약속으로 빌려주었다면, 이마트가 가지고 있는 현금이 빠져나갔으므로 현금(자산)의 감소가 발생한다. 또한, 농심으로부터 1년 이내 현금을 받을 수 있는 권리가 생기므로 단기대여금(자산)이 증가했음을 기록한다. 돈을 빌려주는 것이 이마트의 주된 영업활동이 아니므로 농심으로부터 돈을 빌려주고 얻은 이자수익(수익)은 이마트의 영업외수익으로 기록한다. 만일 은행이 회계처리를 한다면 주된영업활동이 이자수익이 될 것이므로 이마트와 다르게 이자수익을 매출액(또는 영업수익)으로 기록하게 된다. 반대

로 농심의 입장에서는 단기로 돈을 빌린 것이기 때문에 단기차입금이라는 부채의 증가를, 이자를 지급한 경우 영업외비용으로 이자비용의 증가를 기록한다.

[예제 4-1] 단기대여금

문제 20X1. 01. 01. ㈜서울은 ㈜경기에 현금 ₩200,000 을 빌려주었다(이자율 10%). 1년 후에 원금을 상환하고 이자를 받기로 약속하였다. 이 거래는 ㈜서울의 재무상태표와 손익계산서에 어떠한 영향을 미치는가?

답안 20X1.01.01에는 재무상태표의 총액의 변화가 발생하지 않지만, 20X1.12.31에는 손익계산서의 수익과 자산이 각각 ₩20,000씩 증가하고, 장부마감을 통해 재무상태표의 자본이 ₩20,000 증가한다.

부분 재무상태표			부분 손익계산서		
㈜서울 20X1.12.31 현재		(단위: 원)	㈜서울 20X1.1.1~20X1.12.31		(단위: 원)
자산	부채		매출액		
현금 ₩20,000	자본		…		
	이익잉여금	₩20,000	영업외수익	이자수익	₩20,000
			…		
			당기순이익		₩20,000

풀이 20X1.01.01 단기대여금(자산) ₩200,000의 증가와 현금(자산) ₩200,000의 감소가 동시에 발생한다. 20X1.12.31
1) 이자수령: 1년간의 이자를 현금으로 수령하였다면 이자수익(수익) ₩20,000(=₩200,000×10%)의 증가와 현금(자산) ₩20,000의 증가가 동시에 발생한다.
2) 원금상환: 대여금을 상환받았으므로 단기대여금(자산) ₩200,000이 감소하고 현금(자산) ₩200,000이 증가한다.
3) 장부의 마감과정을 통해 수익 ₩20,000은 이익잉여금(자본) ₩20,000의 증가로 대체된다.

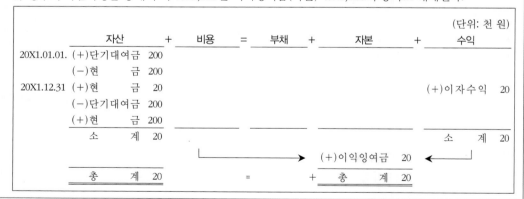

03 매출채권

유동자산의 당좌자산 항목으로 대표적인 계정과목 중 하나가 매출채권이다. **매출채권**이란 기업의 주 영업활동에서 발생한 신용매출에 대한 채권, 즉 외상대금을 받아야할 금액을 의미한다. 신라면을 직접 제조하여 판매하는 기업인 농심과, 그로부터 신라면을 매입하여 소비자에게 판매하는 이마트가 있다. 이때 같은 신라면이라 하더라도 농심에서는 신라면을 직접 제조하여 판매하므로 **제품**이라 칭하고 이마트는 농심이 제조한 신라면을 매입하여 유통하므로 이를 **상품**이라 칭한다. 농심이 신라면을 외상으로 이마트에 판매했다고 보자. 농심은 제품을 외상판매했으므로 매출의 발생과 동시에 이마트로부터 외상대금을 수취해야할 권리가 생긴다. 따라서 농심은 손익계산서의 계정과목인 매출(수익)의 발생과 재무상태표의 계정과목인 매출채권(자산)의 증가를 함께 기록한다. 반대로 이마트는 농심으로부터 상품을 외상으로 매입하였으므로 외상대금을 지급해야 할 의무가 생긴다. 이를 매입채무라 한다. **매입채무**란 매출채권과 반대되는 개념으로 주 영업활동 거래에서 재화나 용역을 제공받고 외상으로 거래한 경우 발생한 대금의 지급의무를 의미한다. 매출채권과 매입채무는 하나의 거래에 상대 기업이 동시에 처리할 수 있는 계정과목이므로 본 장에서 함께 배우도록 한다.

매출채권과 매입채무는 앞서 학습한 현금 및 현금성자산, 단기투자자산과 같이 외부보고용 재무상태표에서 사용하는 통합표시계정이다. 즉 매출채권에는 신용의 형태에 따라 구분되는 외상매출금과 받을어음이 포함되어 있고 매입채무에는 신용의 형태에 따라 구분되는 외상매입금과 지급어음이 포함되어 있다. 또한, 매출채권은 회수기일에 따라 유동자산과 비유동자산으로 구분하여 재무상태표에 표시될 수 있는데 본 장에서는 유동자산으로 구분되는 매출채권(외상매출금과 받을어음)에 대해 학습해보도록 한다.

1. 외상매출금

외상매출금이란 기업의 주 영업활동의 신용매출, 즉 아직 받지 못한 매출의 외상대금을 의미한다. 반대로 주 영업활동과 관련한 신용거래에서 지급의무가 있는 경우의 외상대금을 **외상매입금**

이라 한다. 예를 들어 농심이 이마트로 신라면을 한 박스당 ₩5,000에 판매했고 현금을 받았다고 생각해보자.

이 경우 농심은 판매에 대해 매출(수익)의 증가를 기록하고, 판매로 인해 현금을 수령하였으므로 현금(자산)의 증가를 동시에 기록한다. 만일 농심이 현금을 받지 않고 외상으로

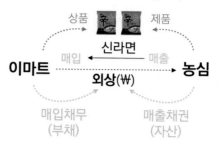

•그림 4-3　매출채권과 매입채무의 비교

판매했다고 가정해보자. 이 경우 농심은 현금 그 자체는 아니지만 '현금을 받아야 할 권리'를 가지게 된다. 즉 농심은 이마트로부터 ₩5,000의 판매대금을 받아낼 권리가 있기 때문에 외상매출금이라는 계정과목이 생기는 것이다. 따라서 외상매출금(자산)의 증가와 매출(수익)의 증가를 기록한다. 이후에 이마트가 농심에 외상대금 ₩5,000을 현금으로 지급하였다면 농심은 이마트로부터 현금을 받아내야 할 권리가 없어지는 것이므로 외상매출금(자산)을 감소시키면 된다. 추가로 외상매출금의 반대계정과목인 외상매입금은 이마트가 계상해야할 계정과목이다. 즉 상품을 외상으로 매입한 시점에서 이마트는 외상매출금(부채)을 증가시킨다.

[예제 4-2] 매출채권

문제　20X1.09.01 농심은 이마트에 ₩10,000 상당의 신라면을 외상으로 판매하였고, 판매대금은 3개월 후인 12월말에 받기로 하였다. 이 거래는 농심의 재무상태표와 손익계산서에 어떠한 영향을 미치는가?

답안　20X1.09.01에는 재무상태표의 자산이 ₩10,000만큼, 손익계산서의 수익이 ₩10,000만큼 증가하고, 20X1.12.31에는 장부마감을 통해 재무상태표의 자본이 ₩10,000 증가한다.

부분 재무상태표			부분 손익계산서	
농심　20X1.12.31 현재		(단위: 원)	농심　20X1.1.1~20X1.12.31	(단위: 원)
자산		부채	매출액	₩10,000
현금	₩10,000	자본	…	
		이익잉여금　₩10,000	당기순이익	₩10,000

풀이　20X1.09.01. 농심은 주된 영업활동으로써 신라면을 판매한 것이므로 매출(수익)의 증가를 기록한다. 동시에 ₩10,000 상당의 판매대금을 받아야 할 권리가 생기는 것이므로 외상매출금(자산) ₩10,000의 증가를 함께 기록한다.

20X1.12.31.

1) 이마트로부터 판매대금인 ₩10,000을 현금으로 수령했다면 현금을 받아야 할 권리를 지워야 한다. 따

라서 현금(자산)이 증가하고, 외상매출금(자산)은 감소시킨다.

2) 수익의 증가는 결산 시점에 장부의 마감과정을 통해 이익잉여금(자본)을 증가시킨다.

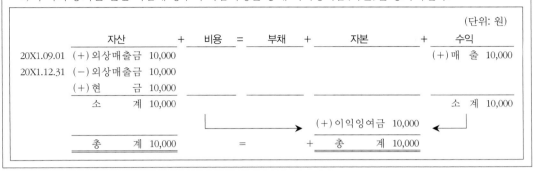

2. 받을어음

받을어음이란 기업의 주 영업활동에서 발생한 신용매출에 대하여 거래처로부터 수취한 약속어음을 의미한다. **약속어음**이란, 지급금액, 지급일자 등을 약속한 증서를 의미한다. 외상매출금은 약속어음의 거래 없이 발생한 신용매출을 기록하는 것이라면 받을어음은 약속어음을 거래한 경우에 기록되는 계정과목이다. 반대로 주 영업활동과 관련한 신용거래에서 지급의무가 있는 약속어음은 **지급어음**이라 한다. [그림 4−4]를 통해 약속어음의 발행과 결제 과정을 배워보도록 하자.

① 20X1년 9월 1일, 농심은 이마트에 신라면(제품) 1박스를 ₩5,000에 외상으로 판매하여 매출(수익)과 외상매출금(자산)을 계상하였다.

② 외상거래로부터 3개월이 지난 시점인 20X1년 12월 1일, 이마트는 외상대금 ₩5,000을 상환하지 못하여 2개월 후에 외상대금을 상환하기로 약속하는 어음을 발행해 농심에 지급하였다. 농심의 입장에서는 이 약속어음을 가지고 있으면 외상대금을 받을 수 있는 권리가 생기므로 받을어음(자산)이라 기록한다. 단, 이미 외상매출금(자산)을 기록해두었으니, 외상매출금(자산)을 받을어음(자산)으로 대체하여 기록해둔다. 받을어음은 이자의 수취여부에 따라 이자부어음과 무이자어음으로 구분할 수 있는데 본 예시에서는 무이자어음을 거래한 것으로 한다.

•그림 4-4   어음의 발행과 결제 과정[8]

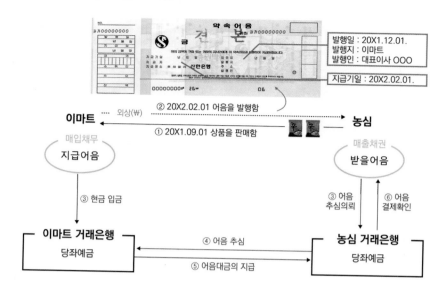

발행일 : 20X1.12.01.
발행지 : 이마트
발행인 : 대표이사 OOO

지급기일 : 20X2.02.01.

이마트 ····· 외상(₩) ──────── ② 20X2.02.01 어음을 발행함 ──────── 농심
          ──────── ① 20X1.09.01 상품을 판매함 ────────

매입채무   지급어음 | 받을어음   매출채권

③ 현금 입금

③ 어음 추심의뢰   ⑥ 어음 결제확인

이마트 거래은행   농심 거래은행
당좌예금   당좌예금

④ 어음 추심
⑤ 어음대금의 지급

20X1년 12월 31일 결산시점에 농심의 재무상태표와 손익계산서는 아래와 같다.

부분 재무상태표

농심		20X1.12.31 현재	(단위: 원)
자산		부채	
매출채권	₩5,000	자본	
		이익잉여금	₩5,000

부분 손익계산서

농심	20X1.1.1~20X1.12.31	(단위: 원)
매출액		₩5,000
...		
당기순이익		₩5,000

③ 2개월이 지나 20X2년 2월 1일이 되었다. 이마트는 약속된 어음의 지급일자가 도래하여 농심에게 외상대금을 결제하기 위해 주거래 은행의 당좌예금 계좌에 ₩5,000을 입금하였다. 동시에 농심은 받을어음의 지급일이 되어 거래은행에 약속어음을 건내주고 추심을 의뢰하였다. 농심의 거래은행은 약속어음에 기입된 대로 이마트의 거래은행으로 어음을 추심하고, 이마트 거래은행은 이마트의 당좌계좌에서 어음에 해당되는 금액을 인출하여 농심의 거래은행으로 지급해준다. 그리고 농심의 거래은행은 농심에게 어음 결제를 확인해준다. 농심은 그제서야 현금 ₩5,000을 증가시키고 받을어음(자산) ₩5,000을 감소시킬 수 있다. 추가로 은행이 어음추심의 대가로 수수료비용 ₩500을 떼어 갔다면 영업활동과 관련한 비용이기

8) 약속어음의 출처: 증권박물관.

때문에 판매관리비로 분류하고, 남은 금액 ₩4,500 상당의 현금(자산)만 증가하게 될 것이다.

• 표 4-2 　매출채권과 매입채무

구분	약속어음 거래	외상대금을 수취할 권리(자산)	외상대금을 지급해야 할 의무(부채)
		매출채권	매입채무
신용의 형태	×	외상매출금	외상매입금
	○	받을어음	지급어음

3. 대손충당금

매출채권은 외상 판매거래에서 물건을 건내주고 결제대금을 받지 못한 기업이 처리하는 통합계정과목이다. 매출이 발생하고 돈을 받지 못했으나 자산으로 계상이 되기 때문에 자칫하면 기업에게 유리하도록 회계를 조정할 수 있다. 가령 판매하지 못한 물건들을 고객사에게 외상으로 모두넘겨준다면 해당 기업은 현금의 수취는 없지만 매출(수익)을 계상하고, 매출채권(자산)을 계상할수 있다. 이는 일시적으로 수익이 많아 보이는 착시현상을 나타나게 한다. 그러나 회계에서는 대손충당금이라는 개념으로 매출채권의 전액을 자산으로 계상하는 것을 방지하고 있다. 즉, 매출채권의 전액을 현금으로 수취하지 못할 가능성을 비용으로 표시해 일시적인 착시현상을 막고 외부이해관계자들에게 유용한 정보를 주도록 하고 있다. 본 절에서는 마지막으로 매출채권의 차감계정인 대손충당금에 대해 학습하도록 한다.

거의 대부분의 기업이 주 영업활동과 관련하여 신용거래를 수행한다. 그러나 거래처의 유동성문제나 파산 등으로 인해 대금을 회수하지 못할 가능성도 존재할 것이므로 기업은 매출채권을 회수하지 못할 가능성을 추정해 재무상태표에 이를 금액으로 표시해야 한다. 이때 사용하는 계정과목이 대손충당금이다. **대손**이란 회수가 어려운 채권을 의미하고, **충당금**이란 특정한 손실이나 비용에 대한 준비를 위해 설정하는 계정을 의미한다. 따라서 **대손충당금**이란 회수가 어려운 채권과관련한 손실과 비용에 대해 준비해놓는 계정으로 생각하면 된다. 대손은 기말시점에 기업이 보유중인 매출채권에 대한 대손예상액을 추정하여 설정한다. 따라서 대손충당금은 결산시점에 조정하는 항목이 된다. 이를 **결산조정항목**이라 한다. 20X1년 12월 31일, 결산 시점에서 농심은 매출채권에 대한 대손을 추정하려고 한다.

올해 초 사업을 시작한 농심이 이마트와 ₩10,000 상당의 외상거래를 했다. 농심은 통상 매출채권의 10%만큼을 회수하지 못하는 것으로 파악하였다. 이 경우, 농심이 합리적으로 회수할 가능성이 높은 매출채권은 ₩9,000(＝₩10,000×90%)이라 판단할 수 있을 것이다. 이와 같은 결과를 재무상태표에 표시하면 다음과 같다. 재무상태표의 매출채권 계정과목에는 외상대금 총액을 모두 기입하고, 매출채권에 대한 회수불가능할 것으로 추정되는 금액을 결산시점에 추정하여 대손충당금 계정과목으로 기록한다. 이러한 대손충당금은 매출채권에 대해 받지 못할 금액을 의미하는 것이므로, **매출채권의 차감계정**으로 재무상태표에 나타난다. 그 결과 매출채권에서 대손충당금을 차감한 매출채권의 순장부금액을 함께 보여줄 수 있게 된다. 구체적으로 결산시점이 되면 기업들은 매출채권의 대손을 추정하여 대손상각비(비용) 계정과목을 증가시키고 동시에 대손충당금(매출채권의 차감계정)을 증가시킨다. **대손상각비**란, 대손충당금을 인식하기 위해 발생시키는 비용 계정과목이며 영업활동과 관련된 것이므로 판매관리비로 분류한다. 즉 외상판매대금을 못받게 되면 잃게 되는 돈이므로 그만큼을 손실로 인식하는 것이다. 그렇다면 매출채권을 실제로 회수하지 못하게 되면 그때 손실로 한꺼번에 기록해도 될텐데, 왜 매 기말마다 대손을 추정하여 대손충당금을 계상하는 것일까? 이는 수익비용대응원칙에 의해 비용을 기록하기 때문이다. 즉, 대손이라는 것은 매출이 발생해 생긴 비용이므로 관련된 수익, 즉 해당 매출이 기록된 그 기간에 대응하여 비용을 인식해야하는 것이다.

부분 재무상태표		
농심	20X1.12.31 현재	(단위: 원)
자산		부채
매출채권	₩10,000	자본
대손충당금	(1,000)	
매출채권 순장부금액	₩9,000	

부분 손익계산서		
농심	20X1.1.1~20X1.12.31	(단위: 원)
매출액		₩10,000
…		
판매관리비	대손상각비	(₩1,000)
…		
당기순이익		₩9,000

문제 20X1.07.01 올해 초 사업을 개시한 ㈜서울은 ㈜강원에 ₩10,000 상당의 상품을 외상으로 판매하였다. 20X1.09.01. ㈜서울은 ㈜강원으로부터 판매한 외상대금 중 절반을 현금으로 받았다. 이후 20X1.12.31 ㈜서울은 매출채권 잔액의 5%만큼을 회수하지 못할 것으로 추정하였다. 이 거래는 ㈜서울의 재무상태표와 손익계산서에 어떠한 영향을 미치는가?

답안 20X1.07.01에는 재무상태표의 자산이 ₩10,000만큼, 손익계산서의 수익이 ₩10,000만큼 증가하고, 20X1.09.01에는 자산이 ±₩5,000만큼 변동하여 재무상태표의 총계에 영향을 미치지 않는다. 20X1.12.31에는 손익계산서의 비용이 ₩250만큼 발생하여 장부마감을 통해 재무상태표의 자본이 ₩9,750만큼 증가하게 되고, 자산은 ₩250만큼 감소하여 ₩9,750이 된다.

부분 재무상태표				부분 손익계산서		
㈜농심	20X1.12.01 현재		(단위: 원)	㈜농심 20X1.1.1~20X1.12.31		(단위: 원)
자산		부채		매출액		₩10,000
현금	₩5,000			...		
매출채권	₩5,000			판매관리비	대손상각비	(250)
대손충당금	(250)	자본		...		
순장부가치	₩,750	이익잉여금	₩9,750	당기순이익		₩9,750

풀이

20X1.07.01. ㈜서울은 외상매출금(자산) ₩10,000 증가와 매출(수익) ₩10,000 증가를 동시에 기록한다.

20X1.09.01. ㈜서울은 외상매출금 중 절반인 ₩5,000을 현금으로 회수하였으므로, 자산에 기록되어 있던 외상매출금 ₩5,000을 감소시키고, 현금(자산) ₩5,000만큼을 증가시킨다.

20X1.12.31.

1) ㈜서울은 나머지 외상매출금 잔액인 ₩5,000의 5%만큼을 대손으로 추정하였으므로, 대손상각비(비용) ₩250 발생 및 대손충당금(매출채권의 차감계정) ₩250을 기록한다.

2) 비용의 증가는 장부의 마감과정을 통해 이익잉여금(자본)을 감소시킨다.

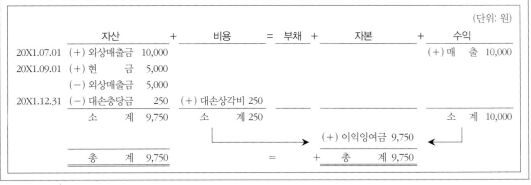

(단위: 원)

	자산	+	비용	=	부채	+	자본	+	수익
20X1.07.01	(+) 외상매출금 10,000								(+) 매 출 10,000
20X1.09.01	(+) 현 금 5,000								
	(−) 외상매출금 5,000								
20X1.12.31	(−) 대손충당금 250		(+) 대손상각비 250						
	소 계 9,750		소 계 250						소 계 10,000
							(+) 이익잉여금 9,750		
	총 계 9,750			=		+	총 계 9,750		

04 미수금

앞서 이마트와 농심의 거래를 통해 유동자산의 대표적인 당좌자산 항목으로 매출채권을 배웠다. 농심이 이마트에 판매용 신라면 박스를 외상으로 판매한 경우 매출채권을 기록한다. 이번엔 농심이 사무실에서 사용하고 있던 책상을 중고거래로 이마트에 외상판매한 경우를 생각해보자. 먼저 농심이 판매한 사무실용 책상은 주된 영업활동으로 판매하기 위해 보유한 것이 아니라 사용할 목적으로 보유한 것이므로 비품으로 분류한다. 앞서 배운 신라면과 자산의 분류가 달라진 것이다.

주 영업활동과 관련한 제품(자산)이 아닌 비품을 외상으로 거래했기 때문에 농심은 이를 판매하여 번 돈을 매출(수익)로 잡을 수 없고, 마찬가지로 매출채권(자산)을 기록할 수 없다. 다만 농심은 비품을 외상으로 판매했고 외상대금을 받아야 할 권리가 있으므로 미수금(자산)을 기록한다. **미수금**이란 기업의 주 영업활동 이외의 거래에서 발생하여 아직 받지 못한 외상대금으로 자산에 속하는 계정과목을 의미한다. 기업의 주 영업활동 이외의 거래라는 점에서 매출채권과 의미를 구분해야 한다. 마찬가지로 이마트도 사무실에 사용할 책상을 중고로 외상구입한 것이므로 상품(자산)의 매입과 매입채무(부채)를 기록하지 않는다. 다만 농심에 외상대금을 지급해야할 의무가 있기 때문에 미지급금(부채)의 증가를 기록하면 된다. **미지급금**이란 주 영업활동 이외의 신용거래에서 발생한 지급의무로 부채에 속하는 계정과목이다.

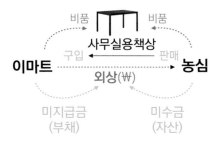

• 그림 4-5 미수금과 미지급금의 비교

미수금 및 미지급금의 회계처리는 매출채권, 매입채무의 회계처리와 비슷하다. 만일 농심이 이마트에 사무실 책상을 ₩3,000에 외상으로 판매했다면 농심은 비품(자산)이 회사에서 빠져나갔으므로 자산의 감소를 기록하고 외상대금을 받아야 할 권리가 있으므로 미수금(자산)의 증가를 기록한다. 만일 이마트가 농심에 외상대금 ₩3,000을 현금으로 지급하였다면 농심은 이마트로부터 받아내야 할 돈이 없어지므로 미수금(자산)의 감소를 기록하고 현금(자산)을 증가시키면 된다. 반대로 이마트는 책상 구입 시 비품(자산)과 미지급금(부채)의 증가를 기록하고, 농심에 현금을 지급한 후에는 미지급금(부채)과 현금(자산)의 감소를 기록한다.

• 표 4-3 매출채권, 미수금과 매입채무, 미지급금의 차이

구분		외상대금을 수취할 권리(자산)	외상대금을 지급해야 할 의무(부채)
주영업활동	○	매출채권	매입채무
	×	미수금	미지급금

기타의 당좌자산

본 절에서부터는 선급금, 결산조정항목(선급비용, 미수수익), 미결산항목(가지급금, 현금과부족), 세금과 관련한 부가세대급금, 선납세금을 설명한다. 앞서 설명한 당좌자산 계정과목과 비교하여 상대적으로 중요성이 떨어지므로 회계처리보다 계정과목의 의미와 분류에 초점을 두어 학습하도록 한다.

1. 선급금

선급금이란 계약금 성격으로 미리 지급한 대금을 의미한다. ㈜청소 업체의 사장이 사무실을 구하기 위해 부동산을 찾아 다녔다. 마음에 드는 사무실을 발견한 ㈜청소의 사장은 부동산 사장님께 전세계약을 맺자고 하였고 전세가액의 10%를 먼저 지불했다. 사장이 계약금을 지불한 의미는 부동산 중개업자와 건물주가 다른 사람들에게 사무실을 더 이상 매물로 보여주지 말고 본인과 거래할 것을 약속하는 것이다. 즉 세입자인 ㈜청소가 지불한 계약금은 해당 부동산의 전세거래를 요구할 수 있는 권리가 되는 것이다. 따라서 ㈜청소는 미리 지급한 계약금 성격의 대금을 선급금이라는 자산으로 기록한다. 반면에 건물주는 미리 계약금을 받았고 ㈜청소에게 부동산 계약을 해야할 의무가 생기는 것이므로 선수금이라는 부채가 생기는 것이다. **선수금**이란 계약금의 성격으로 미리 수취한 대금을 의미한다. 이마트와 농심의 거래로 돌아가보자. 농심은 한 달후에 신라면 한 박스(₩5,000)를 이마트에 판매한다는 계약을 맺고 거래대금으로 10%인 ₩500을 수취하였다. 이마트는 지급한 현금을 자산의 감소로 기록하고, 한 달 후에 신라면을 받아야 할 권리를 선급금(자산)의 증가로 기록해준다. 한달 후 계약이 이행되면 이마트는 농심으로부터 신라면을 받게 될 것이다. 따라서 상품(자산)의 증가를 기록하고 이전에 기록했던 이마트의 권리인 선급금(자산)을 감소시킨다. 나머지 추가로 지불한 금액은 현금(자산)의 감소로 기록한다.

2. 결산조정항목

발생주의 회계에 따라 현금의 유출입과 관계없이 수익과 비용을 기간에 배분하여 인식해야 한다. 기업은 결산에 앞서 발생주의 회계로 기록하기 위해 몇 가지 항목들을 조정해주는데, 이를 결산시점에 조정하여 분개한다는 의미로 결산조정분개 또는 기말수정분개라 부른다. 몇 가지 항목들이란 성격에 따라 이연항목과 발생항목으로 구분한다.

(1) 이연항목(선급비용, 선수수익)

이연항목이란 현금의 유출입이 미리 발생하였으나 그에 따른 권리 또는 의무가 차기 이후에 발생하여 발생주의 원칙에 따라 수익과 비용을 이연시키는 항목으로, 선급비용(자산)과 선수수익(부채)이 있다. 계정과목명 앞의 '선급'과 '선수'는 현금의 지급 및 수취를 의미하고 계정과목명 뒤의 '비용'과 '수익'은 해당 이연항목이 차기의 비용 및 수익과 관련이 있음을 의미한다. 선급비용의 경우 전자에 해당되는 '선급'은 현금의 선지급을 의미하고 '비용'은 비용 계정과목에 해당됨을 의미하며 구체적으로는 선급임차료, 선급이자 등의 계정과목명을 사용한다. **선급비용**이란 현금을 미리 지급했으나 당기의 비용으로 인식할 수 없어 차기로 이월(이연)시켜야 하는 비용이다. 반대로 **선수수익**이란 현금을 미리 수취하였으나 당기의 수익으로 인식할 수 없어 차기로 이월(이연)시켜야 하는 수익이다.

• 표 4-4 선급비용과 선수수익의 차이

이연항목	자산		부채	
	선급	비용	선수	수익
의미	현금을 미리 지급함	발생주의에 따라 당기의 비용 중 차기로 이연해야 하는 항목으로 이자비용, 임차료 등의 비용계정과목과 함께 사용됨	현금을 미리 수취함	발생주의에 따라 당기의 수익 중 차기로 이연해야 하는 항목으로 이자수익, 임대료 등의 수익계정과목과 함께 사용됨
예시	선급	이자	선수	이자
	선급	임차료	선수	임대료

20X1년도 1월 1일, ㈜청소 업체의 사장이 사무실로 사용할 건물을 1년간 임차하기로 건물주와 계약을 체결하였다. 계약시점에 ㈜청소는 매달 지불해야할 ₩1,000의 월세를 한꺼번에 선불로 건

물주에게 지급했다. 이 경우 ㈜청소가 지불한 ₩12,000(=₩1,000×12개월)은 임차료(비용)의 성격이지만 계약 시점에서 실제로 사무실을 사용하지는 않았다. 단, 일년 간 해당 사무실을 임차하여 사용할 수 있는 권리가 생긴 것이다. 따라서 이 경우 임차료(비용)와 관련하여 현금을 먼저 지급한 선급비용(자산)이 생기는 것이다.

현금을 미리 지급한 시점에서 ㈜청소는 선급비용(자산)의 증가를 기록하고 현금의 지급을 자산의 감소로 기록한다. 그리고 20X1년 12월 31일 결산 시점, 일년 동안 사무실을 사용했기 때문에 ㈜청소는 적절한 비용을 해당 기간에 인식할 수 있게 된다. 따라서 사무실을 임차할 수 있는 권리인 선급비용(자산)을 감소시키고 임차료(비용)의 발생을 기록하면 회계기간에 대한 비용을 적절히 인식할 수 있게 된다.

반면에 건물주의 입장에서 생각해보자. 20X1년도 1월 1일, 건물주는 임대료(수익)와 관련한 현금을 미리 수취하였으나 임차인이 사무실을 사용하지 않은 상태이고, 계약에 따라 사무실을 임대해줘야 할 의무가 생겼다. 따라서 건물주는 선수수익(부채)의 증가를 기록하고, 현금의 수취를 자산의 증가로 기록한다. 이후 결산시점에 일 년간 ㈜청소가 건물을 사용하였으니 건물주의 의무가 없어지므로 선수수익(부채)의 감소와 동시에 임대료(수익)의 증가를 기록한다.

(2) 발생항목(미수수익, 미지급비용)

발생항목이란 현금이 유출·유입되지 않았으나 당기에 수익(비용)이 발생하여 차기에 회수할 권리(지급해야 할 의무)가 있는 항목으로, 미수수익(자산)과 미지급비용(부채)이 있다. 계정과목명 앞의 '미수'와 '미지급'은 현금의 수취 및 지급을, '수익'과 '비용'은 수익과 비용 계정과목과 관련있음을 의미한다. 구체적으로는 미수이자, 미수임대료 또는 미지급이자, 미지급임차료 등의 계정과목으로 표현할 수 있다. 즉 **미수수익**이란 결산시점에서 현금을 받지 아니했으나 당기의 수익으로 인식해야 하는 금액 상당액으로, 현금을 받아야 할 권리를 나타낸다. 반면 **미지급비용**이란 결산시점에서 현금을 지급하지 아니했으나 당기의 비용으로 인식해야 하는 금액 상당액으로, 현금을 지급해야 할 의무를 나타낸다.

20X1년도 7월 1일, ㈜청소 업체의 사장이 사무실로 사용할 건물을 1년간 임차하기로 건물주와 계약을 체결하였고 건물의 월세는 매달 ₩1,000인데, 1년이 지난 후에 한꺼번에 지불하기로 하였다. 이 경우는 세 번의 시점에서 회계처리를 고민해볼 수 있다. 첫째, 20X1년도 7월 1일 계약시점이다. 이때는 계약금이나 선불로 월세를 지불하지 않았으므로 회계상 거래가 아니다. 둘째, 20X1

• 표 4-5   미수수익과 미지급비용의 차이

발생항목	자산			부채	
	미수	수익	미지급	비용
의미	현금을 수취하지 아니함	발생주의에 따라 당기의 수익으로 인식해야 하는 항목으로 이자수익, 임대료 등의 수익계정과목과 함께 사용됨	현금을 지급하지 아니함	발생주의에 따라 당기의 비용으로 인식해야 하는 항목으로 이자비용, 임차료 등의 비용계정과목과 함께 사용됨
예시	미수	이자	미지급	이자
	미수	임대료	미지급	임차료

년도 12월 31일 결산시점이다. 그동안에 ㈜청소와 건물주 간에 현금이 오고간 건 없지만 6개월간 ㈜청소가 건물을 이미 사용했기 때문에 당기의 수익과 비용을 적절하게 인식해야 한다. 건물주에게는 6개월 동안의 건물 사용분 ₩6,000(=₩1,000×6개월) 상당의 임대료(수익)이 발생했다. 그러나 이 금액은 현금으로 수취하지 않은 수익이고 차기에 받아야 할 권리가 있는 금액이다. 따라서 미수수익(자산) ₩6,000의 증가를 기록한다. 셋째, 20X2년도 6월 30일 임대차계약이 만료되는 시점이다. ㈜청소가 일년간의 임차료를 후불로 지급하기로 했기 때문에 건물주는 수취한 ₩12,000 상당의 현금의 증가를 기록한다. 단, 임대료(수익)은 20X1년도에 해당되는 금액은 이미 인식했기 때문에 나머지 20X2년도 동안의 수익인 6개월분(₩6,000)만 인식한다. 그리고 건물 사용분을 모두 받았기 때문에 20X1년 말에 기록해둔 임대료를 수취할 수 있는 권리(₩6,000)를 지워주기 위해 미수수익(자산)을 감소시킨다.

㈜청소의 시점에서도 마찬가지로 기록한다. 계약시점은 회계상 거래가 아니므로 장부에 기록하지 않고, 결산시점에서는 임차료(비용) ₩6,000의 증가를 기록하고 동시에 미지급비용(부채)를 증가시켜 현금지급에 대한 의무를 기록한다. 이후 임대차계약이 만료되고 현금(자산) ₩12,000의 감소를 기록하고, 20X2년 동안의 비용인 임차료(₩6,000)를 인식한다. 그리고 현금을 지급했기 때문에 의무가 사라지므로 미지급비용(부채) ₩6,000을 감소시킨다.

3. 미결산항목

미결산항목이란 거래가 이미 발생되었으나 해당 거래를 처리 할 계정과목이나 금액이 명확하지 않은 이유로, 내용 및 금액이 확정될 때까지 일시적으로 사용하는 임시계정항목을 의미한다.

당좌자산에 포함되는 미결산항목으로는 가지급금과 현금과부족이 있다. 재무상태표의 미결산항목의 표시 금지 원칙에 의해 가지급금, 현금과부족과 같은 자산의 임시계정과목들은 결산시 적절한 계정과목으로 대체되어야 한다.

(1) 가지급금

가지급금이란 실제 지출이 발생했지만 사용용도와 내용이 확정되지 않아 결산 전까지 일시적으로 처리해두는 임시계정과목이다. 쉽게 말하자면 증빙하기 어려운 지출이라는 것이다. 추후 내용이 확정되면 임시계정과목을 확정된 내용으로 대체하는 회계처리를 수행해야 한다.

예를 들어 ㈜청소가 직원에게 활동비로 ₩100,000을 현금으로 지급했다. 지급한 당시에는 직원의 활동비가 교통비, 식비, 숙박비 등으로 사용될지 내용이 확정되지 않은 상태이다. 따라서 현금의 지출을 자산의 감소로 기록하고 동시에 가지급금을 기록한다. 가지급금은 임시계정이므로 자산으로 분류되는 것은 아니나 자산의 자리에 있는 것으로 취급한다. 추후 내용과 금액이 확정된 경우에는 가지급금의 감소에 자산이 증가하거나 비용이 발생하는 회계처리가 수반되기 때문이다. 다시 예시로 돌아가서, ㈜청소의 직원이 교통비 및 식비로 ₩50,000, ₩20,000을 사용했다는 영수증과 나머지 잔액 ₩30,000을 가지고 왔다. 지출금액의 출처와 상세금액이 명확해졌으니 이전에 기록해두었던 가지급금을 감소시키고 나머지 현금(자산) 잔액 ₩30,000을 자산의 증가로, 교통비와 식비 ₩70,000은 여비교통비(비용)라는 계정과목으로 비용의 발생을 기록한다. 가지급금의 반대 계정으로는 가수금이 있다. **가수금**이란 실제 수입이 발생했지만 사용용도와 내용이 확정되지 않아 결산 전까지 일시적으로 처리해두는 임시계정과목이다. 자세한 내용은 부채에서 학습하도록 한다. 가지급금, 가수금과 같은 미확정계정과목이 많으면 재무제표의 투명성을 해치게 된다. 가지급금이 누적되면 세법상 불이익을 받고 법인세가 증가하게 되며 불투명한 회계처리로 인해 신용등급에 악영향을 미칠 수 있으니, 자금지출의 사용용도와 금액을 잘 관리하고 불투명한 지출을 막는 것이 중요하다.

(2) 현금과부족

기업들은 수많은 거래와 빈번한 결제대금 지출을 겪는다. 현금을 보유하고 있으면 분실 및 도난, 기록의 번거로움 등의 문제가 있고, 현금을 사용하지 않고 매번 수표를 발행한다 하더라도 이 또한 빈번한 업무처리과정으로 비효율이 발생할 수 있다. 이에 기업은 현금출납담당자를 두고 적당한 현금을 소액으로 인출·보관하고 있다가 필요한 경우 현금을 지급하는 **소액현금제도**를 사용한다. 소액현금제도를 통해 현금출납담당자는 현금출납장이라는 장부에 수시로 현금의 수취 및 지급 사실을 기록하고, 현금출납장의 잔액이 현금의 실제보유액과 일치하는지 확인하여 현금을 관리한다. 그러나 빈번한 현금의 거래로 인해 기록상의 오류, 또는 현금의 분실 및 도난 등으로 현금출납장의 현금 잔액과 실제현금보유액이 일치하지 않을 수 있다. 이 차이의 원인이 밝혀질 때까지 임시적으로 사용하는 계정과목을 **현금과부족**이라 한다. 추후 원인이 규명되면 임시계정과목을 확정된 내용으로 대체하는 회계처리를 수행해야 한다. 단, 원인이 규명되지 않을 경우 재무상태표의 미결산항목의 표시 금지 원칙으로 현금과부족을 결산시까지 남겨서는 안되고 잡이익 및 잡손실 계정과목으로 대체해야 한다. 구체적으로는 원인이 규명되지 않았을 때 장부상 현금잔액보다 실제현금보유액이 크다면 잡이익(수익)으로, 장부상현금잔액보다 실제현금보유액이 작다면 잡손실(비용)으로 현금과부족을 대체한다.

4. 세금과 관련한 자산항목

세금과 관련한 당좌자산으로는 부가가치세대급금, 선납세금 계정과목이 있다.

(1) 부가가치세대급금(자산)과 부가가치세예수금(부채)

상품의 판매나 용역의 제공가격에는 공급가액의 10%에 해당되는 부가가치세가 포함되어 있다. 부가가치세(VAT: Value Added Tax)란 거래단계별로 판매 및 제공되는 재화나 용역에 생성되는 부가가치에 대해 부과되는 세금을 의미한다.

이마트가 농심으로부터 신라면 1박스(₩5,000)를 매입한 거래를 생각해보자. 이마트가 농심에 지급한 금액에는 사실상의 매입대금 ₩4,500과 부가가치세 ₩500(＝₩5,000×10%)이 포함되어 있으며 농심의 부가가치세를 이마트가 부담하게 된다. 이와 같이 이마트가 매입 시 지급한 부가가치세를 매입세액이라 부른다. 다음으로 이마트의 매출거래를 생각해보자. 이마트가 최종소비자에게 신라면 1박스를 ₩8,000에 판매했다면 최종 판매가격에 부가세 ₩800(＝₩8,000×10%)이 포함된 것이고, 최종소비자가 이마트의 부가세를 부담하게 된다. 이와 같이 매출 시 고객으로부터 수령한 부가가치세를 이마트는 **매출세액**이라 한다. 매출세액은 이마트가 고객으로부터 수취한 돈이지만 국세청에 납부해야 할 의무가 있는 돈이므로 **부가가치세예수금**이라는 부채로 인식해야

• 그림 4-6　부가가치세대급금과 부가가치세예수금 비교

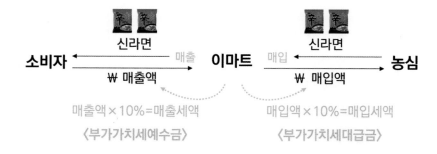

한다. 단, 이마트도 농심으로부터 신라면을 매입할 때 부가가치세를 부담했기 때문에 이마트가 지급해야 할 매출세액에서 매입세액을 공제할 수 있다. 따라서 이 매입세액은 돌려받을 (또는 공제받을) 권리가 있기에 **부가가치세대급금**이라는 자산으로 인식한다. 즉 이마트가 납부해야 할 부가가치세는 고객으로부터 수령한 부가가치세(매출세액, 부가가치세예수금)에서 이마트가 지급한 부가가치세(매입세액, 부가가치세대급금)을 차감하여 산출할 수 있다.

(2) 선납세금

선납세금이란 법인세 중간예납세액 및 법인의 이자수익에 대한 원천징수세액으로써 미리 납부한 세금을 의미한다.

• 표 4-6　선납세금

	법인세	이자소득세
미리 납부함	중간예납세액	원천징수세액

먼저 이자수익에 대한 **원천징수세액**이 무엇인지 알아본다. 은행의 적금계좌에서 모은 돈을 만기일자에 찾을 때를 생각해보자. 차곡차곡 모은 돈의 이자를 원금과 함께 받을 수 있는데 이때 수령하게 될 은행의 이자수익은 원금의 이자율에서 세금을 제외한 나머지 금액이 될 것이다. 마찬가지로 기업도 은행에 현금을 예치하고 이자수익이 발생했을 때 이자수익 금액을 모두 수령할 수 없다. 소득 발생에 대한 세금이 징수되는 것이다. 단 은행으로부터 이자수익을 받아 기업이 국세청에 이자수익에 대한 세금을 직접 납입하는 것이 아니라, 은행이 기업의 세금을 원천징수한 뒤에

● 그림 4-7　이자수익의 원천징수세액9)

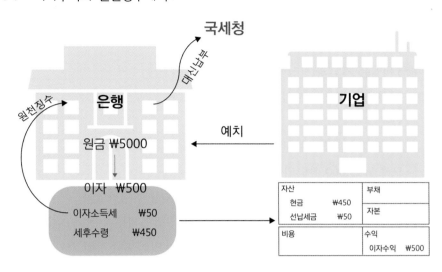

국세청에 대신 납부하는 것이다. 이때 기업은 이자수익에 대한 세금을 지급한 것으로 보고 이를 선납세금(자산)의 증가로 기록한다.

예를 들어 기업이 은행에 ₩10,000을 예치하고 1년간의 이자인 ₩500을 수령했는데, 이 중 ₩50은 세금명목으로 은행이 징수했다. 그렇다면 이자수익은 ₩500이나 실질적으로 받게 되는 현금은 ₩450이고, ₩50은 은행이 기업을 대신해 국세청에 납부해야 하는 세금이므로 자산으로써 선납세금을 기록한다.

다음으로 기업의 중간예납세액을 알아본다. 이를 위해 먼저 법인세의 개념을 알아야 한다. 기업은 벌어들인 소득에 대해 소득세의 개념으로 법인세를 국세청에 지급해야 한다. 일반적으로는 사업연도 종료일이 속하는 달의 말일부터 3개월 이내에 법인세 과세표준과 세액을 신고해야 한다.10) 즉 12월 결산법인의 경우 1월 1일부터 12월 31일까지를 1년간의 과세기간으로 하며, 3월 31일까지 법인세를 신고·납부해야 한다. 이때 정부는 기업이 지급해야할 법인세 중 한꺼번에 많은 세금을 지급해야 할 기업의 부담을 덜어주고, 효율적이고 균형있는 재정수입 확보를 위해 법인세의 일부를 미리 납부하도록 하고 있다. 이를 **중간예납세액**이라 한다. 중간예납세액은 12월 결산법

---

9) [그림 4−7]은 이해를 돕기 위해 이자와 관련한 비용만 부분재무제표로 표기하였다.

10) 과세표준이란 세금을 부과하는데 기준이 되는 것으로 세율을 적용할 금액을 의미하고, 세액은 세법에 의하여 납부해야할 금액을 말한다.

인을 기준으로 반기인 1월 1일부터 6월 30일까지를 중간예납기간으로 정하며, 2개월 이내인 8월 31일까지 신고·납부하도록 정하고 있다. 당기의 법인세 중 일부를 중간예납세액으로 납부했다면 추후 내야 할 법인세의 총액중에서 미리 납부한 중간예납세액을 공제할 수 있다. 따라서 미리 지급한 중간예납세액은 기업의 자산이 되는 것이다. 예를 들어보자.

20X1.07.01. ㈜서울은 기중에 사업연도의 법인세 중간예납세액 ₩15,000을 현금으로 납부하였다.

⇒ 중간예납세액은 선납세금(자산)의 증가로 기록하며, 현금으로 이를 납부했으므로 ₩15,000 상당의 현금이 감소하였음을 기록한다.

20X1.12.31. ㈜서울은 과세기간에 대한 법인세 ₩35,000을 추정하였다.

⇒ 12월 결산일이 되면 기업은 과세기간의 법인세를 추정하고 올바른 법인세(비용)을 보고해야 한다. 즉 법인세를 납부하지 않아도 추정된 법인세를 보고해야 하므로 법인세 ₩35,000은 비용의 발생으로, 실제로 지급하지 않은 법인세에 대해서는 지급해야할 의무로써 미지급법인세(부채)의 증가를 기록한다. 기업이 납부해야 할 총 법인세비용(비용) 중에 선납세금이 있다면 이를 차감하여 미지급법인세(부채)를 기록한다. 따라서 이미 납부한 중간예납세액 ₩15,000을 제외한 나머지 미지급법인세(부채) ₩20,000의 증가를 기록하면 된다.

20X2.03.01. 법인세 추산액을 모두 현금으로 납부하였다.

⇒ 법인세를 납부해야할 의무를 이행하였으므로 미지급법인세(부채) ₩20,000와 현금(자산) 감소를 함께 기록한다.

(단위: 천 원)

	자산		+	비용		=	부채		+	자본	+	수익
20X1.07.01	(+) 선납세금	15										
	(−) 현　　금	15										
20X1.12.31	(−) 선납세금	15		(+) 법인세비용	35		(+) 미지급법인세	20				
20X2.03.01	(−) 현　　금	20					(−) 미지급법인세	20				

* 12.31 결산 시점에 비용은 이익잉여금(자본)의 감소로 마감되나, 학습의 편의를 위해 장부의 마감을 표기하지 않음.

취직을 하고 기쁜 마음으로 급여명세서를 받아보면 명세서에는 지급총액과 공제총액, 차감총액이 찍혀 있는 것을 확인할 수 있을 것이다. 지급총액은 우리가 알고 있는 세전월급을 의미하고 공제총액은 세전급여에서 4대보험 등을 공제한 금액, 차감총액은 지급총액에서 공제총액을 제한 나머지 세후급여라 이해할 수 있다. 내 월급은 온전히 내 통장으로 들어오지 않는다! 기업이 내가 급여에서 내야 할 세금을 원천징수해서 이미 제하여 내 통장으로 월급을 이체해주기 때문이다. 원천징수란 무엇이고, 왜 세금을 원천징수하여 공제하는 것일까? **원천징수**란, 소득이나 수익을 지급하는 쪽에서 그 지급을 받는 자가 부담해야 할 세액을 정부대신 세금의 일부

로써 미리 징수하는 것을 의미한다. 다시 말해 내가 내야 할 세금을 기업이 국세청을 대신하여 미리 징수한다는 것이다. 따라서 기업은 징수한 종업원의 세금을 잘 보관하고 있다가 국세청에 종업원이 내야 할 세액을 대신 지급해야 할 의무가 있다. 이를 **예수금(부채)**라 한다.

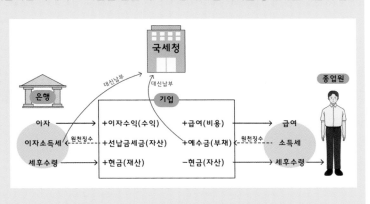

[예제 4-4] 선납세금

문제 20X1. 7. 1. ㈜서울은 기중에 사업연도의 법인세 중간예납세액 ₩15,000을 현금으로 납부하였다. 20X1. 11. 1. ㈜서울은 보통예금에 이자수익 ₩5,000이 발생하여 은행이 원천징수한 세금 ₩500을 제외한 나머지 금액을 현금으로 수령하였다. 12월 말 법인세 추산액은 ₩35,000이고, 이를 20X2. 3. 1에 보통예금계좌에서 모두 납부하였다. 20X1.12.31에 ㈜서울이 인식한 미지급법인세는 얼마인가?

답안 ₩19,500

풀이 미지급법인세 = 법인세비용 − 선납세금
= 법인세비용 − (법인세 중간예납세액 + 이자수익 원천징수세액)
= ₩35,000 − (₩15,000 + ₩500)

06 재무비율

앞서 배운 당좌자산은 판매과정을 거치지 않고서도 1년 이내에 현금화되는 유동성이 매우 높은 자산을 의미하므로 기업의 재무 안정성을 측정하는 중요한 지표로 사용된다. 이때 많이 사용하는 것이 당좌비율인데, 당좌비율이란 당좌자산을 유동부채로 나눈 비율로, 1년 이내 상환해야 할 부채 중 1년 이내 현금화가 가능한 자산의 비율을 의미한다. 쉽게 말해 1년 이내로 돌아올 빚을 곧바로 갚을 수 있는지의 능력을 보여주는 지표이다. 재고자산을 포함시켜 부채상환능력을 가늠하는 유동비율(=유동자산/유동부채)이나, 부채비율(=부채총계/자본총계)보다 엄격한 지표로 사용된다. 당좌비율을 측정할 때 유동자산에서 재고자산을 제외한 당좌자산만을 사용하는 이유는 재고자산은 판매를 거쳐야 현금화할 수 있으므로 당좌자산에 포함되는 현금, 예금, 또는 외상매출금 등의 계정과목보다 비교적 유동성이 떨어지기 때문이다.

$$당좌비율 = \frac{당좌자산}{유동부채} \times 100$$

당좌비율은 기업의 단기부채를 상환할 수 있는 지급능력을 측정한다. 당좌비율이 높을수록 기업의 단기지급능력이 높은 것으로 판단할 수 있다. 일반적으로 이 당좌비율이 100% 이상일 경우 당좌자산만으로도 모든 단기부채를 상환할 수 있음을 의미하므로 해당 기업의 단기지급능력이 양호하다고 판단한다. 반면 과도한 당좌자산 보유는 투자 기회를 놓치고 있다는 것을 나타낼 수도 있으므로, 당좌비율만을 보고 기업의 재무 건전성을 판단하는 것은 부적절하다. 여러 재무 지표와 함께 종합적으로 분석해야 하며, 특히 기업의 업종 특성과 비즈니스 모델, 경쟁 환경 등도 함께 고려해야 한다. 가령 재고가 빠르게 회전되어 재고자산의 유동성이 비교적 높은 업종의 경우 당좌비율이 다른 업종에 비해 상대적으로 낮을 수도 있다. 또한, 절대적인 기준보다는 동종 업종 내 다른 기업과의 상대적인 비교를 통해 당좌비율의 적정성을 판단해야 한다.

재무구조가 약한 기업에 투자하는 것은 매우 위험하며, 특히 성장 가능성이 없고 높은 부채를 가진 기업은 더욱 위험하다. 고금리와 경기 침체가 우려되는 상황이라면 특히나 '당좌비율'을 통해 기업의 재무구조와 안정성을 가늠해야 한다. 재무리스크를 특히 신경써야 하는 신용평가사들은 보통 당좌비율이 50%대인 기업들은 외부의 자금 수혈이 필요할 정도로 위험하다고 판단하고, 80% 이상이면 재무 리스크가 낮다고 본다. 그러나 당좌비율이 과도하게 높은 경우에도 공격적인 투자를 하지 않아 성장이 둔화될 가능성이 있는 것으로 해석한다. 따라서 투자 결정을 할 때에는 당좌비율과 성장성을 종합적으로 고려해야 한다. 즉 성장 가능성이 없는 동시에 빚을 갚기 위해 애쓰고 있는 기업은 위험하다는 것이다.

2023년 6월, SK이노베이션과 CJ CGV는 각각 1조 1,800억 원, 5,700억 원의 유상증자 공시를 했다. 유상증자를 하게 되면 주식발행수가 증가하여 주가가 하락한다. 기존 주주의 입장에서는 나눠 먹을 수 있는 파이가 줄어들기 때문이다. 그러나 이들의 당좌비율을 살펴보면 유상증자의 계획을 미리 예상해볼 수 있다. 두 기업의 당좌비율은 3월 말 기준 SK 이노베이션이 72.6%, CJ CGV가 52.2%였다. 특히 부채비율은 두 기업이 각각 193.4%, 912%를 나타내 회사채 시장을 통해 자금을 확보하는 것도 어려웠을 것이다. 그리고 6월, 두 기업은 유상증자 공시를 했다. 그러나 주가는 두 기업에 희비가 갈렸다. SK이노베이션은 설비투자를 위해, CJ CGV는 주로 단기부채를 상환하기 위해 유상증자를 한 것이었다.

또 다른 이야기를 해보자. 포스코홀딩스는 건설경기 침체로 인해 철강수요가 급감해 의 2023년 2분기, 전년 동기 대비 매출 13%, 영업이익 38% 감소를 기록했다. 저조한 단기 실적에도 포스코홀딩스 주가는 80% 이상 급등했다. 무슨 일이 일어난 것일까. 최근 포스코그룹은 배터리 사업 설명회를 통해 배터리의 소재 원료를 생산하여 2030년에 매출 62조원을 달성하겠다는 선언을 했다. 그리고 투자자들은 포스코홀딩스의 당좌비율을 살펴봤을 것이다. 이 기업의 당좌비율은 154.2%를 보였다. 투자자들은 포스코홀딩스의 당좌비율을 통해 향후 배터리와 관련한 대규모의 투자를 충분히 감당할 수 있을 만큼 당좌자산을 보유했다는 것이다.

💡 당좌자산에는 현금화되는 계정과목과 그렇지 않은 계정과목 모두가 포함될 수 있다. 어떤 것들이 있는가? 그리고 당좌비율의 측정에 이를 포함시키는 것이 올바른가? 고민해보자.

💡 같은 업종 내의 기업들 간 당좌비율을 비교·분석해보자.

연습문제

1. ○× 문제 연습

(1) 현금 및 현금성자산으로 보고되는 항목에는 당좌예금이 포함되지 않는다.
(2) 현금성자산이 되기 위해서는 확정된 금액으로 현금 전환이 용이하고, 가치변동의 위험이 중요하지 않을 뿐만 아니라 결산일 현재 만기가 3개월 이내여야 한다.
(3) 상품을 거래할 때 현금을 수취하지 않고 외상으로 거래했다면 이는 외상매출금으로, 비품을 거래할 때 현금을 수취하지 않고 외상으로 거래했다면 이는 미수금으로 기록한다.
(4) 기업의 재무상태표에는 일반적 상거래에서 발생하는 외상매출금과 받을어음을 통합하여 매출채권으로 보고한다.
(5) 대손충당금은 매출채권을 증가시키는 계정이다.
(6) 당좌차월은 기업의 당좌예금계좌에서 발행되는 당좌수표이므로 자산에 속한다.

해답
(1) ×. 포함되는 것이 맞다.
(2) ×. 취득시 만기가 3개월 이내여야 한다.
(3) ○.
(4) ○.
(5) ×. 대손충당금은 매출채권의 차감계정이다.
(6) ×. 당좌차월은 부채이다.

2. 괄호 안에 알맞은 답 넣기

(1) 현금성자산은 큰 거래비용 없이 현금으로 용이하게 전환할 수 있고 이자율변동에 따른 가치변동의 위험이 중요하지 않으며 (   )(으)로부터 만기가 3개월 이내로 도래하는 금융자산을 의미한다.
(2) 기업의 당좌예금계좌에 잔액이 부족한 경우에도 일정한 한도까지는 수표를 발행할 수 있다. 이를 (   )(이)라 한다.

(3) 아래는 외상거래에서 발생할 수 있는 자산과 부채를 구분하는 표이다. 빈 칸에 알맞은 계정과목을 기입하라.

구분		외상대금을 수취할 권리(자산)	외상대금을 지급해야 할 의무(부채)
주영업 활동	○	1)	2)
	×	3)	4)

(4) 실제 현금 잔액과 장부 상의 잔액의 차이가 발생한 경우 (   ) 계정과목을 사용한다.

【해답】

(1) 취득시점 / (2) 당좌차월 / (3) 1) 매출채권, 2) 매입채무, 3) 미수금, 4) 미지급금 / (4) 현금과부족

3. 객관식 및 주관식 문제

(1) [대손충당금] 20X1년 10월 1일, ㈜서울이 ₩100,000 상당의 상품을 외상으로 판매하였고, 20X1년 11월 1일 추가로 같은 거래처에 ₩200,000 상당의 상품을 외상으로 판매하였다. 결산시점 ㈜서울은 매출채권 잔액에 대한 대손을 10%로 추정하였다. 이 거래가 재무상태표에 미치는 영향을 아래의 빈칸에 금액과 화살표로 기입하라.

자산	부채	자본

(2) [현금 및 현금성자산] 아래의 보기 중 재무상태표에 표시할 현금 및 현금성자산은 얼마인가?

(1)	통화	₩625,400	(5)	우표	₩8,200
(2)	타인발행수표	1,320,000	(6)	타인발행약속어음	1,270,000
(3)	배당금지급통지표	325,000	(7)	만기가 도래한 국공채 이자표	350,000
(4)	직원 단기대여금	100,000	(8)	차용증서	50,000

① ₩3,998,600   ② ₩3,898,400
③ ₩2,628,600   ④ ₩2,620,400
⑤ ₩2,295,400

(3) [현금과부족] 기말 장부상 현금의 잔액은 ₩120,000인 반면 실제 보유하고 있는 현금은 ₩150,000이라는 사실을 발견하였다. 이 경우 적절한 회계처리 방법은 무엇인가?
① 회계담당 직원은 차이금액에 대해 메모만 해둔다.
② 우선 현금과부족으로 대체하는 회계처리를 한다.

③ 차이금액인 ₩30,000은 잡이익으로 회계처리한다.

④ 차이금액인 ₩30,000은 잡손실로 회계처리한다.

(4) [기타의 당좌자산] 다음 중 자산의 총계가 증가하는 거래를 고르시오.

① 종업원의 출장비로 ₩2,000을 현금으로 지급하였다.

② ㈜대한에 상품 ₩5,000을 주문하고 계약금으로 ₩2,000을 수표를 발행하여 지급하다.

③ 다음 회계연도의 임차료 ₩60,000을 미리 현금으로 지급하였다.

④ 1년 동안 건물을 임대하여 당기 임대료 ₩40,000이 발생되었으나 받기로 한 날짜는 다음연도 2월 말이다.

(5) 다음은 올해 초에 사업을 시작한 ㈜대한의 20X1년말 요약재무상태표의 일부이다. 다음의 물음에 답하라.

요약 재무상태표

자산		부채
매출채권	100,000	
대손충당금	(20,000)	

1) 20X1년 말 추정한 대손을 인식할 때 기록하는 회계계정과목은 무엇인가?

2) 20X1년도 손익계산서상에 표시될 대손상각비는 얼마인가?

3) 20X1년도 말 기말수정을 마친 재무상태표상 매출채권 순장부금액은 얼마인가?

해답

(1) 자산 ₩270,000 ↑ , 자본 ₩270,000 ↑

	자산	부채	자본		수익	비용
20X1.10.01	매출채권 ₩100,000 ↑			매 출 ₩100,000 ↑		
20X1.11.01.	매출채권 ₩200,000 ↑			매 출 ₩200,000 ↑		
20X1.12.31	대손충당금 ₩30,000 ↑ *					대손상각비 ₩30,000 ↑ *
총계	₩270,000 ↑		₩270,000 ↑ ←	₩300,000 ↑		₩30,000 ↑

* 대손충당금＝매출채권 잔액×대손추정률＝₩300,000×10%＝₩30,000

(2) ④ ₩2,620,400

＝(1) 통화 ₩625,400＋(2) 타인발행수표 1,320,000＋(3) 배당금지급통지표 325,000＋(7) 만기가 도래 한 국공채 이자표 350,000

* 타인발행약속어음은 취득 당시 만기가 3개월 이내에 도래하는지에 대한 구체적 설명이 없으므로 현금 및현금성자산에 포함시킬 수 없다.

(3) ②. 차이금액은 그 원인이 밝혀지기 전까지 일시적으로 현금과부족이라는 계정과목을 이용한다. 다음 원인이 밝혀지면 원인에 해당되는 계정과목으로 대체한다.

(4) ④. 미수수익(자산) ₩40,000 증가와 임대료수익(수익) ₩40,000 증가로 자산의 총계가 증가한다.
　　① 자산 ₩2,000 감소, ② 선급금(자산) 증가와 현금(자산) 감소로 인한 자산 총계의 영향은 상쇄된다., ③
　　선급비용(자산) 증가와 현금(자산)의 감소로 자산 총계의 영향은 상쇄된다.
(5) 1) 대손상각비(비용), 대손충당금(매출채권의 차감계정), 2) ₩20,000, 3) ₩80,000

제 5 장 재고자산
재무상태표 > 자산 > 유동자산 > 재고자산

재무상태표의 자산은 유동성배열법에 따라 보고기간 종료일로부터 1년 이내 현금화 할 수 있는 경우 유동자산으로, 그렇지 않은 경우를 비유동자산으로 구분하게 됨을 학습하였다. 유동자산과 비유동자산이 자산의 대분류라면, 유동자산 내에는 당좌자산과 재고자산이라는 중분류가 있다. 앞선 장에서는 판매과정을 거치지 않고서도 1년 이내에 현금화되는 유동자산

〈재무상태표〉

청소 20X1년 12월 31일 현재 단위: 원

자산	부채
▼ 유동자산	▷ 유동부채
■ 당좌자산	▷ 비유동부채
■ 재고자산	
	자본
▷ 비유동자산	

인 당좌자산을 배웠다면, 현재 장에서는 판매를 통해 1년 이내 현금화되는 유동자산인 **재고자산**을 학습해보도록 한다.

재고자산을 쉽게 말하면 팔고 남은 것이라 할 수 있다. 재고자산이 많으면 재고를 보관하는 비용이 높아지거나 시장변동에 따른 위험관리가 어려울 수 있으며 유동성이 떨어진다 해석할 수 있다. 그러나 너무 적은 재고자산을 보유하는 것도 급격한 수요 변동에 대응하기 어렵기 때문에 기업들은 적절한 재고자산을 보유하는 것이 중요하다. 무엇보다 재고자산은 기업의 이익과 자산의 평가에 영향을 미치기 때문에 재무제표상의 중요성이 크다.

재고자산의 정의와 종류

1. 재고자산의 정의와 종류

재고자산이란 (상품과 제품만을 고려했을 때) 기업의 주된 영업활동에서 판매를 목적으로 보유하고 있는 자산을 의미한다. 재고자산의 의미를 구체적으로 살펴보도록 하자.

먼저, 재고자산은 사용하거나 투자할 목적으로 보유하는 것이 아니다. 예를 들어, 주 영업활동이 건물을 건설하여 판매하는 건설기업이라면 보유 중인 건물은 판매를 목적으로 가지고 있는 것이므로 재고자산으로 분류해둔다. 그러나 해당 기업이 건물을 영업활동에 사용하기 위한 목적, 즉 사무실로 사용하기 위해 건물을 보유하고 있다면 이 건물은 회계에서 유형자산으로 처리한다. 또한, 투자하기 위한 목적으로 건물을 보유중이라면 해당 건물을 투자자산으로 처리한다.[1] 즉 보유목적에 따라 같은 건물이라도 분류가 달라질 수 있다는 것이다. 다른 예시로, 가구판매점에서는 책상을 재고자산으로 처리하지만, 농심은 이를 유형자산으로 분류한다.

다음으로 판매를 위해 보유하고 있는 재고자산으로는 상품과 제품이 있다. **상품**이란 상품매매기업이 외부로부터 구입하여 재판매를 위해 보유중인 재고자산을 의미한다. **제품**이란 제조기업이 원재료를 구매해 직접 제조하여 판매를 위해 보유중인 재고자산을 의미한다. 이때 상품매매기업이란 주 영업활동으로 외부로부터 구입한 상품을 재판매하는 기업을 의미하고, 제조기업이란 주 영업활동으로 외부로부터 구입한 원재료를 투입하여 제품을 제조해 판매하는 기업을 의미한다. 신라면을 직접 제조해 판매하는 농심은 제조기업, 신라면을 농심으로부터 구입하여 소비자에게 판매하는 이마트는 상품매매기업이라 할 수 있다. 본 교과서의 재무회계 파트에서는 상품매매기업을 대상으로 한 회계처리를 주로 다루며, 원가관리회계 파트에서는 제조기업을 대상으로 한 회계처리를 다룬다.

---

[1] 유동자산에 포함된 재고자산과 달리 비유동자산에 해당되는 유형자산과 투자자산의 회계처리는 6장에서 다루도록 한다.

 **여기서잠깐** 재고자산의 정의에 따른 종류

본 장에서는 상품과 제품을 중심으로 재고자산의 정의를 기술했지만, 재고자산의 정확한 정의는 아래와 같다.

"재고자산이란 기업의 주된 영업활동에서 판매를 목적으로 보유하거나 생산중인 자산 또는 생산 과정에 투입하기 위해 보유하고 있는 원재료나 소모품 형태로 존재하는 자산을 의미한다."

이때 "판매를 위해 보유 중인" 자산에는 상품과 제품이 포함된다. 상품이란 완성품을 외부로부터 매입하여 추가 가공없이 재판매하는 재고자산을 의미하고 제품이란 원재료에서 노무비, 제조경비를 투입해 제조·완성하여 판매 가능한 상태가 된 재고자산을 의미한다.

또한, "생산중인" 자산에는 제조기업이 제조하기 시작하였지만 완성하지 못한 채 보유하고 있는 생산 공정 중의 재고자산인 재공품과 반제품이 포함된다. 재공품이란 원재료에서 노무비, 제조경비를 투입하여 제조중이나 아직 완성하지 못해 판매할 수 없는 상태의 재고자산을 의미하고 반제품이란 완제품으로 제조·완성한 것은 아니지만 가공이 완료되어 저장가능하거나 판매가능한 상태에 이른 재고자산을 의미한다.

마지막으로 "생산과정에 과정에 투입될" 자산이란 제조기업이 제품을 제조하는 데 투입하기 위해 구매한 재고자산으로 원재료 등이 포함된다. 원재료란 제품 생산과정이나 용역을 제공하는 데 투입되는 원료 및 재료를 의미한다.

위의 내용을 정리하자면 상품매매기업의 재고자산에는 상품이 포함되고 제조기업의 재고자산에는 (투입→생산→완성 공정의 순서로) 원재료, 재공품, 반제품, 제품이 포함된다.

2. 상품매매기업의 영업순환과정에 따른 재고자산의 이해

상품매매기업의 상품을 매입하여 보관·판매하는 과정에 따른 재고자산의 처리를 이해해보자.

(1) 상품의 매입과 보관

20X1년 12월 1일, 사업을 처음 시작한 이마트가 농심으로부터 신라면 10개를 ₩100에 외상으로 매입했다. 이마트가 매입한 신라면은 판매를 위해 보유중인 자산이므로 상품으로 분류한다. 매입 시점에는 창고나 진열매대에 ₩1,000(= 10개×₩100) 상당의 상품이 재고로 쌓여있게 된다. 따라서 상품을 매입하면 상품(재고자산)의 증가를 기록한다. 여기서 주의해야 할 점은 단위당 원가 ₩100의 신라면을 구입했다고 해서 매입시점에 매출원가(비용)를 기록해서는 안 된다는 점이

다. 매출원가는 수익비용대응원칙에 따라 판매 시점에 기록한다.

> **당기매입 = 매입량 × 단위당 상품의 매입가격**

이마트가 매입한 신라면은 소비자에게 판매되기 직전까지 이마트가 창고든 매대든 어딘가에 있을 것이므로 판매가 되기 직전까지 '재고'로 보유한다. 그리고 매출 발생 시 재고자산이 판매되어 나갔음(자산의 감소)을 회계처리하면 된다.

● 그림 5-1 상품의 매입: 재고자산의 증가

(2) 상품의 판매

20X1년 12월 31일, 이마트가 신라면 10개 중 6개를 ₩500에 판매했고, 소비자로부터 현금을 받았다. 상품 판매와 관련해서는 매출의 발생과 재고자산의 감소, 두 가지의 회계처리를 수행할 수 있다.

① 매출의 발생

신라면 6개를 ₩500에 판매했으므로 ₩3,000(=6개×₩500) 상당의 수익이 생겼다. 이는 매출(수익)의 발생으로 기록한다.

> **매출 = 판매량 × 단위당 상품의 판매가격**

• 그림 5-2 상품의 판매: 매출의 발생과 재고자산의 감소

② 재고자산의 감소

다음으로 상품이 판매되면 재고자산이 감소된 것으로 보며 이를 동시에 매출원가로 기록한다. 먼저 이마트가 보유중인 신라면 중 6개가 팔려나갔기 때문에 이마트의 창고 또는 진열매대에서 신라면이 빠져나갔을 것이다. 이를 ₩600(=6개×₩100) 상당의 재고자산이 감소한 것으로 기록한다.

그리고 바로 이 ₩600이 매출원가(비용)가 된다. 수익비용대응 원칙에 의하면 비용은 관련된 수익이 실현된 기간에 인식할 수 있다.[2] 즉 이마트가 신라면(상품)을 판매해야 매출(수익)이 실현되므로 매출원가(비용)는 판매 시점에서야 인식될 수 있다는 것이다. 이는 회계등식으로도 잘 표현된다. 신라면의 판매 시 비용의 발생은 회계등식에 따라 자산의 감소와 함께 올 수 있기 때문이다.

> **매출원가 = 판매량 × 단위당 상품의 매입가격**

③ 기말 재고자산의 보관

판매 후 결산이 되었다. 이마트의 창고에는 팔리지 않은 ₩400(=4개×₩100) 상당의 상품(재고자산)이 남아있을 것이다. 따라서 결산시점의 손익계산서 및 재무상태표는 아래와 같이 보고된다. 재무상태표에서 보고된 재고자산 ₩400은 차기의 판매를 위해 이월된다. 손익계산서에는 당기에 판매하여 인식한 상품의 매출(수익) ₩3,000과 매출원가(비용) ₩600을 보고한다.

---

2) '기간'으로 표현한 이유는 계속기록법 및 실지재고조사법에 따라 매출원가를 인식하는 시점이 달라지기 때문이다. 시점의 차이만 있을 뿐 수익이 실현된 기간(당기)에 비용을 인식하는 것은 동일하다.

부분 재무상태표				부분 손익계산서		
이마트	20X1.12.31 현재		(단위: 원)	이마트 20X1.1.1~20X1.12.31		(단위: 원)
자산		부채		매출액		₩3,000
유동자산		유동부채		매출원가		(600)
현 금	₩3,000	외상매입금	₩1,000	매출총이익		₩2,400
재고자산	₩400	자본		…		…
		이익잉여금	₩2,400			

02 재고자산의 기록방법 : 수량

본 절에서는 상품판매 시점에서 수행했던 회계처리 과정에 추가적으로 고려해야 할 재고자산의 기록에 대해 학습한다. 상품의 판매 시 매출(수익)의 발생과 매출원가(비용)의 발생을 기록한다고 했다. 이는 상품을 판매할 때마다 누군가가 팔린 상품의 매출원가를 기록해야 한다는 것이다. 만일 이마트가 ₩100에 매입한 신라면도 있고 물가상승으로 ₩120에 매입한 신라면도 있다고 생각해보자. 이마트는 하루에도 수십건씩 신라면이 판매될 텐데, 이때마다 판매된 수량과 매입원가를 기록하는 것이 번거로울 것이다. 총금액은 수량(Q)에 단위당 가격(@P)을 곱하여 구할 수 있다. 즉 기말 시점에 기업은 기말 재고자산의 수량(Q)과 기말 재고자산의 단위당 원가(@P)를 알아야 한다는 것이다. 몇 개의 상품이 팔렸는가를 기록하는 것은 수량(Q)과 관련된 것이고, 판매된 상품의 매입원가를 알아내는 것은 단위당 매입가격(@P)과 관련된다.[3] 회계에서는 이러한 재고자산의 수량 및 원가를 기록하는 방법을 아래와 같이 정해두고 기업의 상황에 맞게 선택하게끔 하고 있다.

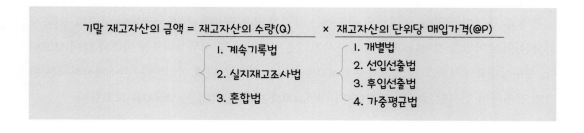

기말 재고자산의 금액 = 재고자산의 수량(Q) × 재고자산의 단위당 매입가격(@P)
- 1. 계속기록법
- 2. 실지재고조사법
- 3. 혼합법

- 1. 개별법
- 2. 선입선출법
- 3. 후입선출법
- 4. 가중평균법

---

3) 단위당 가격을 결정짓는 방법을 재고자산의 원가를 배분하는 방법이라고도 한다.

먼저 기말 재고자산의 수량을 파악하는 방법인 계속기록법, 실지재고조사법, 혼합법에 대해 알아보도록 한다.

1. 계속기록법

계속기록법이란 재고자산의 수량을 파악하는 방법 중 하나로 상품을 매입할 때 재고자산의 증가를 기록하고, 판매시점마다 계속적으로 매출(수익)의 발생과 함께 재고자산의 감소를 기록하여 기말시점에 남은 상품의 수량을 파악하는 방법이다.

앞서 설명한 이마트의 사례를 계속해서 설명해보겠다. 20X2년 초, 이마트는 전기에 매입해 판매하지 못한 신라면 4개(단위당 원가 @₩100)를 가지고 있었다. 이를 기초 재고라 한다. 당기에 이마트는 신라면 6개를 새로 매입하였다(단위당 원가 @₩100). 이 경우 이마트가 당기에 판매할 수 있는 신라면은 10개(=4개＋6개)가 된다. 이를 판매가능수량이라 하며 기초재고수량에서 당기매입수량을 더하여 계산한다.

> 판매가능수량 = 기초 상품수량 + 당기 상품매입수량

20X2년, 당기에 이마트는 8개의 신라면을 판매했다(단위당 판매가격 @₩500). 그렇다면 기말시점의 남은 재고자산 수량은 어떻게 파악할 수 있을까? 기말 재고수량은 판매가능수량에서 당기에 판매한 상품의 수량을 차감하여 구할 수 있다. 따라서 기말 재고수량은 2개가 된다(＝10개－8개).

> 기말 상품재고수량 = 기초 상품수량+당기 상품매입수량 － 판매 수량
> ＝   (판매가능수량)   － 판매 수량

이를 수량과 단위당 원가의 곱인 금액으로 표현하자면 아래의 식과 [그림 5－3]으로 표현할 수 있다. 매출원가는 당기 판매수량에서 판매된 상품의 원가를 곱하여 구할 수 있으므로 ₩800(＝8개×@₩100)이 된다. 기말 상품재고액은 판매가능상품재고액에서 상품의 매출원가를 차감하면 된다. 위 문제에서 판매가능상품재고액은 ₩1,000(＝10개×@₩100)이므로 기말상품재고액은

₩200(＝₩1,000－₩800)이다.

> 기말 상품재고액 = 기초 상품재고액+당기 상품매입액 － 상품 매출원가
>
> ＝   (판매가능상품재고액)   － 상품 매출원가

● 그림 5-3   계속기록법의 이해

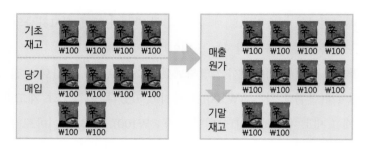

	수량	단가	금액
⓪ 기초 상품재고액	4개	×@₩100	＝₩400
① 당기 상품매입액	6개	×@₩100	＝₩600
판매가능상품재고액	10개	×@₩100	＝₩1,000

	수량	단가	금액
② 상품 매출원가	8개	×₩100	＝₩800
③ 기말 상품재고액	2개	×₩100	＝₩200

계속기록법은 상품을 판매할 때마다 재고자산 수량의 감소를 기록하여 매출원가(비용)를 파악하는 방법이므로 매출원가가 정확하게 기록된다는 이점이 있다. 그러나 상품의 기말재고액은 판매가능상품재고액에서 매출원가를 차감하여 파악하므로 정확하지 않다는 문제가 있다. 가령 이마트가 창고에 보관하고 있던 ₩100 상당의 신라면을 1개를 도난당했다고 생각해보자. 그럼에도 불구하고 이마트는 있어야 할 재고의 수량으로 기말 상품재고액(₩200)을 파악할 수밖에 없다. 사실은 ₩100의 신라면은 도난당했고, 창고에는 ₩100만큼의 신라면만 남아있는데도 말이다! 이같이 계속기록법은 기말상품재고액이 과대계상될 수 있다는 단점이 있다.

2. 실지재고조사법

위의 예시에서는 상품을 판매할 때마다 재고자산의 감소와 매출원가를 기입하는 계속기록법을 배웠다. 그러나 이마트는 수많은 상품, 재고를 관리하고 판매하기 때문에 신라면이 판매될 때

마다 팔리는 신라면의 원가를 기록하는 것이 어려울 수 있다. 대신 신라면을 매입했을 때를 기록하고 결산에 이마트 내에 남아있는 신라면의 수량을 확인한다면 신라면의 판매수량을 파악할 수 있을 것이다. 앞선 예시에서 이마트가 20X2년 기초에 가지고 있었던 신라면이 4개, 당기에 매입한 신라면이 6개였다. 이마트는 기중에 판매수량을 매번 체크하지 않고 결산 시점에 재고를 조사해보니 2개의 신라면이 남아있었다. 그렇다면 이마트는 몇 개를 판매했다고 파악할 수 있는가? 판매된 상품의 수량은 판매가능수량에서 기말 상품재고수량을 차감한 8개(=10개-2개)가 된다. 이러한 방법으로 수량을 파악하는 방법을 실지재고조사법이라 한다.

$$\text{판매 수량} = \text{기초 상품수량} + \text{당기 상품매입수량} - \text{기말 상품재고수량}$$
$$= \qquad (\text{판매가능수량}) \qquad - \text{기말 상품재고수량}$$

이를 금액으로 나타내면 판매가능상품재고액은 ₩1,000(=10개×@₩100)이고 기말상품재고액은 ₩200(=2개×@₩100)이므로 매출원가는 ₩800(=₩1,000-₩200)이 된다. 특히 실지재고조사법에서는 상품이 판매될 때 재고자산의 감소를 기록하지 않으므로 결산 시점에 매출원가와 재고자산의 감소를 기록해주기 위해 결산수정 과정을 거쳐야 한다.

$$\text{상품 매출원가} = \text{기초 상품재고액} + \text{당기 상품매입액} - \text{기말 상품재고액}$$
$$= \qquad (\text{판매가능상품재고액}) \qquad - \text{기말 상품재고액}$$

● 그림 5-4   실지재고조사법의 이해

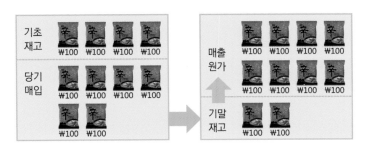

	수량	단가	금액
⓪ 기초 상품재고액	4개	×@₩100	=₩400
① 당기 상품매입액	6개	×@₩100	=₩600
판매가능상품재고액	10개	×@₩100	=₩1,000

	수량	단가	금액
③ 상품 매출원가	8개	×₩100	=₩800
② 기말 상품재고액	2개	×₩100	=₩200

실지재고조사법은 기말시점에 실제 재고를 조사하여 기말상품재고액을 파악하므로 기말재고 자산 금액이 정확하게 기록된다는 장점이 있다. 그러나 매출원가의 경우 판매가능상품재고액에서 기말상품재고액을 차감하여 구해줬으므로 매출원가가 정확하지 않다는 단점이 있다. 이마트가 판매를 위해 보유하고 있는 신라면 중 일부 1개를 도난당했다고 생각해보자. 이마트는 재고실사를 통해 기말상품이 1개 있는 것으로 파악하고, 나머지 9개는 모두 팔려나갔다는 가정으로 매출원가를 기록하게 된다. 즉, 도난당해 없는 1개의 상품의 원가(₩100)가 진짜로 팔려나간 재고의 원가(₩800)에 함께 반영되어 매출원가가 총 ₩900으로 과대계상될 수 있다는 단점이 있다.

● 표 5-1 계속기록법과 실지재고조사법의 비교

회계기록		계속기록법	실지재고조사법
기초		하지 않음	하지 않음
매입시		재고자산의 증가 기록	재고자산의 증가 기록
판매시	수익인식	매출 기록	매출 기록
	비용인식	재고자산의 감소와 함께 매출원가 기록	하지 않음
기말		하지 않음	결산수정으로 매출원가를 기록

[예제 5-1] 계속기록법과 실지재고조사법

문제 B마트는 20X1년 1월 1일 상품 4개(단위당 원가 ₩100)를 보유하고 있었다. 2월 1일에 6개의 상품을 개당 ₩100에 외상으로 매입하였고, 4월 1일 상품 8개를 ₩200에 현금을 받고 판매하였다. 5월 1일 B마트는 10개의 상품을 추가로 외상 매입하였고(단위당 ₩100) 7월 1일 8개의 상품을 ₩200에 현금을 받고 판매하였다.

1. 계속기록법을 사용하여 20X1년 B마트의 매출원가와 기말상품재고액을 구하라.
2. B마트는 기말시점에 실사를 통해 4개의 재고가 있음을 파악하였다. 실지재고조사법을 사용하여 20X1년 B마트의 매출원가와 기말 상품재고액을 구하라.
3. 결산시점 B마트의 이익을 구하라.

답안

1. 매출원가 ₩1,600, 기말상품재고액 ₩400

2. 매출원가 ₩1,600, 기말상품재고액 ₩400

3. 이익 ₩1,600

풀이

1. 계속기록법

① 매출원가 = (8개 × @₩100) + (8개 × @₩100) = ₩1,600

② 기말상품재고액 = 판매가능상품재고액 − 매출원가 = ₩2,000* − ₩1,600 = ₩400

     * 판매가능상품재고액 = 기초재고액 + 당기매입액 = (4개 × @₩100) + (6개 × @₩100) + (10개 × @₩100)

       = ₩2,000

		수량	단가	금액				수량	단가	금액
1/1	기초재고	4개	× @₩100 =	₩400		4/1	매출원가	8개	× @₩100 =	₩800
2/1	당기매입	6개	× @₩100 =	₩600	=	7/1	매출원가	8개	× @₩100 =	₩800
5/1	당기매입	10개	× @₩100 =	₩1,000		12/31	기말재고	4개	× @₩100 =	₩400
	총 계	20개		₩2,000			총 계	20개		₩2,000

(단위: 원)

	자산	+	비용	=	부채	+	비용	+	수익
20X1.01.01.	이월 재고자산 400				이월매입채무 400				
20X1.02.01.	(+) 재고자산 600				(+) 매입채무 600				
20X1.04.01.	(+) 현 금 1,600								(+) 매출 1,600
	(−) 재고자산 800		(+) 매출원가 800						
20X1.05.01.	(+) 재고자산 1,000				(+) 매입채무 1,000				
20X1.07.01.	(+) 현 금 1,600								(+) 매출 1,600
	(−) 재고자산 800		(+) 매출원가 800						
	소 계 3,600		소 계 1,600		소 계 2,000				소계 3,200
							(+) 이익잉여금 1,600		
	총 계 3,600		=		총 계 2,000	+	총 계 1,600		

2. 실지재고조사법

① 기말상품재고액 = 4개 × @₩100 = ₩400

② 매출원가 = 판매가능상품재고액 − 기말상품재고액 = ₩2,000* − ₩400 = ₩1,600

     * 판매가능상품재고액 = 기초재고액 + 당기매입액 = (4개 × @₩100) + (6개 × @₩100) + (10개 × @₩100)

       = ₩2,000

		수량	단가	금액				수량	단가	금액
1/1	기초재고	4개	× @₩100 =	₩400		12/31	매출원가	16개	× @₩100 =	₩1,600
2/1	당기매입	6개	× @₩100 =	₩600	=					
5/1	당기매입	10개	× @₩100 =	₩1,000		12/31	기말재고	4개	× @₩100 =	₩400
	총 계	20개		₩2,000			총 계	20개		₩2,000

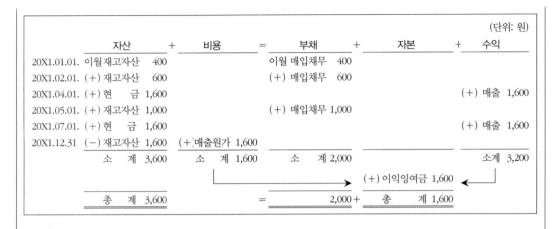

		(단위: 원)
자산 + 비용 = 부채 + 자본 + 수익		

20X1.01.01. 이월재고자산 400   이월 매입채무 400

20X1.02.01. (+) 재고자산 600   (+) 매입채무 600

20X1.04.01. (+) 현 금 1,600   (+) 매출 1,600

20X1.05.01. (+) 재고자산 1,000   (+) 매입채무 1,000

20X1.07.01. (+) 현 금 1,600   (+) 매출 1,600

20X1.12.31. (−) 재고자산 1,600   (+) 매출원가 1,600

소 계 3,600   소 계 1,600   소 계 2,000   소계 3,200

(+) 이익잉여금 1,600

총 계 3,600   =   2,000 + 총 계 1,600

3. 이익 = ₩3,200* − 1,600 = ₩1,600

  * 매출액 = 4월 1일의 판매분 ₩1,600(= 8개×@₩200) + 7월 1일의 판매분 ₩1,600(= 8개×@₩200)

부분 재무상태표				부분 손익계산서	
이마트	20X1.12.31 현재	(단위: 원)	이마트	20X1.1.1~20X1.12.31	(단위: 원)
자산	부채		매출액		₩3,200
유동자산	유동부채		매출원가		(1,600)
현 금 ₩3,200	매입채무	₩2,000	매출총이익		₩1,600
재고자산 ₩400	자본		…		…
	이익잉여금	₩1,600			

재고자산의 기록방법: 단위당 원가

앞선 절에서는 재고자산의 매입원가가 변하지 않는다는 가정하에 재고자산의 수량을 파악하는 방법으로 판매시점마다 재고자산의 감소를 기록하는 계속기록법과, 기말시점까지 기다렸다가 재고자산의 감소를 기록하는 실지재고조사법에 대해 학습하였다. 본 절에서는 이마트가 매입한 신라면의 원가가 ₩100, ₩120으로 변동하는 경우 기말상품재고액과 매출원가를 산출하는 방법에 대해 알아본다.

1. 개별법

상품을 매입할 때 각 상품에 매입원가 꼬리표를 달아 둔다면 판매 시점에 팔려나간 상품의 꼬리표를 확인하거나 기말시점에 남아있는 재고의 꼬리표를 모두 확인할 수 있으므로 매출원가와 기말상품재고액을 파악하는 것이 비교적 쉽고 정확하다. 이러한 방법으로 매입원가를 매출원가와 기말상품재고액으로 분배하는 방법을 개별법이라 한다. 개별법은 실제 재고자산 매입원가의 흐름을 사용하여 매출원가와 기말상품재고액을 결정하는 방법이므로 이론적으로 가장 타당한 원가배분방법이다. 가령 명품매장의 경우 품목의 수가 적고 관리가 어렵지 않아 각 재고자산의 취득원가가 얼마인지, 얼마에 팔려나갔는지를 개별적으로 추적하는 것이 가능하다. 이와 같이 개별법은 주로 상호 교환될 수 없는 재고자산을 소량 매입·판매하는 경우, 특정 프로젝트별로 생산되는 값비싼 제품(보석, 부동산, 보석, 명품) 등을 판매하는 경우에 사용될 수 있다. 그러나 동일한 상품을 대량으로 매입·판매하고 있는 기업에 대해서는 이러한 방법을 사용하는 것이 비용대비 효익관점에서 적절하지 않거나, 기술적으로 불가능할 수 있다. 즉 상호교환이 가능한 동질적인 상품을 대량으로 매입·판매하는 경우에는 적절하지 않다. 다만, 기술의 발달로 각 재고자산에 대해 매입기록이 추적되는 경우 개별법이 가능할 수 있다.

2. 선입선출법

선입선출법(first in first out method: FIFO)은 먼저 매입한 상품이 먼저 판매되는 것으로 원가의 흐름을 가정하여 매출원가와 기말상품재고액을 결정하는 방법이다. 20X2년 초, 이마트는 기초 재고자산으로 신

● 그림 5-5   계속기록법과 선입선출법 이용시 원가의 흐름

라면 4개(단위당 원가 @₩100)를 가지고 있었다. 당기에 물가상승으로 이마트는 단위당 @₩120의 신라면 6개를 매입했고, 이후 8개의 신라면을 판매했다(단위당 판매가격 @₩500).

수량을 계속기록법으로 파악한다면 판매 시점에 먼저 매입한 신라면부터 재고자산의 감소를

기록한다. 매입원가 @₩100 상당의 기초 재고 4개와 @₩120 상당의 당기 매입분 4개가 팔려나간 것으로 재고자산의 감소와 매출원가를 파악하는 것이다. 이 방법을 이용하면 매출원가는 ₩880(=4개×@₩100+4개×@₩120)이 되고, 기말상품재고액은 ₩240(=₩1,120−₩880)이 된다.

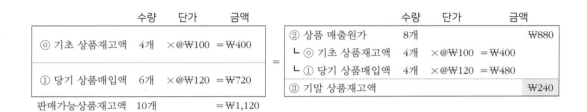

	수량	단가	금액			수량	단가	금액
⓪ 기초 상품재고액	4개	×@₩100	=₩400	=	② 상품 매출원가	8개		₩880
					└ ⓪ 기초 상품재고액	4개	×@₩100	=₩400
① 당기 상품매입액	6개	×@₩120	=₩720		└ ① 당기 상품매입액	4개	×@₩120	=₩480
판매가능상품재고액	10개		=₩1,120		③ 기말 상품재고액			₩240

재고자산의 수량을 실지재고조사법으로 결정한다면 기말시점에 남아 있는 상품은 가장 나중에 매입한 원가의 재고자산이 있는 것으로 가정한다. 이마트는 재고 실사를 통해 2개의 재고가 남아있는 것을 확인하였다. 남아있는 재고의 원가는 @₩120가 된다. 따라서 기말상품재고액은 ₩240(=2개×@₩120), 매출원가는 ₩880(=₩1,120−₩240)이 된다.

● 그림 5-6 실지재고조사법과 선입선출법 이용시 원가의 흐름

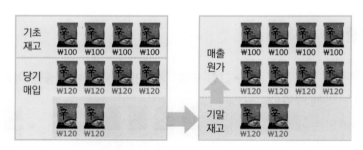

	수량	단가	금액			수량	단가	금액
⓪ 기초 상품재고액	4개	×@₩100	=₩400	=	③ 상품 매출원가	8개		₩880
① 당기 상품매입액	6개	×@₩120	=₩720		② 기말 상품재고액	2개	×@₩120	₩240
판매가능상품재고액	10개		=₩1,120					

선입선출법을 사용해 단위당 원가를 배분한다면 원가흐름의 가정이 실제 원가의 흐름과 대체적으로 일치하고, 기말상품재고액을 가장 최근의 매입원가로 평가하므로 시가를 적절하게 반영

할 수 있다는 장점이 있다. 또한, 위의 예시와 같이 계속기록법의 사용과 실지재고조사법의 사용에 차이가 없게 된다. 반면 매출원가는 상대적으로 오래전에 매입한 상품의 원가로 결정되고, 이익이 과대계상된다는 단점이 있다.

[예제 5-2] 선입선출법

문제 B마트는 20X1년 1월 1일 상품 4개(단위당 원가 ₩100)를 보유하고 있었다. 2월 1일에 6개의 상품을 개당 ₩110에 외상으로 매입하였고, 4월 1일 상품 8개를 ₩200에 현금을 받고 판매하였다. 5월 1일 B마트는 10개의 상품을 추가로 외상 매입하였고(단위당 ₩112) 7월 1일 8개의 상품을 ₩200에 현금을 받고 판매하였다. B마트는 재고자산 원가배분방법으로 선입선출법을 택하여 사용하고 있다.

1. 계속기록법을 사용하여 20X1년 B마트의 매출원가와 기말상품재고액, 결산시점 B마트의 이익을 구하라.
2. B마트는 기말시점에 실사를 통해 4개의 재고가 있음을 파악하였다. 실지재고조사법을 사용하여 20X1년 B마트의 매출원가와 기말 상품재고액, 결산시점 B마트의 이익을 구하라.

답안
1. 매출원가 ₩1,732, 기말상품재고액 ₩448, 이익 ₩1,468
2. 매출원가 ₩1,732, 기말상품재고액 ₩448, 이익 ₩1,468

풀이
1. 계속기록법
   ① 매출원가 = ₩840[1] + ₩892[2] = ₩1,732
      [1] 4/1 매출원가 = (4개 × @₩100) + (4개 × @₩110) = ₩840
      [2] 7/1 매출원가 = (2개 × @₩110) + (6개 × @₩112) = ₩892
   ② 기말상품재고액 = 판매가능상품재고액 − 매출원가 = ₩2,180[1] − ₩1,732 = ₩448
      [1] 판매가능상품재고액 = 기초재고액 + 당기매입액 = (4개 × @₩100) + (6개 × @₩110) + (10개 × @₩112)
          = ₩2,180

		수량		단가		금액
1/1	기초재고	4개	×	@₩100	=	₩400
2/1	당기매입	6개	×	@₩110	=	₩660
5/1	당기매입	10개	×	@₩112	=	₩1,120
판매가능상품재고액		20개				₩2,180

=

		수량		단가		금액	
4/1	매출원가	8개					₩840
	└ 1/1 기초재고	4개	×	@₩100	=	₩400	
	└ 2/1 당기매입	4개	×	@₩110	=	₩440	
7/1	매출원가	8개					₩892
	└ 2/1 당기매입	2개	×	@₩110	=	₩220	
	└ 5/1 당기매입	6개	×	@₩112	=	₩672	
12/31	기말재고						₩448

   ③ 이익 = ₩3,200[1] − 1,732 = ₩1,468

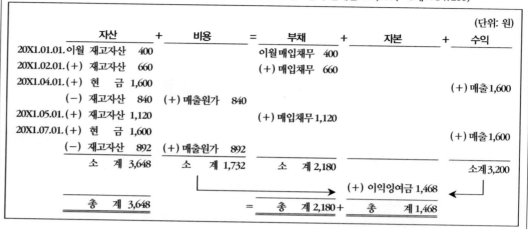

1) 매출액＝4월 1일의 판매분 ₩1,600(＝8개×@₩200)＋7월 1일의 판매분 ₩1,600(＝8개×@₩200)

(단위: 원)

	자산	＋	비용	＝	부채	＋	자본	＋	수익
20X1.01.01.	이월 재고자산 400				이월매입채무 400				
20X1.02.01.	(＋) 재고자산 660				(＋) 매입채무 660				
20X1.04.01.	(＋) 현 금 1,600								(＋) 매출 1,600
	(－) 재고자산 840	(＋) 매출원가 840							
20X1.05.01.	(＋) 재고자산 1,120				(＋) 매입채무 1,120				
20X1.07.01.	(＋) 현 금 1,600								(＋) 매출 1,600
	(－) 재고자산 892	(＋) 매출원가 892							
	소 계 3,648	소 계 1,732			소 계 2,180				소계 3,200
							(＋) 이익잉여금 1,468		
	총 계 3,648			＝	총 계 2,180＋		총 계 1,468		

2. 실지재고조사법

① 기말상품재고액＝4개×@₩112＝₩448

② 매출원가＝판매가능상품재고액－기말상품재고액＝₩2,180* －₩448＝₩1,732

 * 판매가능상품재고액＝기초재고액＋당기매입액＝(4개×@₩100)＋(6개×@₩110)＋(10개×@₩112)
 ＝₩2,180

		수량		단가		금액			수량		단가		금액
1/1	기초재고	4개	×	@₩100	＝	₩400							
2/1	당기매입	6개	×	@₩110	＝	₩660	＝	12/31 매출원가	16개				₩1,732
5/1	당기매입	10개	×	@₩112	＝	₩1,120		12/31 기말재고	4개	×	@₩112	＝	₩448
판매가능상품재고액		20개				₩2,180							

③ 이익＝₩3,200* － 1,732＝₩1,468

 * 매출액＝4월 1일의 판매분 ₩1,600(＝8개×@₩200)＋7월 1일의 판매분 ₩1,600(＝8개×@₩200)

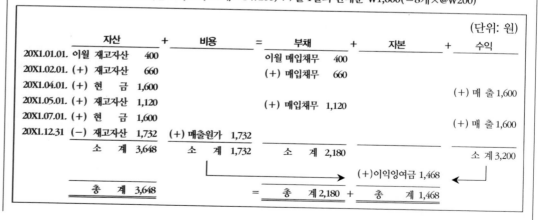

(단위: 원)

	자산	＋	비용	＝	부채	＋	자본	＋	수익
20X1.01.01.	이월 재고자산 400				이월 매입채무 400				
20X1.02.01.	(＋) 재고자산 660				(＋) 매입채무 660				
20X1.04.01.	(＋) 현 금 1,600								(＋) 매 출 1,600
20X1.05.01.	(＋) 재고자산 1,120				(＋) 매입채무 1,120				
20X1.07.01.	(＋) 현 금 1,600								(＋) 매 출 1,600
20X1.12.31	(－) 재고자산 1,732	(＋) 매출원가 1,732							
	소 계 3,648	소 계 1,732			소 계 2,180				소 계 3,200
							(＋)이익잉여금 1,468		
	총 계 3,648			＝	총 계 2,180 ＋		총 계 1,468		

부분 재무상태표				부분 손익계산서		
이마트	20X1.12.31 현재		(단위: 원)	이마트 20X1.1.1~20X1.12.31		(단위: 원)
자산		부채		매출액		₩3,200
유동자산		유동부채		매출원가		(1,732)
현 금	₩3,200	매입채무	₩2,180	매출총이익		₩1,468
재고자산	₩448	자본		…		…
		이익잉여금	₩1,468			

3. 후입선출법

후입선출법(last in first out method: LIFO)은 나중에 매입한 상품이 먼저 판매되는 것으로 원가의 흐름을 가정하여 매출원가와 기말상품재고액을 결정하는 방법이다. 앞선 이마트의 사례에서 매출시 나중에 매입한 ₩120 상당의 신라면이 먼저 판매되고, 재고로는 먼저 매입한 ₩100 상당의 신라면이 남아있을 것으로 가정하는 것이다.

• 그림 5-7   계속기록법과 후입선출법 이용시 원가의 흐름

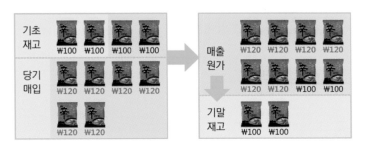

계속기록법을 사용한다면 판매시점 이전까지 매입한 상품의 원가를 역순으로 이용해 매출원가를 산정하게 된다. 당기에 신라면 8개를 판매할 때 매입원가 @₩120 상당의 당기 매입분 6개와 @₩100 상당의 기초재고 2개가 팔려나갔다고 가정하는 것이다. 이 방법을 이용하면 매출원가는 ₩920(＝6개×@₩120＋2개×@₩100)이 되고, 기말상품재고액은 ₩200(＝₩1,120－₩920)이 된다.

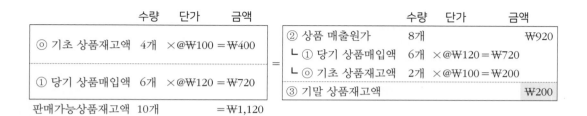

	수량	단가	금액		수량	단가	금액
◎ 기초 상품재고액	4개	×@₩100	=₩400	② 상품 매출원가	8개		₩920
				└ ① 당기 상품매입액	6개	×@₩120	=₩720
① 당기 상품매입액	6개	×@₩120	=₩720	└ ◎ 기초 상품재고액	2개	×@₩100	=₩200
판매가능상품재고액	10개		=₩1,120	③ 기말 상품재고액			₩200

재고자산의 수량의 결정방법으로 실지재고조사법을 사용한다면 기말시점에 남아 있는 상품은 가장 오래전에 매입한 원가의 재고자산이 있는 것으로 가정한다. 이마트는 재고 실사를 통해 2개의 재고가 남아있는 것을 확인하였다. 남아있는 재고의 원가는 기초의 @₩100가 된다. 따라서 기말상품재고액은 ₩200(=2개×@₩100), 매출원가는 ₩920(=₩1,120-₩200)이 된다.

• 그림 5-8 실지재고조사법과 후입선출법 이용시 원가의 흐름

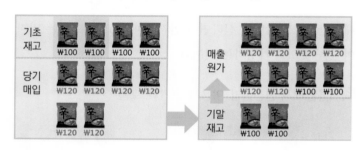

	수량	단가	금액		수량	단가	금액
◎ 기초 상품재고액	4개	×@₩100	=₩400	③ 상품 매출원가	8개		₩920
① 당기 상품매입액	6개	×@₩120	=₩720	② 기말 상품재고액	2개	×@₩100	=₩200
판매가능상품재고액	10개		=₩1,120				

후입선출법을 사용해 단위당 원가를 배분한다면 물가가 상승하는 경우 가장 최근의 매입원가로 매출원가를 계산하므로 수익과 비용(원가)의 대응이 적절하다는 장점이 있다. 또한, 매출원가가 과대평가 되고 이익이 과소계상되므로 보수적으로 기록할 수 있다. 단, 기말상품재고액은 과거의 정보를 담고 있게 되어 시가를 적절히 반영할 수 없다는 단점이 있다.

문제 앞의 [예제 5-2]와 동일한 문제이다. 단, B마트는 재고자산 원가배분방법으로 후입선출법을 택하여 사용하고 있다.

1. 계속기록법을 사용하여 20X1년 B마트의 매출원가와 기말상품재고액, 결산시점 B마트의 이익을 구하라.

2. B마트는 기말시점에 실사를 통해 4개의 재고가 있음을 파악하였다. 실지재고조사법을 사용하여 20X1년 B마트의 매출원가와 기말 상품재고액, 결산시점 B마트의 이익을 구하라.

답안

1. 매출원가 ₩1,780, 기말상품재고액 ₩400, 이익 ₩1,420
2. 매출원가 ₩1,780, 기말상품재고액 ₩400, 이익 ₩1,420

풀이

1. 계속기록법

① 매출원가 $= ₩896^{1)} + ₩884^{2)} = ₩1,780$

  1) 4/1 매출원가 $= (8개 \times @₩112) = ₩896$

  2) 7/1 매출원가 $= (2개 \times @₩112) + (6개 \times @₩110) = ₩884$

② 기말상품재고액 $=$ 판매가능상품재고액 $-$ 매출원가 $= ₩2,180^{1)} - ₩1,780 = ₩400$

  1) 판매가능상품재고액 $=$ 기초재고 $+$ 당기매입액 $= (4개 \times @₩100) + (6개 \times @₩110) + (10개 \times @₩112)$
             $= ₩2,180$

		수량		단가		금액				수량		단가		금액
1/1	기초재고	4개	×	@₩100	=	₩400		4/1	매출원가	8개				₩896
									└ 5/1 당기매입	8개	×	@₩112	=	₩896
2/1	당기매입	6개	×	@₩110	=	₩660	=	7/1	매출원가	8개				₩884
									└ 5/1 당기매입	2개	×	@₩112	=	₩224
5/1	당기매입	10개	×	@₩112	=	₩1,120			└ 2/1 당기매입	6개	×	@₩110	=	₩660
								12/31	기말재고					₩400
판매가능상품재고액		20개				₩2,180								

③ 이익 $= ₩3,200^{1)} - 1,780 = ₩1,420$

  1) 매출액 $=$ 4월 1일의 판매분 ₩1,600$(= 8개 \times @₩200)$ + 7월 1일의 판매분 ₩1,600$(= 8개 \times @₩200)$

2. 실지재고조사법

① 기말상품재고액 $= 4개 \times @₩100 = ₩400$

② 매출원가 $=$ 판매가능상품재고액 $-$ 기말상품재고액 $= ₩2,180^{1)} - ₩400 = ₩1,780$

  1) 판매가능상품재고액 $=$ 기초재고액 $+$ 당기매입액 $= (4개 \times @₩100) + (6개 \times @₩110) + (10개 \times @₩112)$
            $= ₩2,180$

		수량	단가		금액			수량	단가		금액
1/1	기초재고	4개	× @₩100	=	₩400	12/31	매출원가	16개			₩1,780
2/1	당기매입	6개	× @₩110	=	₩660	12/31	기말재고	4개	× @₩100	=	₩400
5/1	당기매입	10개	× @₩112	=	₩1,120						
판매가능상품재고액		20개			₩2,180						

③ 이익 = ₩3,200[1] − 1,780 = ₩1,420

[1] 매출액 = 4월 1일의 판매분 ₩1,600(= 8개×@₩200) + 7월 1일의 판매분 ₩1,600(= 8개×@₩200)

부분 재무상태표				부분 손익계산서	
이마트	20X1.12.31 현재		(단위: 원)	이마트 20X1.1.1~20X1.12.31	(단위: 원)
자산		부채		매출액	₩3,200
유동자산		유동부채		매출원가	(1,780)
현 금	₩3,200	매입채무	₩2,180	매출총이익	₩1,420
재고자산	₩400	자본		…	…
		이익잉여금	₩1,420		

4. 가중평균법

가중평균법(average method)이란 기초재고와 당기매입 상품을 구분하지 않고 동시에 판매된다는 가정으로 매출원가와 기말상품재고액을 산정하는 방법이다. 상품의 총매입원가를 상품의 수량으로 나누어 단위당 평균 매입원가를 파악한다. 가중평균법을 사용하게 되면 실지재고조사법, 계속기록법의 선택에 따라 매출원가와 기말상품재고액이 달라지게 되므로 수량파악방법에 따라 총평균법, 이동평균법으로 따로 명칭한다.

총평균법이란 실지재고조사법과 가중평균법을 사용하는 경우를 의미한다. 실지재고조사법을 사용하게 되면 기말시점에 판매가능재고액을 수량의 총합으로 나누어 단위당 총평균원가를 산정한다. 즉 기말시점까지 모든 재고가 판매되지 않았다고 가정하고 평균매입단가를 구한 뒤, 매출원가를 구하는 방법이다. 이전 예시를 이용하면 단위당 평균 매입원가는 판매가능재고액 ₩1,120(= 4개×@₩100 + 6개×@₩110)을 판매가능수량의 총합인 10개로 나누어 @₩112로 측정한다. 따라서 기말 상품재고액은 ₩224(= 2개×@₩112), 매출원가는 ₩896(= ₩1,120 − 224)이 된다. 총평균법은 매출시점과 상관없이 결산시점에만 원가를 결정하는 것이므로 간편하다는 장점이 있다.

	수량	단가	금액			수량	단가	금액
⓪ 기초 상품재고액	4개	×@₩100	=₩400	=	③ 상품 매출원가	8개		=₩896
① 당기 상품매입액	6개	×@120	=₩720		② 기말 상품재고액	2개	×@₩112	=₩224
판매가능상품재고액	10개	×@₩112	=₩1,120					

• 그림 5-9 총평균법 이용시 원가의 흐름

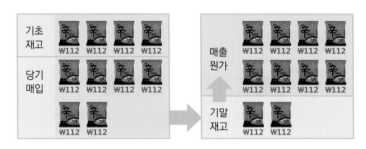

이동평균법이란 계속기록법과 가중평균법을 사용하는 경우를 의미한다. 이동평균법을 **사용하게** 되면 상품 판매시마다 기존의 재고와 매출시점직전까지 새로 매입한 재고를 더하여 **단위당 평**균원가를 산정해야 한다. 예시에서는 이마트가 신라면을 모두 매입한 이후에 판매가 이루어지므로 판매시점 직전까지의 판매가능 수량은 10개, 판매가능상품재고액은 ₩1,120이다. **따라서 총평**균법에서의 매입단가와 같이 @₩112가 된다. 그러나 매출시점 이후 추가로 **매입이 발생하게 되**면 좀 더 복잡하고 번거로워진다. 매출마다 남아있는 재고의 수량과 금액으로 **평균원가를 새로 계**산해야하기 때문이다.

	수량	단가	금액			수량	단가	금액
⓪ 기초 상품재고액	4개	×@₩100	=₩400	=	② 상품 매출원가	8개	×@₩112	=₩896
① 당기 상품매입액	6개	×@₩120	=₩720					
② 판매시점 직전까지의 재고	10개	×@₩112	=₩1,120		③ 기말 상품재고액	2개	×@₩112	=₩224
판매가능상품재고액	10개		₩1,120					

• 그림 5-10   이동평균법 이용시 원가의 흐름

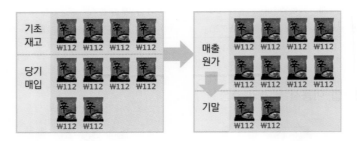

문제   앞의 [예제 5-2]와 동일한 문제이다. 단, B마트는 재고자산 원가배분방법으로 가중평균법을 택
하여 사용하고 있다.

1. 이동평균법을 사용하여 20X1년 B마트의 매출원가와 기말상품재고액, 결산시점 B마트의 이
익을 구하라.

2. B마트는 기말시점에 실사를 통해 4개의 재고가 있음을 파악하였다. 총평균법을 사용하여
20X1년 B마트의 매출원가와 기말 상품재고액, 결산시점 B마트의 이익을 구하라.

답안

1. 매출원가 ₩1,736, 기말상품재고액 ₩444, 이익 ₩1,464
2. 매출원가 ₩1,744, 기말상품재고액 ₩436, 이익 ₩1,456

풀이

1. 이동평균법

① 매출원가 = ₩848[1] + ₩888[2] = ₩1,736

[1] 4/1 매출원가 = 8개 × @₩106* = ₩848

* 4/1 판매시점 직전까지 보유하고 있었던 재고의 단위당 평균 매입원가

$$= \frac{(4개 \times @₩100) + (6개 \times @₩110)}{(4개 + 6개)} = @₩106$$

[2] 7/1 매출원가 = 8개 × @₩111* = ₩888

* 7/1 판매시점 직전까지 보유하고 있었던 재고의 단위당 평균 매입원가

$$= \frac{(2개 \times @₩106) + (10개 \times @₩112)}{(2개 + 10개)} = @₩111$$

② 기말상품재고액 = 판매가능상품재고액 − 매출원가 = ₩2,180[1] − ₩1,736 = ₩444

[1] 판매가능상품재고액 = 기초재고액 + 당기매입액 = (4개 × @₩100) + (6개 × @₩110) + (10개 × @₩112)

= ₩2,180

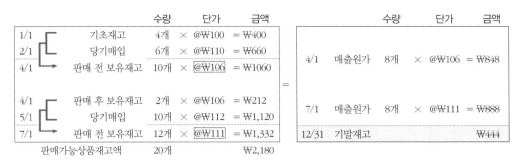

		수량		단가		금액
1/1	기초재고	4개	×	@₩100	=	₩400
2/1	당기매입	6개	×	@₩110	=	₩660
4/1	판매 전 보유재고	10개	×	@₩106	=	₩1060
4/1	판매 후 보유재고	2개	×	@₩106	=	₩212
5/1	당기매입	10개	×	@₩112	=	₩1,120
7/1	판매 전 보유재고	12개	×	@₩111	=	₩1,332
	판매가능상품재고액	20개				₩2,180

		수량		단가		금액
4/1	매출원가	8개	×	@₩106	=	₩848
7/1	매출원가	8개	×	@₩111	=	₩888
12/31	기말재고					₩444

③ 이익 = ₩3,200[1] − 1,736 = ₩1,464

[1] 매출액 = 4월 1일의 판매분 ₩1,600(= 8개 × @₩200) + 7월 1일의 판매분 ₩1,600(= 8개 × @₩200)

(단위: 원)

	자산	+	비용	=	부채	+	자본	+	수익
20X1.01.01.	이월 재고자산 400				이월 매입채무 400				
20X1.02.01.	(+) 재고자산 660				(+) 매입채무 660				
20X1.04.01.	(+) 현 금 1,600								(+) 매 출 1,600
	(−) 재고자산 848		(+) 매출원가 848						
20X1.05.01.	(+) 재고자산 1,120				(+) 매입채무 1,120				
20X1.07.01.	(+) 현 금 1,600								(+) 매 출 1,600
	(−) 재고자산 888		(+) 매출원가 888						
	소 계 3,644		소 계 1,736		소 계 2,180				소 계 3,200
							(+) 이익잉여금 1,464		
	총 계 3,644			=	총 계 2,180	+	총 계 1,464		

부분 재무상태표				부분 손익계산서		
이마트	20X1.12.31 현재	(단위: 원)		이마트	20X1.1.1~20X1.12.31	(단위: 원)
자산	부채			매출액		₩3,200
유동자산	유동부채			매출원가		(1,736)
현 금	₩3,200	매입채무	₩2,180	매출총이익		₩1,464
재고자산	₩444	자본		…		…
		이익잉여금	₩1,464			

2. 총평균법

① 기말상품재고액 = 4개 × @₩109[1] = ₩436

[1] 판매가능상품재고액의 평균 매입원가 = $\dfrac{(4개 \times @₩100) + (6개 \times @₩110) + (10개 \times @₩112)}{(4개 + 6개 + 10개)}$ = @₩109

② 매출원가 = 판매가능상품재고액 − 기말상품재고액 = ₩2,180[1] − ₩436 = ₩1,744

[1] 판매가능상품재고액 = 기초재고액 + 당기매입액 = (4개 × @₩100) + (6개 × @₩110) + (10개 × @₩112)
= ₩2,180

		수량	단가	금액				수량	단가	금액
1/1	기초재고	4개	× @₩100 =	₩400		12/31	매출원가	16개		₩1,744
2/1	당기매입	6개	× @₩110 =	₩660	=					
5/1	당기매입	10개	× @₩112 =	₩1,120		12/31	기말재고	4개	× @₩109 =	₩436
판매가능상품재고액		20개	× @₩109 =	₩2,180						

③ 이익 = ₩3,200[1] − 1,744 = ₩1,456

[1] 매출액 = 4월 1일의 판매분 ₩1,600(= 8개×@₩200) + 7월 1일의 판매분 ₩1,600(= 8개×@₩200)

(단위: 원)

	자산	+	비용	=	부채	+	자본	+	수익
20X1.01.01.	이월재고자산 400				이월매입채무 400				
20X1.02.01.	(+) 재고자산 660				(+) 매입채무 660				
20X1.04.01.	(+) 현 금 1,600								(+) 매 출 1,600
20X1.05.01.	(+) 재고자산 1,120				(+) 매입채무 1,120				
20X1.07.01.	(+) 현 금 1,600								(+) 매 출 1,600
20X1.12.31	(−) 재고자산 1,744		(+) 매출원가 1,744						
	소 계 3,636		소 계 1,744		소 계 2,180				소 계 3,200
							(+) 이익잉여금 1,456		
	총 계 3,636			=	총 계 2,180 +		총 계 1,456		

부분 재무상태표				부분 손익계산서	
이마트	20X1.12.31 현재	(단위: 원)	이마트	20X1.1.1~20X1.12.31	(단위: 원)
자산	부채		매출액		₩3,200
유동자산	유동부채		매출원가		(1,744)
현 금 ₩3,200	매입채무 ₩2,180		매출총이익		₩1,456
재고자산 ₩436	자본		…		…
	이익잉여금 ₩1,456				

5. 원가흐름 가정에 따른 재무보고의 비교

앞의 [예제 5−2, 5−3, 5−4]의 기말상품재고액, 매출원가, 이익을 비교하면 [표 5−2]와 같다.

● 표 5-2 원가흐름 가정에 따른 예제의 금액비교

구분	예제 5-2	예제 5-3	예제 5-4	
	선입선출법 +(계속기록법/실지재고조사법)	후입선출법 +(계속기록법/실지재고조사법)	이동평균법 가중평균법+계속기록법	총평균법 가중평균법+실지재고조사법
기말상품재고액	₩448	₩400	₩444	₩436
매출원가	₩1,732	₩1,780	₩1,736	₩1,744
당기순이익	₩1,468	₩1,420	₩1,464	₩1,456

표를 보면, 기말상품재고액이 상대적으로 큰 경우 매출원가는 상대적으로 작아지고, 그에 따라 당기순이익이 커지는 것을 볼 수 있다. 이는 재고자산에서 고정되어 있는 당기판매가능금액을 매출원가와 기말상품재고액으로 분배하기 때문에 기말상품재고액의 결정이 당기순이익에까지 영향을 미치는 것이다. 또한, 선입선출법, 후입선출법, 이동평균법, 총평균법에 따라 각각 기말상품재고액, 매출원가, 당기순이익이 달라진다. 상품의 매입원가가 시간이 지날수록 증가하는 인플레이션이 있다고 가정할 때 선입선출법은 가장 매입단가가 비싼 최근의 상품원가가 기말재고에 남게 되는 방법이므로 다른 방법에 비해 기말재고금액이 가장 높다. 반면 후입선출법은 오래전에 구입하여 가장 매입단가가 저렴한 상품이 기말재고에 남게 되는 방법이므로 다른 방법에 비해 기말재고금액이 가장 낮다. 이동평균법은 평균 매입단가가 판매시점 이후로 계속 달라진다. 특히 기말에 남아있는 재고에는 가장 매입단가가 비싼 최근의 상품원가가 단위당 평균매입가격에 상대적으로 많은 영향을 미치고 있으므로 선입선출법 다음으로 기말상품재고액이 높게 된다. 반면 총평균법은 판매가능재고금액으로 평균매입단가를 구하기 때문에 비교적 비싼 최근의 상품원가가 희석되므로 기말상품재고액은 이동평균법에 비해 낮게 집계된다. 이를 정리하면 [표 5−3], [표 5−4]와 같다. 특히 법인세의 경우는 당기순이익이 높을수록 많이 지급해야하므로 당기순이익과 같은 방향을 가진다.

• 표 5-3   원가흐름 가정에 따른 금액비교

구분	원가흐름 가정에 따른 금액비교
기말상품재고액	선입선출법 > 이동평균법 > 총평균법 > 후입선출법
매출원가	선입선출법 < 이동평균법 < 총평균법 < 후입선출법
당기순이익	선입선출법 > 이동평균법 > 총평균법 > 후입선출법
법인세	선입선출법 > 이동평균법 > 총평균법 > 후입선출법

• 표 5-4   원가흐름 가정의 장·단점 비교

원가의 흐름	구분	장점	단점
실제원가 사용	개별법	• 실제 원가의 흐름으로 매출원가를 계산하므로 수익과 비용(원가)을 정확하게 대응할 수 있음	• 매입원가를 상품마다 관리하는 것이 현실적으로 쉽지 않으므로 상호교환 되지 않는 상품을 매입·판매하는 경우 에만 사용할 수 있음
원가흐름 의 가정 이용	선입 선출법	• 실제 원가의 흐름과 비슷하게 원가를 배분함 • 가장 최근의 매입원가로 기말재고금액을 계산 하므로 기말상품재고액에 시가를 적절하게 반 영할 수 있음 • 간편함 • 수량의 결정방법으로 실지재고조사법, 또는 계속기록법을 사용한 결과에 차이가 없음	• 과거에 매입한 상품의 원가부터 판매 한 것으로 가정하므로 매출원가는 과 소평가, 이익은 과대계상 될 가능성이 있음 • 수익과 비용(원가)의 대응이 적절하지 않음
	후입 선출법	• 가장 최근의 매입가격으로 매출원가를 계산하 므로(물가가 상승하는 경우) 수익과 비용(원 가)을 적절하게 대응할 수 있음 • 매출원가가 과대평가, 이익은 과소계상되어 보수적으로 기록할 수 있음 • 수량의 결정방법으로 실지재고조사법, 또는 계속기록법을 사용한 결과에 차이가 없음	• 가장 오래된 매입원가로 기말재고금 액을 계산하므로 기말상품재고액이 시가를 적절하게 반영하지 못함
	가중 평균법	• 기초재고와 당기매입 상품을 구분하지 않고 동시에 판매된다는 가정으로 총평균법의 사용 시 간편함	• 수량의 결정방법으로 실지재고조사 법, 또는 계속기록법을 사용한 결과에 차이가 있음

기업들은 적정한 재고자산을 보유·유지하는 것이 중요하다. 회사가 판매하고 있는 상품이 진부화된 경우, 경쟁업체 대비 상품의 품질 또는 가격의 경쟁력이 부족할 경우 등 여러 상황에서 재고자산이 쌓이기 시작할 것이다. 적정 수준을 넘어 과도하게 재고자산이 많아지면 보관하는 비용이 높아지고, 시장변동에 따른 위험관리가 어려워진다. 특히 불경기에 낮은 재고자산의 회전율은 자금상의 문제를 일으킨다.

기업들은 새로운 상품을 계속 매입하고 판매하여 재고자산의 회전율을 높여야 할 것이고 이것이 부족한 기업들은 결국 쌓여진 재고자산을 헐값에 (심하게는 원가보다 더 낮은 가격에) 재고자산을 처분하려 할 것이다. **재고자산 회전율**이란 매출액을 재고자산으로 나눈 값으로, 기업이 재고를 얼마나 효율적으로 관리하고 있는가를 나타내는 지표이다.

$$재고자산회전율 = \frac{매출액}{재고자산} \times 100$$

매출액은 상품을 판매하여 발생한 금액이고 재고자산은 판매하지 못하고 쌓여진 재고의 금액을 의미한다. 다시 말해 판매하지 못한 재고에 비해 판매한 재고가 얼마나 많은가를 뜻하므로 재고자산회전율은 높을수록 좋다. 가령 A기업은 매출액과 재고자산이 각각 1,000억 원, 200억 원, B기업은 매출액과 재고자산이 각각 1,000억 원, 500억 원 있다고 생각해보자. 동일한 매출을 보이고 있는 두 기업에 대해 재고자산은 B기업이 상대적으로 많아 재고자산의 효율성이 떨어진다 할 수 있다. 재고자산회전율을 계산해보면 A기업이 보유중인 재고자산은 한 해 동안 5회(=1,000억 원/200억 원) 판매될 수 있고, B기업은 2회(=1,000억 원/500억 원) 판매될 수 있는 것으로 해석할 수 있다. 단, 재무비율을 비교하는 대상이 어떤 기업인가를 주의해야 한다. 서비스업의 경우 재고자산은 거의 없고, 의류를 판매하는 업종의 경우 패션 및 소비자의 기호 변동이 매우 심해 재고가 많아질 가능성이 크다.

재고자산이 과도하게 많은 경우와 반대로 너무 적은 재고자산을 보유하는 것도 호경기에 급격한 수요 변동에 대응하지 못해 판매기회를 상실하게 되어 기회비용을 증가시킨다는 문제가 있다. 무엇보다 재고자산은 기업의 이익과 자산의 평가에 영향을 미치기 때문에 재무제표상의 중요성이 크며, 이를 악용하여 기업들은 분식회계를 위해 재고자산을 과대평가하기도 한다. **분식회계란** 회계 규칙이나 관행을 왜곡하여, 회사의 재정 상태나 성과를 실제보다 나은 것처럼 표현하기 위해 회계 방법을 의미한다. 기업들은 주식 가격을 높이거나, 또는 기업의 신용도를 높여 투자자나 대출기관에게 더 유리한 재정 상황을 제시하기 위해, 혹은 임원 보수를 높이기 위해 성과를 좋게 보이고 싶을 유인이 있다. 이러한 방식은 투자자나 다른 이해당사자들에게 잘못된 정보를 제공하여 잘못된 결정을 내리게 만들 수 있고, 심각한 경우 기업이 파산까지 이를 수 있기에 분식회계는 법적 책임이 따르는 비윤리적인 행위이다. 특히 재고자산이 분식회계에 많이 이용된다.

재고자산을 의도적으로 늘리는 것(또는 늘어나 보이게 하는 것)이 어떠한 재무제표, 또는 재무비율에 어떠한 영향을 미칠까? 먼저 재고자산이 많아지면 유동자산이 증가하므로 유동비율(= 유동자산/유동부채)이 높아진다. 유동비율을 통해 단기부채에 대한 상환능력을 파악할 수 있으므로 유동비율을 높게 만든다는 것은 재무적 안정성, 또는 재무적 유동성이 높다는 착시현상을 일으킨다. 또한, 재고자산을 늘려 당기순이익을 과대계상할 수 있다. 매출원가는 판매가능재고금액에서 기말상품재고액을 차감하여 구하는데, 기말상품재고액이 늘어나면 매출원가가 줄어들기 때문이다.

분식회계를 위해 재고자산을 과대평가하게 되면 재무제표는 어떻게 변할까? 먼저 매출증가율에 비해 재고가 과대하게 높은 수치를 보일 수 있고, 평균 재고 회전기간이 동종산업의 기업에 비해 상대적으로 매우 길어질 수 있다. 또한 상대적으로 매출에 비해 매출원가의 비율이 비정상적으로 줄어든다면 매출총이익 또한 비정상적인 증가형태를 보일 수 있다. 외부감사시 공인회계사들은 기업의 장부를 검토하고 재고 실사를 통해 재고자산이 실제하는지, 적절하게 평가되고 있는지를 면밀히 검토해야 한다.

 **생각해보기** 재고자산으로 분식회계를?

　2006년 9월 15일, 산양전기가 내부감사 과정에서 210억 원의 재고자산 중 절반이 넘는 120억 원 가량의 재고자산이 없다고 자백했다.[4] 전자기기에 사용되는 연성회로기판을 생산하는 산양전기는 1989년에 설립되어 2005년 7월 코스닥에 상장한 기업이다. 분식회계 발표 전 종가를 기준으로 산양전기의 시가총액은 435억 원, 자산이 1,038억 원이었기에 재고자산 120억 원의 과대계상은 상당한 규모의 분식이었다. 이후 2009년에 상장폐지 되었다. 산양전기가 분식회계를 자백한 당일 주가는 하한가를 기록하여 3,345원에 마감됐다. 코스닥에 상장되었기에 불특정다수의 주주들이 산양전기에 투자했을 것이고 발표당일 주가하락으로, 이후 상장폐지로 인해 다수의 개인투자자를 포함한 주주들이 피해를 입었을 것이다. 이와 같은 분식회계로 인해 기업의 종업원들은 심하게는 일자리를 잃는 피해를 입을 수 있다. 또한, 분식회계 이후 신용도가 하락해 금융기관으로부터의 대출이 어려워질 수 있는데, 이는 결국 공급자에게 지급을 지연하거나 못하는 상황이 발생할 수 있다. 특히 산양전기를 감리한 회계법인의 부실감사에 대한 논란도 커졌다. 회계법인은 감사 시 직접 재고자산을 실사해야하는데, 장부상 재고자산의 절반가량이 실체가 존재하지 않는 가공의 자산이었다면 실사를 통해 잡아냈어야 하는 부분이었기 때문이다. 무엇보다도 자금이 원활히 순환하려면 투자자, 채권자 및 금융기관과 기업간 신뢰가 필수적인데 분식회계는 자본시장 내 신뢰도를 깨트리는 것이기 때문에 이를 막기 위해 금융기관, 정부, 회계법인, 투자자등 이해관계자들의 적극적인 모니터링과 기업 자체의 투명성 제고를 위한 노력이 필요하다.

💡 재고자산의 과대평가는 차기의 재무제표에 어떠한 영향을 미칠 것인가?
💡 재고자산을 과대평가하여 분식회계를 저지른 기업들의 다른 사례도 찾아보자.

---

4) 금융감독 당국은 과거 분식사실을 자진 고백할 경우, 감리면제, 조치감경 등으로 기업들의 자진 공시를 유도한다.

연습문제

1. ○× 문제 연습

(1) 계속기록법은 기말재고수량을 정확히 파악할 수 있다는 장점이 있다.
(2) 실지재고조사법에서는 기말실사를 통해 파악한 기말수량을 이용하여 매출원가를 역산하는 과정이 필요하다.
(3) 자산을 유동과 비유동으로 구분하여 보고하는 경우 재고자산은 유동자산으로 분류하여 재무상태표에 보고한다.
(4) 매출원가는 판매된 상품의 원가를 의미한다.
(5) 매출원가는 수익비용대응원칙에 의해 재고자산의 매입 시점에 기록되지 않고 판매시점에 기록한다.
(6) 개별법은 주로 소수의 고가 상품을 취급하는 회사에 적합한 방법이다.

해답

(1) ×. 계속기록법은 판매된 수량을 정확히 파악할 수 있다는 장점이 있고, 실지재고조사법은 기말의 재고수량을 정확히 파악할 수 있다는 장점이 있다.
(2) ○.
(3) ○.
(4) ○.
(5) ○.
(6) ○.

2. 괄호 안에 알맞은 답 넣기

(1) 상기업에서 정상적인 영업순환과정에서 판매를 위하여 보유하고 있는 항목을 (   )이라 하며, 제조기업에서 이를 자가제조한 경우 (   )이라 한다.
(2) 기초재고액에 당기매입액을 가산한 금액을 (   )이라 하며, 이로부터 기말재고액을 차감하여 매출원가를 계산한다.

(3) 상품의 매입과 매출이 이루어질 때마다 장부에 기록함으로써 장부에 의해 기말재고량을 파악하는 방법을 ( )이라 한다.

해답

(1) 상품, 제품
(2) 판매가능재고액
(3) 계속기록법

3. 객관식 문제

(1) 당기에 매입한 상품은 ₩200,000이며 기말상품은 기초상품에 비해 ₩20,000 증가한 것으로 나타났다. 당기의 매출원가는 얼마인가?
① ₩150,000   ② ₩180,000
③ ₩200,000   ④ ₩220,000

※ (2)~(5) 다음은 ㈜서울의 상품재고장을 나타낸다. 단, 아래의 상품재고장에는 총금액 및 잔액 등에 대한 내용이 빠져 있다.

일자	적요	입고			출고			잔액		
		수량	단가	금액	수량	단가	금액	수량	단가	금액
1/1	기초재고	20개	@100	₩2,000				20개		
3/12	상품매입	80개	@110	₩8,800				100개		
6/15	상품판매				80개	@200		20개		
9/20	상품매입	20개	@120	₩2,400				40개		
12/25	상품판매				10개	@200		30개		

(2) 실지재고조사법에 따라 선입선출법을 적용하여 매출원가와 기말재고자산금액을 결정하시오.
(3) 계속기록법에 따라 선입선출법을 적용하여 매출원가와 기말재고자산금액을 결정하시오.
(4) 총평균법을 적용하여 매출원가와 기말재고자산금액을 결정하시오.
(5) 이동평균법을 적용하여 매출원가와 기말재고자산금액을 결정하시오.

해답

(1) ②. 기말재고액은 "기초재고액＋20,000"이므로,
매출원가＝기초재고액＋당기매입액－기말재고액
＝기초재고액＋200,000－(기초재고액＋20,000)
＝180,000

(2) 기말재고자산＝₩3,500, 매출원가＝₩9,700

선입선출법으로 단위당 원가를 결정하게 되면 기말재고에는 나중에 매입된 상품의 원가가 남게 된다. 따라서 기말재고자산 금액을 구할 때는 결산 시점(12/31)을 기준으로 단위당 원가를 역순으로 파악하면 쉽다.

① 기말재고자산금액 구하기

기말재고자산 수량		×	단위당 원가		기말재고자산금액
9/20 매입된 상품 중 미판매분	20개	×	× @120	=	₩ 2,400
3/12 매입된 상품 중 미판매분	10개	×	× @110	=	₩ 1,100
	30개				₩ 3,500

② 매출원가 구하기

판매가능금액 － 기말재고자산금액 ＝ 매출원가

일자	적요	판매가능 금액			기말재고자산 금액	매출원가
		수량	단가	금액		
1/1	기초재고	20개	× @100	= 2,000		
3/12	상품매입	80개	× @110	= 8,800		
9/20	상품매입	20개	× @120	= 2,400		
				₩13,200	－ ₩3,500	= ₩9,700

(3) 기말재고자산＝₩3,500, 매출원가＝₩9,700

* 선입선출법으로 단위당 원가를 결정하게 되면 수량의 결정방법으로 실지재고조사법을 쓰는 것과 계속기록법을 쓰는 것의 기말재고자산금액 및 매출원가가 동일하다.

① 매출원가 구하기 ＝ ₩8,600＋1,100＝9,700원

6/15의 매출원가

매출원가 수량		×	단위당 원가		매출원가
1/1 기초재고상품의 판매분	20개	×	@100	=	₩ 2,000
3/12 매입된 상품의 판매분	60개	×	@110	=	₩ 6,600
6/15 판매	80개				₩ 8,600

12/25의 매출원가

매출원가 수량		×	단위당 원가		매출원가
6/15 판매후 남은 수량의 판매분	10개		@110		₩1,100
12/25 판매	10개				₩1,100

② 기말재고자산금액 구하기

판매가능금액 － 매출원가 ＝ 기말재고자산금액

₩13,200* － ₩9,700 ＝ ₩3,500

* 앞서 구한 판매가능 금액과 동일하다.

(4) 기말재고자산＝₩3,300, 매출원가＝₩9,900

총평균법은 수량결정방법으로 실지재고조사법을 사용하고, 단위당 원가 결정방법으로 평균법을 사용하는 것을 의미한다.

① 기말재고자산금액 구하기

기말재고자산 수량	단위당 원가	기말재고자산금액
30개	$\times$ @110 ($= \dfrac{\text{₩}13,200}{120개}$) $=$	₩3,300

② 매출원가 구하기

판매가능금액 − 기말재고자산금액 = 매출원가

₩13,200* − ₩3,300 = ₩9,900

* 앞서 구한 판매가능 금액과 동일하다.

(5) 기말재고자산 = ₩3,420, 매출원가 = ₩9,780

이동평균법은 수량결정방법으로 계속기록법을 사용하고, 단위당 원가 결정방법으로 평균법을 사용하는 것을 의미한다.

① 매출원가 구하기 = 80개 × @108[1] + 10개 × @114[2] = ₩8,640 + ₩1,140 = ₩9,780

[1] 평균단가 $= \dfrac{\text{₩}10,800}{100개} =$ @108

[2] 평균단가 $= \dfrac{\text{₩}4,560}{40개} =$ @114

자세한 내용은 아래의 표를 참고바란다.

		판매가능금액			매출원가		
일자	적요	수량	단가	금액	수량	단가	금액
1/1	기초재고	20개 ×	@100 =	₩2,000			
3/12	상품매입	80개 ×	@110 =	₩8,800			
	판매가능액	100개 ×	@108[1] =	₩10,800			
6/15	상품판매				80개 ×	@108[1] =	₩8,640
	판매후재고	20개 ×	@108[1] =	₩2,160			
9/20	상품매입	20개 ×	@120 =	₩2,400			
	판매가능액	40개 ×	@114[2] =	₩4,560			
12/25	상품판매				10개 ×	@114[2] =	₩1,140
	판매후재고	30개 ×	@114 =	₩3,420			

② 기말재고자산금액 구하기

판매가능금액 − 매출원가 = 기말재고자산금액

₩13,200* − ₩9,780 = ₩3,420

* (5)에서 구한 판매가능 금액과 동일하다.

또는 30개 × @114[2] = ₩3,420

제 6 장

비유동자산
재무상태표 > 자산 > 비유동자산

재무상태표의 자산은 유동성 배열법에 따라 유동자산과 비유동자산으로 나뉜다. 본 장에서는 유동자산으로 분류되지 않는 그 외의 자산 계정과목이 포함되는 **비유동자산**에 대해 학습한다. 비유동자산의 구체적인 항목으로는 투자자산, 유형자산, 무형자산, 기타비유동자산 등이 있다.

본 장에서는 비유동자산과 관련하여 주로 유형자산과 무형자산을 비중 있게 다

〈재무상태표〉

㈜청소   20X1년 12월 31일 현재   단위: 원

자산	부채
▷ 유동자산	▷ 유동부채
▼ 비유동자산	▷ 비유동부채
■ 투자자산	
■ 유형자산	**자본**
■ 무형자산	
■ 기타비유동자산	

루도록 한다. 유형자산이란, 주된 영업활동에 사용할 목적으로 장기 보유하는 물리적 형태가 있는 자산, 즉 공장건물, 기계장치 등을 의미한다. 유형자산은 보유하고 있는 기간이 늘어날수록 자산의 가치가 하락할 것이기에 회계에서는 이를 감가상각이라는 형태로 회계처리를 수행한다. 감가상각을 회계처리하면 자산의 가치가 하락하고, 동시에 현금의 유출이 수반되지 않는 비용이 발생된다. 이에 비용을 줄이고 이익을 늘리고 싶은 기업들이라면 감가상각하는 회계처리 방법을 신경쓸 수밖에 없을 것이다. 또한, 유형자산은 기업이 보유하고 있는 자산을 얼마나 매출 창출에 효율적으로 사용하였는가를 나타내는 재무비율에 사용될 수 있다. 매출액에서 유형자산을 나누면, 보유하고 있는 공장, 기계장치 등으로 얼마나 많은 매출을 창출했는가를 가늠해볼 수 있는 것이다. 반면, 유형자산과는 반대로 기업이 주된 영업활동에 사용할 목적으로 장기간 보유하나, 물리적 형

태가 없는 특허권, 영업권, 소프트웨어 등과 같은 자산을 무형자산이라 한다. 물리적 형태가 없기 때문에 까다로운 조건들을 충족해야 자산으로 인식할 수 있다. 특히 4차 산업혁명의 진전으로 연구개발(R&D), 소프트웨어 등의 무형자산이 중심이 되어 경제·산업의 패러다임이 변화되고 있고 그 비중이 점차 커지고 있는 추세이기에 무형자산 투자 및 인식의 중요성이 크게 확대되었다. 기업이 기술 개발에 막대한 금액을 투자했다고 생각해보자. 이를 성공했을 경우 투자 대비 기대이익이 매우 높을 수 있으나, 성공하지 못한 경우 금액은 무형자산의 인식 조건에 충족되지 못하여 비용으로 처리될 것이다. 또한, 무형자산에 대한 기업과 외부 정보이해관계자 간의 정보비대칭성이 높아 기업은 이와 관련된 충분한 공시가 필요하다. 본 장에서는 이러한 이슈들을 논의하기 위해 유형자산과 무형자산에 초점을 두고 비유동자산의 전반적인 내용을 학습하도록 한다.

01 투자자산

투자자산이란 기업의 주된 영업활동이 아닌, 타회사의 지배나 통제 혹은 유휴자금을 활용할 목적으로 자금을 투자하여 장기간 보유하고 있는 자산으로, 장기금융상품, 장기투자증권, 장기대여금, 투자부동산, 지분법적용투자주식이 투자자산으로 분류된다. 제4장에서는 금융상품의 취득 당시 만기가 3개월 이내에 도래하는 금융상품의 경우 현금성자산으로 분류하고, 결산일을 기준으로 만기가 1년 이내로 도래하는 경우 단기금융상품으로 분류하였다. 만일 결산일을 기준으로 만기가 1년 이내 도래하지 않는 경우라면 이를 **장기금융상품**으로 분류한다.[1] **장기대여금**이란 결산일로부터 1년 이후에 만기가 도래하는 타인에게 빌려준 금전을 의미한다. 즉 결산일로부터 만기까지의 기간에 따라 단기금융상품과 장기금융상품, 단기대여금과 장기대여금을 구분한다. **장기투자증권**이란, 여유자금을 증식시킬 목적으로 장기간 투자하는 유가증권을 의미하며, 성격에 따라 매도가능금융자산과 만기보유금융자산으로 분류한다.[2] **투자부동산**이란 기업의 주된 영업활

---

1) 이때의 금융상품이란 정기예금, 정기적금, 양도성예금증서(CD), 어음관리계좌(CMA), 환매조건부채권(RP), 기업어음(CP), 초단기금융상품(MMF) 등을 의미한다. 각 금융상품의 정의는 제4장 당좌자산을 참조할 수 있다.
2) 만기보유금융자산이란, 기업이 만기까지 보유할 적극적인 의도를 가지고 취득한 채권을 의미한다. 매도가능금융자산이란, 단기매매증권이나 만기보유증권으로 분류되지 않는 유가증권(주식, 채권모두 포함)을 의미한다.

동과 직접적인 관련이 없는 부동산으로, 시세차익, 임대수익 등의 투자이익을 목적으로 보유하는 부동산을 의미한다. 마지막으로 **지분법적용투자주식**이란 타회사를 지배하거나 중대한 영향력을 행사할 목적으로 보유하는 주식을 의미한다.

02 유형자산

1. 유형자산의 정의 및 종류

㈜청소는 영업활동을 위해 토지 및 건물을 구입하고 청소 서비스에 사용할 청소시계장치, 이동할 차량 등을 매입하였다. 이와 같이 주된 영업활동에 사용할 목적으로 보유하는 것들을 회계에서는 유형자산이라 부른다. **유형자산**이란, 장기간 동안 사용할 목적으로 보유하고 있으며 미래의 경제적 효익의 유입이 기대되는 유형의 자산을 의미한다. 구체적으로 유형자산은 재화의 생산 및 판매, 용역의 제공 등 주된 영업활동에 사용할 목적으로 보유하는 물리적 형태가 있는 자산으로서 한 회계기간을 초과하여 사용할 것이 예상되는 자산이다.

자산을 보유할 때는 그 목적이 무엇인지를 유의해야 한다. 한 기업이 여러 채의 건물을 보유하고 있다하더라도 보유 목적이 상이하다면 외부 정보이용자들에게 유용한 정보를 전달해주기 위해 분류를 달리한다. 예를 들어, 건설업에서 판매할 목적으로 건물을 보유하고 있다면 이를 재고자산으로 분류할 수 있으나 본사 등 사용 목적으로 보유하는 경우는 유형자산, 시세차익 및 임대수익 등 투자이익을 위해 보유하고 있다면 투자부동산으로 건물을 분류한다. 유형자산은 형태가 있는 자산을 의미하고, 특허권, 소프트웨어, 연구개발투자를 통해 획득한 신기술 등 주된 영업활동을 위해 사용하나 보이지 않는 형태의 자산은 무형자산이라 한다. 또한, 유형자산은 1년을 초과하여 사용할 것으로 예상하기 때문에 비유동자산의 범주에 속해있다. 주된 영업활동을 위해 사용하는 것이나 1년 이내로 빠른 시간 내에 사용하는 종이, 펜 등과 같은 자산은 소모품이라 한다.

- 주된 영업활동에 사용할 목적으로 보유하는 자산 ↔ 판매할 목적으로 보유하는 자산: 재고자산
- 물리적 형태가 있는 자산 ↔ 물리적 형태가 없는 자산: 무형자산
- 한 회계기간을 초과하여 사용할 것이 예상되는 자산 ↔ 1년 이내 빠른 시일로 사용하는 자산: 소모품

● 표 6-1 건설업에서 보유하고 있는 건물의 보유목적에 따른 분류

건설업	판매목적	투자목적	사용목적
건물	재고자산	투자부동산	유형자산

유형자산의 종류로는 토지, 건물, 건설 중인 자산, 구축물, 기계장치, 차량운반구, 비품 등이 있다. 이 중 건설 중인 자산이란 유형자산의 건설에 투입된 금액을 의미하며, 건설이 완료되면 본래의 계정과목으로 대체된다. 구축물이란 토지에 부착하여 설치되는 건물 이외의 구조물을 의미한다. 차량운반구란, 승용차, 화물차, 오토바이 등 육상운송수단으로 사용되는 유형자산을 의미하며, 비품이란 냉장고, 에어컨, 책상, 컴퓨터, 복합기 등의 사무용 집기비품을 의미한다. 이외의 유형자산 정의는 생략하도록 한다. 본 장에서는 유형자산을 취득하고부터 유형자산을 처분하기 전까지의 회계처리를 시간의 순서에 따라 학습해보도록 한다.

2. 유형자산의 취득

이전 장에서 재고자산을 매입하는 경우, 이를 바로 비용처리하지 않고 상품(자산)의 증가를 기록한다는 것을 학습하였다. 마찬가지로 유형자산을 취득하는 시점에 금전적 지출이 발생하지만 회계에서는 이를 비용으로 처리하지 않고 자산의 증가로 회계처리한다. 연 초, 사업을 처음 시작한 ㈜청소가 주된영업활동에 사용할 목적으로 청소용 기계장치를 ₩500,000에 외상으로 취득하였다면 기계장치(유형자산)의 증가와 미지급금(부채)의 증가를 동시에 기록한다.

[예제 6-1] 유형자산의 취득

문제 20X1.01.01. ㈜서울은 주된 영업활동에 사용할 용도로 건물을 ₩40,000에 외상으로 취득하였다. 이 외상대금은 1년 이내 지불할 것을 약속하였다. 이 거래는 ㈜서울의 재무상태표와 손익계산서에 어떠한 영향을 미치는가?

답안 20X1.01.01에는 재무상태표의 자산이 ₩40,000만큼, 부채가 ₩40,000만큼 증가하고, 손익계산서에는 영향을 미치지 않는다.

풀이 20X1.01.01. ㈜서울은 주된 영업활동에 사용하기 위해 건물을 취득한 것이므로 기계장치(유형자산)의 증가를 기록한다. 동시에 거래처로 ₩40,000의 외상대금을 지불해야 할 의무가 있으므로 ₩40,000 상당의 미지급금(부채)*을 증가시킨다.

* 외상매입 시 주된 영업활동과 관련된 외상대금은 매입채무, 그렇지 않은 경우는 미지급금으로 처리함을 주의하자.

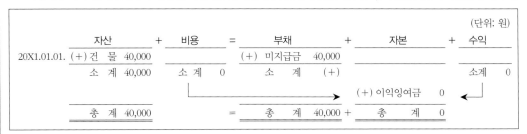

(단위: 원)

	자산	+	비용	=	부채	+	자본	+	수익
20X1.01.01.	(+) 건 물 40,000				(+) 미지급금 40,000				
	소 계 40,000		소 계 0		소 계 (+)				소계 0
							(+) 이익잉여금 0		
	총 계 40,000			=	총 계 40,000 +		총 계 0		

부분 재무상태표			부분 손익계산서		
㈜서울	20X1.01.01 현재	(단위: 원)	㈜서울	20X1.1.1~20X1.1.1	(단위: 원)
자산			부채		
유동자산			유동부채		영향 미치지 않음
비유동자산			미지급금	₩40,000	
건물	₩40,000		자본		
			이익잉여금		
자산총계	₩40,000		부채 및 자본총계	₩40,000	

위의 예시와 같이 건물을 취득한 경우라면 간단하지만, 본사 건물을 직접 짓고 있다면 건설에 투입중인 금액을 '건설 중인 자산' 계정과목으로 계상하고, 건설이 완료될 때 '건물'로 대체하는 회계처리를 수행한다. 만일 20X1년 연초에 사업을 개시한 ㈜청소가 본사로 사용할 건물을 짓기 위해 건설사에 공사 착수금 ₩40,000을 현금으로 지급하였고, 12월 31일 건물이 완공되어 잔금 ₩60,000을 현금으로 지급하였다고 해보자. 공사 착수 시점에는 건설을 위해 자금이 투입되었으니 ₩40,000 상당의 건설 중인 자산(유형자산)의 증가를 기록하고, 동시에 지출금액을 현금(자산)의 감소로 기록한다. 20X1.12.31 시점, 건물 건설을 위해 잔금을 투입하였으니 마찬가지로 건

설 중인 자산 ₩60,000의 증가와 현금 ₩60,000의 감소를 동시에 기록한다(①). 그렇다면 기말 시점에는 ₩100,000 상당의 건설 중인 자산이 남게 된다. 그리고 건물이 완공되었기 때문에, 더 이상 이 유형자산은 건설 중인 자산이 아닌 건물이 되어야 한다. 즉, 건설 중인 자산 ₩100,000의 감소와 건물 ₩100,000의 증가를 동시에 기록하면 된다(②). 단, 20X1.12.31 시점에는 건설 중인 자산 ₩60,000의 증가와 건설 중인 자산 ₩100,000의 감소가 동일한 시점에 발생하는 것이므로 이를 간단히 하면, 건설 중인 자산 ₩40,000 감소와 현금 ₩60,000 감소, 건물 ₩100,000의 증가를 동시에 기록해주면 된다(③).

유형자산의 취득원가에는 구입대금뿐만 아니라 유형자산의 취득에 직접적으로 발생하는 취득부대비용도 포함되어야 한다. 취득부대비용은 유형자산의 매입과 관련한 인건비, 운송비, 취득세·관세 등의 세금, 하역비, 준비원가, 설치비, 시운전비, 토지정지비용 등을 의미하며 취득부대비용은 비용계정과목이 아닌 유형자산의 취득원가에 포함시켜 자산의 증가로 기록한다.

● 표 6-2 건설 중인 자산과 건물의 대체

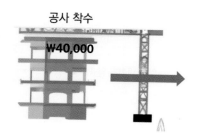
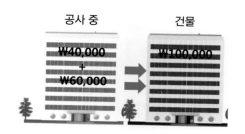

<20X1.1.1 착수금 ₩40,000 지급>	<20X1.12.31 잔금 ₩60,000 지급 및 건설 완료>
건설 중인 자산 ₩40,000 ⬆ & 현 금 ₩40,000 ⬇	① 건설 중인 자산 ₩60,000 ⬆ & 현 금 ₩60,000 ⬇
	② 건 물 ₩100,000 ⬆ & 건설 중인 자산 ₩100,000 ⬇
	③ 건 물 ₩100,000 ⬇ & 건설 중인 자산 ₩40,000 ⬇ & 현 금 ₩60,000 ⬇

[예제 6-2] 유형자산의 취득부대비용

문제 20X1.12.31 ㈜서울은 ₩25,000 상당의 기계장치를 취득하며 운송비 ₩3,000, 취득세 ₩2,500,
설치비 ₩3,500을 지불하였다. 결산시점, 재무상태표에 계상되는 기계장치의 잔액은 얼마인가?

답안 ₩34,000

풀이 운송비, 취득세, 설치비는 기계장치의 취득부대비용이므로 모두 기계장치의 취득원가에 가산한다.
₩34,000 = ₩25,000 + ₩3,000 + ₩2,500 + ₩3,500

---

3. 유형자산의 후속원가

유형자산을 취득한 이후에도 유형자산을 사용하는 동안 유지·보수·업그레이드 등의 여러 가지 이유로 추가적인 지출이 발생할 수 있다. 유형자산의 취득 후에 이루어지는 금전적 지출을 후속원가라 하는데, 후속원가는 어떠한 용도·목적으로 지출되었는가에 따라 자본적 지출과 수익적 지출로 회계처리한다. **자본적지출**이란 내용연수 또는 생산능력의 증가 등 기업의 미래 경제적 효익을 증대시킬 수 있도록 유형자산을 업그레이드하는 성격의 금전적 지출을 의미한다. 이와 관련하여 발생한 지출금액은 비용이 아닌 유형자산의 증가로 기록한다. 자본적 지출의 예로는 엘리베이터, 냉·난방기 설치, 유형자산의 증설 및 개조 등이 있다. 가령 본사 건물에 엘리베이터를 설치하여 종업원들의 업무효율화가 이루어졌거나, 냉방기를 설치하여 기계장치의 내용연수를 증대시켰다면 이는 미래 경제적 효익을 증대시킬 수 있는 것으로 본다. **수익적지출**이란 원래의 상태로 유지·회복, 또는 능률을 유지하기 위한 원가 등을 의미한다. 수익적 지출이 발생하면 금전적 지출은 당기비용으로 처리해야 한다. 가령 건물 벽의 도색, 유리의 교체, 소모품의 교체 등의 경우 생산능력을 향상시키기 위한 것이 아니므로 수익적 지출로 보는 것이다.

만일 회계담당자가 자본적 지출로 처리해야 할 후속원가를 수익적 지출로 잘못처리했다면 자산이 과소계상, 비용이 과대계상, 당기순이익 및 자본이 과소계상될 것이다. 반대로 수익적 지출을 자본적 지출로 잘못처리했다면 자산이 과대계상, 비용이 과소계상, 당기순이익 및 자본이 과대계상될 것이다.

• 표 6-3 자본적 지출 및 수익적 지출의 비교

	자본적 지출				수익적 지출			
정의	내용연수, 생산능력의 증가 등 미래 경제적 효익 증대 위한 지출				원상회복, 능률유지 등 원래의 상태의 유지를 위한 지출			
예시	엘리베이터의 설치, 냉·난방기 설치, 기타 유형자산의 증설 및 개조 등				건물 또는 벽의 도색, 파손된 유리의 교체, 기계 소모품 교체 등			
회계처리	자산화(해당 유형자산의 증가)				비용화(수선유지비, 차량유지비 등 당기비용)			
오류에 따른 영향	자본적 지출 → 수익적 지출				수익적 지출 → 자본적 지출			
	자산	비용	당기순이익	자본	자산	비용	당기순이익	자본
	과소 계상	과대 계상	과소 계상	과소 계상	과대 계상	과소 계상	과대 계상	과대 계상

[예제 6-3] 유형자산의 후속원가

문제 ㈜서울은 영업 초 구입한 기계장치(₩40,000)의 성능을 높이기 위해 기계장치의 개조에 ₩8,000을 투입하였고, 녹을 제거하고 수리하는 데 ₩2,000을 지출하였다. 모든 금전적 지출은 현금으로 거래하였다. 다음의 물음에 답하라.

1. ㈜서울의 회계담당자는 개조 및 녹 제거에 지출한 금액을 회계처리하였다. 기계장치의 장부가격을 구하라.
2. 만일 금전적 지출을 모두 자산화하였다면 ㈜서울의 재무제표에 어떠한 영향을 미치는가?

답안
1. ₩48,000
2. 총자산 및 총자본이 ₩2,000만큼 과대계상, 당기순이익이 ₩2,000만큼 과대계상된다.

풀이
1. ₩48,000(= ₩40,000 + 8,000)
   기계장치의 개조는 자본적 지출이므로 기계장치의 장부가격에 가산하고, 녹을 제거하고 수리하는 것은 비용적 지출이므로 비용화한다.
2. ₩2,000 상당의 수익적 지출을 자본적 지출로 처리하는 오류가 있었으므로, 자산이 과대계상되고, 비용이 과소계상된다. 비용의 과소계상은 곧 당기순이익의 과대계상, 이익잉여금의 과대계상, 자본의 과대계상으로 순차적인 영향을 미친다.

4. 유형자산의 감가상각

(1) 감가상각의 의미와 의의

앞서 배운 내용으로부터, 기계장치 등의 유형자산을 구입한 것은 금전적 지출이 있었음에도 비용화하지 않고 자산화한다고 학습하였다. 분명 돈을 썼는데 자산이 된 것이다! 그렇다면 내가 구입한 유형자산은 처분할 때까지 영원히 자산으로 남길 수 있는 것일까? 제5장에서 배웠던 재고자산을 생각해보자. 상품을 매입해도 구입 시점에서는 이를 재고자산의 증가로 기록하고, 팔리는 시점에 수익비용대응원칙에 따라 매출원가(비용)을 인식하였다. 마찬가지로 수익비용대응원칙에 따라 유형자산 또한 수익이 발생하는 기간에 대응하여 비용으로 처리된다. 즉, 영원히 자산이 아니고, 조금씩 비용화된다는 것이다! 다른 개념으로 설명해보겠다.

㈜청소는 20X1년 기초에 직원이 사용할 ₩500,000 상당의 차량을 구입했다. 5년 후에 이 차량은 얼마에 팔 수 있을까? 판매하는 시점에 이 차량의 가치는 구입할 당시의 가치와 같은가? 그렇지 않다. 기계장치, 건물 등의 유형자산은 시간의 흐름에 따라 수명을 다하여 가치가 감소할 수밖에 없다. 5년 후, 차량은 수명을 다하여 폐차해야 한다고 생각해보자. 그렇다면 차량의 가치는 5년 동안 매년 ₩100,000씩 감소한다고 볼 수 있다. 이와 같이 시간의 흐름에 따라 유형자산의 가치 감소를 반영하는 것을 **감가상각**이라 한다. 1년이 지난 후의 차량의 가치는 ₩400,000(=₩500,000−100,000)로 나타낼 수 있는 것이다.

유형자산을 취득하게 되면 금전적지출이 발생해도 비용을 인식하지 않고 자산의 증가를 기록하는데, 영원히 비용이 안 된다고 할 수 있을까? 그렇지 않다. 유형자산은 취득 당시 자산의 증가로 기록되지만 미래 수익을 창출하는 데 기여한다. 따라서 유형자산을 사용하는 기간 동안 수익과 대응하여 비용을 기록하는 것이 옳다.[3] 즉 유형자산의 취득시점에서 비용을 계상하지 않는다는 것은 비용이 무한히 발생하지 않는 것을 의미하는 것이 아니다. 비용은 감가상각비 명목으로 유형자산의 사용기간 동안 안분하여 발생하는 것이다. 회계에서는 감가상각을 반영하기 위해 매년 말 유형자산의 가치감소분을 추정하여 **감가상각비**(비용)를 계상하고, 동시에 유형자산의 가치하락을 반영하기 위하여 유형자산의 차감 계정과목인 **감가상각누계액**을 증가시킨다. 감가상각누계액은 매년 발생한 감가상각비를 누계하여 재무상태표의 유형자산의 순장부가치를 나타내는 데 도움을 준다.

---

3) 이를 우리는 수익비용대응원칙이라 배웠다.

부분 재무상태표			부분 손익계산서		
㈜청소	20X1.12.31 현재	(단위: 원)	㈜청소	20X1.1.1.~20X1.12.31.	(단위: 원)
유형자산		500,000	판매관리비		
감가상각누계액		(100,000)	감가상각비		100,000
유형자산의 순 장부금액		400,000			

> **[개념]**
>
> 회계에서의 감가상각은 유형자산의 사용기간 동안 체계적이고 합리적인 방법을 사용해 각 회계기간의 비용으로 유형자산의 원가를 배분하는 과정을 의미한다.

단, 모든 유형자산에 대해 감가상각을 처리해야 하는 것은 아니다. 토지의 경우 사용기간이 한정적이지 않고, 건설 중인 자산은 완공되지 않았으므로 감가상각을 할 수 없다. 토지와 건설 중인 자산은 감가상각을 하지 않는 비감가상각 대상 유형자산이라 기억하자.

(2) 감가상각의 3요소 및 방법

위의 예시에서 감가상각비를 인식하기 위해 고려된 요소는 세 가지이다. 첫째, 내용연수이다. 내용연수란 유형자산의 예상되는 사용기간을 의미한다. ㈜청소는 차량운반구의 내용연수를 5년으로 예상하였다. 둘째, 감가상각대상금액이다. 감가상각대상금액은 유형자산의 취득원가에서 잔존가치를 차감하여 구한다. 잔존가치란 내용연수가 끝나는 시점에 자산의 처분가치를 의미한다. ㈜청소는 5년 후에 차량을 폐차할 것이므로 잔존가치는 ₩0이 된다. 셋째, 감가상각 방법이다. 감가상각 방법으로는 정액법, 체감잔액법(정률법, 이중체감법, 연수합계법), 생산량비례법이 있다. ㈜청소는 내용연수동안 동일하게 가치가 감소할 것으로 가정하였다. 이는 정액법으로, 매 회계기간 말 같은 금액(정액)으로 감가상각비를 인식하는 방법이다. 체감잔액법은 초반에는 감가상각비를 크게 인식하고 시간이 지날수록 감가상각비가 감소하는 정률법, 이중체감법, 연수합계법을 통칭하는 방법이다. 생산량비례법은 생산량에 따라 감가상각비를 인식하는 방법이다. 생산량비례법의 경우에는 예상생산량을 추가로 더 추정하고, 실제생산량과의 비율로 감가상각을 수행해야 한다. 실무에서는 정액법 및 정률법을 가장 많이 사용한다. 감가상각을 위해 어떠한 방법을 사용하든, 내용연수가 종료된 시점에는 잔존가치만큼이 유형자산의 순장부가치로 남아 있게 되므로 내용연수기간 동안의 감가상각비의 합은 감가상각대상금액과 같아진다. 감가상각은 유형자산의 취득시점부터 처분시점까지 매 회계기간 말에 인식한다.

• 표 6-4   감가상각 방법

감가상각 방법		산식	특징
정액법		$\dfrac{\text{취득원가} - \text{잔존가치}^{1)}}{\text{내용연수}}$	매 회계기간 말 같은 금액(정액)으로 감가상각비를 인식함
체감잔액법	정률법	$\text{기초장부가치}^{2)} \times (1 - \sqrt[\text{내용연수}]{\dfrac{\text{잔존가치}}{\text{취득원가}}})$	초반에는 감가상각비를 크게 인식하고 시간이 지날수록 감가상각비가 감소함
	이중체감법	$\text{기초장부가치}^{2)} \times (\dfrac{1}{n} \times 2)$	
	연수합계법	$(\text{취득원가} - \text{잔존가치})^{1)} \times \dfrac{\text{내용연수의 역수}}{\sum \text{내용연수}}$	
생산량비례법		$(\text{취득원가} - \text{잔존가치})^{1)} \times \dfrac{\text{실제생산량}}{\text{총추정생산량}}$	생산량에 따라 감가상각비를 인식함

1) 감가대상금액 = 취득원가 − 잔존가치
2) 기초장부가치 = 취득원가 − 감가상각누계액

[예제 6-4] 감가상각

문제 ㈜서울은 20X1년 기초에 영업활동에 사용할 목적으로 기계장치를 외상매입하였다. 이 기계장치의 취득원가는 ₩40,000이며 내용연수는 3년, 잔존가치는 ₩4,000으로 예상한다. ㈜서울은 감가상각방법으로 정액법을 사용한다.

1. 매년 말 ㈜서울이 인식해야 할 감가상각비를 구하라.
2. 20X2년 말 기계장치의 순장부가치를 계산하라.

답안

1. ₩12,000
2. ₩16,000

풀이

1. $= \dfrac{40,000 - 4,000}{3}$
2. $= ₩40,000 - ₩12,000 \times 2$

부분 재무상태표

	20X1.1.1 현재		20X1.12.31 현재		20X2.12.31 현재		20X3.12.31 현재
기계장치	40,000		40,000		40,000		40,000
감가상각누계액	(0)	+12,000 →	(12,000)	+12,000 →	(24,000)	+12,000 →	(36,000)
유형자산의 순 장부금액	40,000		28,000		16,000		4,000

문제 정률법을 사용하여 위의 예시와 동일한 조건으로 문제에 답하여라. 단, 상각률$(1 - \sqrt[\text{내용연수}]{\dfrac{\text{잔존가치}}{\text{취득원가}}})$은 0.54로 주어진다.

1. X1년도: ₩21,600, X2년도: ₩9,936, X3년도: ₩4,464
2. ₩8,464

부분 재무상태표

	20X1.1.1 현재		20X1.12.31 현재		20X2.12.31 현재		20X3.12.31 현재
기계장치	40,000	$+21,600^{1)}$	40,000	$+9,936^{2)}$	40,000	$+4,464^{3)}$	40,000
감가상각누계액	(0)	→	(21,600)	→	(31,536)	→	(36,000)
유형자산의 순 장부금액	40,000		18,400		8,464		4,000

1) $21,600 = (40,000 - 0) \times 0.54$
2) $9,936 = (40,000 - 21,600) \times 0.54$
3) 내용연수 마지막 연도의 감가상각비는 순장부가치 금액과 잔존가치(₩4,000)가 동일하도록 조정해준다. $4,464 = (8,464 - 4,000)$

문제 이중체감법을 사용하여 위의 예시와 동일한 조건으로 문제에 답하라.

1. X1년도: ₩26,667, X2년도: ₩8,889, X3년도: ₩444
2. ₩4,444

부분 재무상태표

	20X1.1.1 현재		20X1.12.31 현재		20X2.12.31 현재		20X3.12.31 현재
기계장치	40,000	$+26,667^{1)}$	40,000	$+8,889^{2)}$	40,000	$+444^{3)}$	40,000
감가상각누계액	(0)	→	(26,667)	→	(35,556)	→	(36,000)
유형자산의 순 장부금액	40,000		13,333		4,444		4,000

1) $26,667 = (40,000 - 0) \times 2/3$
2) $8,889 = (40,000 - 26,667) \times 2/3$
3) 내용연수 마지막 연도의 감가상각비는 순장부가치 금액과 잔존가치(₩4,000)가 동일하도록 조정해준다. $444 (= 4,444 - 4,000)$

문제 연수합계법을 사용하여 위의 예시와 동일한 조건으로 문제에 답하라.

1. X1년도: ₩18,000, X2년도: ₩12,000, X3년도: ₩6,000
2. ₩10,000

부분 재무상태표

	20X1.1.1 현재		20X1.12.31 현재		20X2.12.31 현재		20X3.12.31 현재
기계장치	40,000	$+18,000^{1)}$	40,000	$+12,000^{2)}$	40,000	$+6,000^{3)}$	40,000
감가상각누계액	(0)	→	(18,000)	→	(30,000)	→	(36,000)
유형자산의 순 장부금액	40,000		22,000		10,000		4,000

1) $18,000 = (40,000 - 4,000) \times \frac{3}{6}$
2) $12,000 = (40,000 - 4,000) \times \frac{2}{6}$
3) $6,000 = (40,000 - 4,000) \times \frac{1}{6}$

문제 생산량비례법을 사용하여 위의 예시와 동일한 조건으로 문제에 답하여라. 추정된 생산총량은 20,000개, 3년동안 실제 생산량은 7,500개, 6,500개, 6,000개이다.

답안

1. X1년도: ₩13,500, X2년도: ₩11,700, X3년도: ₩10,800
2. X2년도: ₩14,800

요약 재무상태표

	20X1.1.1 현재		20X1.12.31 현재		20X2.12.31 현재		20X3.12.31 현재
기계장치	40,000		40,000		40,000		40,000
감가상각누계액	(0)	+13,500¹⁾	(13,500)	+11,700²⁾	(25,200)	+10,800³⁾	(36,000)
유형자산의 순 장부금액	40,000	→	26,500	→	14,800	→	4,000

1) $13,500 = (40,000 - 4,000) \times \dfrac{7,500}{20,000}$

2) $11,700 = (40,000 - 4,000) \times \dfrac{6,500}{20,000}$

3) $10,800 = (40,000 - 4,000) \times \dfrac{6,000}{20,000}$

5. 유형자산의 처분

내용연수가 종료된 후 기업은 유형자산을 처분할 것이다. 유형자산의 처분 시 처분가액과 처분 전 순장부금액을 비교하여 유형자산처분손익을 인식할 수 있다. 앞선 예시에서 ㈜청소가 취득한 ₩500,000 상당의 기계장치(내용연수 5년, 잔존가치 ₩0)를 2년 후에 처분하여 ₩300,000 현금을 수취했다고 생각해보자. 해당 시점 기계장치의 순장부금액은 ₩300,000이기 때문에 유형자산을 처분하여 생기는 손실이나 이익은 없을 것이다. 만일 처분가액이 ₩500,000이라면, 해당 시점 기계장치의 순장부금액(₩300,000)보다 더 많은 금액을 받고 처분했기 때문에 기업은 ₩200,000 상당의 이익을 본 것이다. 반면 처분가액이 ₩200,000이라면 해당 시점 기계장치의 순장부금액(₩300,000)보다 더 적은 금액으로 처분했기 때문에 기업은 ₩100,000 상당의 손실을 본 것이다.

처분시점	• 순장부금액(₩300,000) = 처분가액(₩300,000): 유형자산처분손익 없음
	• 순장부금액(₩300,000) < 처분가액(₩500,000): 유형자산처분이익(수익)
	• 순장부금액(₩300,000) > 처분가액(₩200,000): 유형자산처분손실(비용)

위의 사례와 같이 내용연수가 종료되지 않은 시점에 유형자산을 처분한다면 먼저 처분시점까지의 감가상각을 수행한 후 처분을 회계처리한다.

[예제 6-5] 유형자산의 처분

문제 ㈜서울은 20X1년 기초에 영업활동에 사용할 목적으로 기계장치를 외상매입하였다. 이 기계장치의 취득원가는 ₩40,000이며 내용연수는 3년, 잔존가치는 ₩4,000으로 예상한다. ㈜서울은 기계장치를 내용연수가 끝나기 전에 ₩14,000에 처분하였다. 20X2년 기말시점에 처분한 경우와 20X3년 7월 1일에 처분한 경우 각각의 유형자산처분손익을 계산하여라. 단, 감가상각방법으로는 정액법을 사용한다.

답안 유형자산처분손실 ₩2,000, 유형자산처분이익 ₩4,000

풀이

1. 20X2년 기말시점에 처분한 경우
   1) 처분시점까지의 감가상각누계액
      $$\frac{(40,000-4,000)}{3} \times 2년 = 24,000$$
   2) 순장부금액 = 취득원가 − 감가상각누계액 = 40,000 − 24,000 = 16,000
   3) 유형자산처분손익: 순장부금액 16,000 > 처분가액 14,000
      유형자산처분손실(비용) = 16,000 − 14,000 = 2,000
2. 20X3년 7월 1일에 처분한 경우
   1) 처분시점까지의 감가상각누계액
      $$\frac{(40,000-4,000)}{3} \times (2+6/12) = ₩30,000$$
   2) 순장부금액 = 취득원가 − 감가상각누계액 = 40,000 − ₩30,000 = 10,000
   3) 유형자산처분손익: 순장부금액 10,000 < 처분가액 14,000
      유형자산처분이익(수익) = 14,000 − 10,000 = 4,000

03 무형자산

1. 무형자산의 정의 및 종류

(1) 무형자산의 정의

무형자산이란, 재화의 생산 및 판매, 용역의 제공 등 주된 영업활동에 사용할 목적으로 보유하는 물리적 형태가 없는 자산으로서 장기간 사용할 것이 예상되는 자산을 의미한다. 유형자산과는 달리 형태가 없기 때문에 추가적으로 고려해야 할 조건이 있다. 첫째, 식별가능해야 한다. 식별가능성이란 무형자산을 매각할 수 있는지,[4] 계약상의 법적 권리가 있는지를 의미한다. 둘째, 기업이 해당 무형자산을 통제할 수 있어야 한다. 동종기업에 비해 우수한 연구진, 두터운 고객충성도 등은 해당 기업이 미래 경제적 효익을 창출하는 데 특별히 유리한 자원일 수 있다. 그러나 연구진이 이직한다거나, 고객이 이탈하는 것을 기업이 통제할 수 없으므로 이들은 기업의 자산이 되지 못한다. 법적 권리를 확보하여 무형자산을 통제할 수 있는 경우도 있다. 셋째, 수익을 창출하거나 원가를 절감하는 등 미래 경제적 효익이 유입될 가능성이 높아야 한다.

(2) 무형자산의 종류

무형자산의 종류로는 특허권, 실용신안권, 상표권 등 산업재산권, 영업권, 개발비, 소프트웨어 등이 있다. 무형자산의 정의에서 우수한 연구진과 높은 고객충성도는 무형자산이 될 수 없다고 하였다. 그러나 어떠한 기업이 이들의 가치를 높게 평가하여 인수합병한다면, 그리고 피인수기업의 순자산을 초과한 프리미엄을 얹어 인수했다면, 그 초과한 금액만큼이 영업권이 된다. 즉, 내부적으로는 기업이 우수한 연구진 및 고객충성도를 영업권으로 인식할 수 없지만 사업결합을 통해서는 영업권을 인식할 수 있게 된다.

기업은 내부적으로 신제품 및 신기술 등의 개발을 위해 투자를 아끼지 않는다. 이때 투입된 지출에 대한 회계처리는 연구개발단계에 따라 상이하다. 연구단계란 기술이 있는가를 시험해보는 단계이다. 이때는 신제품 개발 및 신기술 확보 여부가 불투명하므로 투입된 금액은 모두 당기 비용(연구비)으로 처리한다. 연구단계에서 신기술이 있는지 확인했다면 다음으로 개발하고 상용화하는 개발단계로 넘어간다. 이때는 개발단계의 기술이 특정 무형자산의 요건에 충족하는가를 고려해야 한다. 요건에 충족하지 못한다면 당기비용(경상개발비)으로 처리해야 하고, 요건에 충족된다면 무형자산(개발비)을 인식할 수 있다.

2. 무형자산의 상각

무형자산도 유형자산과 마찬가지로 가치의 감소를 기록하는 회계처리를 수행한다. 단, 유형자산은 이를 감가상각이라 하고, 무형자산은 상각이라 부른다. 무형자산의 상각은 유형자산의 감가상각방법과 동일한 방법으로 할 수 있으나 실무적으로는 정액법을 많이 사용한다. 단, 무형자산은

---

4) 이를 '분리가능하다'로 표현한다.

내용연수를 알지 못하는 등 상각을 할 수 없는 경우도 있다.[5]

 생각해보기 **사람도 자산이 될 수 있다?**

연예 기획사는 소속 연예인의 음원 판매, 방송, 공연, 광고 등의 활동을 토대로 수익을 창출한다. 기업들이 신제품을 지속적으로 출시해 수익을 올리듯 연예 기획사들도 안정적인 수익을 얻기 위해서는 계속해 신인 연예인을 발굴하고 데뷔시켜야 한다. 그러나 연습생들이 번듯한 아이돌로 데뷔하기 전까지는 수년에 걸쳐 각종 레슨비, 식대, 숙소 임대료, 트레이닝비 등 각종 비용을 지출해야 한다. 아이돌 그룹을 데뷔시키기까지 약 5억 원 이상이 드는 것으로 알려져 있고, 앨범 제작에도 통상 3억 원의 비용을 지출하니, 막대한 투자비용이 발생하게 된다. 연습생에게 투자한 돈은 회계적으로 어떻게 처리할까? 회사마다 관점이 다른데, A 엔터테인먼트사는 연습생에 대한 투자금을 무형자산으로 간주한다. 데뷔 후에 이를 회수할 것으로 보는 것이다. 반면 B 엔터테인먼트사는 '신인연구개발 비용'으로 비용화한다. 일반적으로 연구 개발 비용은 회계적으로 비용과 자산으로 나눠 처리할 수 있지만, B는 연습생이 실제로 데뷔에 성공하여 수익을 창출할 수 있는지 불확실하기 때문에 자산화하지 않고 비용화하는 것이다. 이는 엔터테인먼트 업계의 일반적인 회계 처리 방식이다.

그러나 한 번 스타가 되면 연습생은 대우가 크게 달라진다. 데뷔 또는 재계약을 할 때 기획사는 연예인들과 전속계약을 맺는데, 전속계약금은 연예인이 특정 기간 동안 한 회사와만 계약하고 활동하는 대가로 받는 '웃돈'으로 이해하면 된다. 기획사는 수억 원에서 수십억 원에 이르는 높은 전속계약금을 지출하지만 이를 한 번에 비용으로 처리하지 않는다. 즉 자산화한다는 것이다. 기획사는 연예인에게 지급한 전속계약금을 기획사의 무형자산으로 기록하고 이후 일정 기간 동안 손익계산서에서 비용으로 처리하며 그 가치를 감소시킨다. 사람은 자산이 될 수 없다. 기업이 보유한 훌륭한 임직원들은 미래 경제적 효익의 창출에 기여할 수 있지만, 그들을 통제할 수는 없기 때문이다. 그러나 기획사는 자신들의 기획사에서만 활동가능하도록 통제하며 소속 연예인들과 유리한 조건으로 전속계약을 맺는다. 또한, 전속계약금은 명확하게 측정 가능하고, 회사 수익 창출에 기여할 것으로 기대할 수 있기 때문에 자산화가 가능하다.

---

5) 영업권의 경우 한국채택국제회계기준(K-IFRS)에 의하면 내용연수를 알 수 없는(내용연수가 비한정인) 무형자산으로 보아 상각하지 않는다. 일반기업회계기준에서는 20년을 초과하지 못하도록 하여 미래 경제적 효익이 유입될 것으로 기대되는 기간을 내용연수로 추정하여 정액법으로 상각한다.

04 기타비유동자산

기타비유동자산은 비유동자산 중 투자자산, 유형자산, 무형자산에 속하지 않는 비유동자산을 의미한다. 가령 임차보증금, 전세권 등의 보증금, 이연법인세자산, 장기외상매출금 및 장기받을 어음을 통합한 장기성매출채권, 장기미수금, 장기선급비용, 장기선급금 등이 비유동자산에 포함된다.

보증금이란 임차보증금, 전세권 등을 통합하여 처리하는 통합계정과목이다. 보증금은 계약이 종료되면 상환받아야 할 예치금의 성격이므로 자산이 되고 보증금의 계약기간이 1년을 초과한 장기간일 경우 기타비유동자산에 속하게 된다. 구체적으로 임차보증금이란, 부동산 계약 시 임차인이 임대인에게 지급하는 보증금을 의미한다. 임차인은 임대기간이 종료되면 임대인으로부터 임차보증금을 다시 상환받을 권리가 있으므로 임차보증금은 임차인의 자산이 된다. 비슷하게 전세권 또한 임대인의 부동산을 일정기간 사용 후 계약이 만료되는 시점에 상환받을 권리가 있으므로 임차인의 자산이다.

기업회계기준에 의한 이익(회계상 이익)과 법인세 등 법령을 기준으로 한 이익(세무회계상 과세소득)은 다를 수 있다. 회계상 이익에는 감가상각비, 선급비용, 미수수익 등 현금지출을 동반하지 않으나 이익에 영향을 미칠 수 있는 계정과목이 포함되기 때문이다. **이연법인세**란 회계상의 이익과 과세표준이 일시적인 기준으로 인해 차이가 발생할 경우 이러한 세금효과를 이연할 수 있는 법인세를 의미하며 이 차이금액은 성격에 따라 이연법인세자산 및 이연법인세부채로 분류한다. 이연법인세자산은 세법에 따른 과세소득이 기업회계기준에 의한 회계이익보다 큰 경우에 발생한다. 예를 들어 기업회계기준에 의한 이익이 ₩1,500,000, 세법상 과세소득이 ₩2,000,000, 법인세율이 20%라 가정해보자. 기업회계기준으로는 ₩300,000의 세금비용이 발생하지만 세법상 납부해야 할 세금비용은 ₩400,000이 된다. 실제로 기업이 부담해야 하는 세금은 ₩400,000이므로 ₩100,000의 일시적인 차이가 발생했다. 이러한 차이는 장기적으로는 세금감면과 같은 상쇄효과를 발생시킬 수 있으므로 자산으로 계상하여 비유동자산에 포함시킨다.

장기성매출채권은 유동자산에 속하지 아니하는 일반적 상거래에서 발생한 장기의 외상매출금 및 받을어음의 통합계정과목이다. 즉 재무상태표의 작성일로부터 1년 이상 경과 후에 상환받을 수 있는 외상매출금 및 받을어음을 의미한다. 기업의 주된 영업활동에서 발생한 신용매출 및 신용매출에 대해 거래처로부터 수취한 어음을 의미하는 것이므로 미수금과 주의하여 구분해야 한다. **장기미수금**은 주된 영업활동이 아닌 이외의 거래에서 발생하여 받지 못한 외상대금으로 1년 이상 경과 후에 상환받을 수 있는 자산을 의미한다.

　　장기선급비용은 당기에 현금을 먼저 지급하고 관련한 비용이 1년을 초과하여 발생할 예정인 것을 의미하고 **장기미수수익**은 당기에 현금을 수취하지 않았으나 관련 수익이 1년을 초과하여 발생할 예정인 것을 의미한다. **장기선급금**이란 1년을 초과하여 계약이 이행되는 경우 계약금 성격으로 미리 지급한 대금을 의미한다.

연습문제

1. ○× 문제 연습

(1) 무형자산은 주된 영업활동에 사용할 목적으로 보유하는 것이나 물리적 형태가 없으므로 상각하지 않아도 된다.

(2) 단기투자차익을 목적으로 ㈜서울의 주식 500주를 주당 ₩12,000에 취득한 경우, 투자자산에 해당된다.

(3) 유형자산의 취득원가에는 자산의 구입대금과 취득 부대비용 모두가 포함되어야 한다.

(4) 감가상각비를 인식하는 회계처리는 자산총액에 영향을 주지 않는다.

(5) 무형자산으로 인식하기 위해서는 식별가능성, 자원에 대한 통제, 미래 경제적 효익의 유입이라는 조건을 충족해야 한다.

(6) 본사 사옥 건물에 냉·난방 설비를 설치하여 건물의 가치가 증대되고 내용연수가 연장되었다면 냉·난방 설비의 설치비는 건물의 취득원가에 가산한다.

(7) 유형자산의 취득 이후에 발생한 지출은 모두 당기비용으로 인식한다.

(8) 감가상각은 수익비용대응원칙에 따라 매년 말 취득원가를 배분하여 비용으로 인식하는 절차이다.

(9) 기계장치의 소모된 부속품과 벨트를 대체하는 등의 단순 수선유지비는 기계장치의 원가에 포함시킨다.

해답

(1) ×. 특정한 경우를 제외하고 무형자산은 상각하는 것이 옳다.

(2) ×. 단기투자차익을 목적으로 타기업 주식을 취득하는 경우 유동자산>당좌자산>단기투자자산>단기매매증권으로 분류된다.

(3) ○.

(4) ×. 감가상각비는 감가상각누계액과 함께 분개되고 감가상각누계액은 유형자산의 차감계정과목이므로 자산총액을 감소시킨다.

(5) ○.

(6) ○. 자본적지출에 해당되므로 건물의 취득원가에 가산하는(자산화하는) 회계처리를 수행한다.

(7) ×. 유형자산의 취득 이후 지출한 원가를 후속원가라 하는데, 후속원가 중 자본적지출은 자산의 취득원가에 가산하고 수익적지출은 당기비용 처리한다.

(8) ○.
(9) ×. 수익적지출은 당기비용으로 인식해야 한다.

2. 괄호 안에 알맞은 답 넣기

(1) 건설사가 판매를 목적으로 보유하고 있는 부동산은 (   )(으)로 분류하고, 사용을 목적으로 보유하는 부동산은 (   )(으)로, 시세차익 및 임대수익 등 투자수익을 목적으로 보유하고 있는 부동산은 (   )(으)로 분류한다.

(2) 다음의 보기는 주된 영업활동에 사용하기 위한 비유동자산이다. 이들 보기를 자산의 올바른 분류에 넣으시오.

ⓐ 특허권	ⓑ 기계장치	ⓒ 투자부동산	ⓓ 영업권
ⓔ 단기매매증권	ⓕ 구축물	ⓖ 임차보증금	ⓗ 장기금융상품
ⓘ 산업재산권	ⓙ 건설 중인 자산	ⓚ 차량운반구	ⓛ 매출채권
ⓜ 장기미지급금	ⓝ 장기차입금	ⓞ 개발비	ⓟ 장기대여금

1) 투자자산   (   )
2) 유형자산   (   )
3) 무형자산   (   )
4) 기타비유동자산   (   )

(3) 유형자산의 취득 후 지출을 처리하는 도중 수익적지출을 자본적지출로 잘못 계상하였다. 이 오류가 재무상태표 및 손익계산서에 미치는 영향을 과대계상 또는 과소계상으로 표기하라.

자산	비용	당기순이익	자본

해답

(1) 재고자산, 유형자산, 투자부동산
(2) 1) 투자자산   (ⓒ 투자부동산, ⓗ 장기금융상품, ⓟ 장기대여금)
    2) 유형자산   (ⓑ 기계장치, ⓕ 구축물, ⓙ 건설 중인 자산, ⓚ 차량운반구)
    3) 무형자산   (ⓐ 특허권, ⓓ 영업권, ⓘ 산업재산권, ⓞ 개발비)
    4) 기타비유동자산   (ⓖ 임차보증금)
참고로 ⓔ '단기매매증권'은 당좌자산 > 단기투자자산에 포함된다. ⓛ '매출채권'은 상환기간이 언급되지 않았으므로 당좌자산에 포함된다. ⓜ '장기미지급금', ⓝ '장기차입금'은 부채 > 비유동부채에 포함된다. 비유동자산에는 장기미수금, 장기대여금이 있다.

(3)

자산	비용	당기순이익	자본
과대계상	과소계상	과대계상	과대계상

3. 객관식 문제

(1) 다음 중 감가상각 대상 유형자산에 해당되는 것을 고르시오.
  ① 본사 사옥으로 사용되는 사무실 건물 ② 투자목적으로 취득하여 보유 중인 건물
  ③ 사택으로 할 목적으로 건설 중인 건물 ④ 본사 사옥의 주차장으로 사용될 토지

(2) 다음은 ㈜서울이 취득한 기계장치에 대한 자료이다. 기계장치의 취득원가는 얼마인가?

기계장치 구입대금	2,500,000
설치비	50,000
기계운송비용	100,000
시운전비	30,000
운송관련 보험료	20,000

  ① ₩2,500,000   ② ₩2,550,000
  ③ ₩2,650,000   ④ ₩2,700,000

(3) 다음은 ㈜A마트의 부분 재무상태표이다. 이에 대한 설명으로 알맞지 않은 것을 고르시오.

요약 재무상태표

㈜A마트		20X1.12.31 현재		(단위: 원)
현금및현금성자산	120,000	매입채무		300,000
매출채권	70,000	미지급금		280,000
상품	330,000	장기차입금		500,000
장기대여금	80,000			
토지	1,500,000	자본금		450,000
장기미수금	100,000	이익잉여금		?

  ① 이익잉여금은 ₩670,000이다.
  ② 유동자산은 ₩520,000이다.
  ③ 유형자산은 ₩1,500,000, 비유동자산은 ₩1,600,000이다.
  ④ 투자자산은 ₩80,000이다.

(4) 다음 중 감가상각에 대한 설명으로 옳은 것을 고르시오.
  ① 감가상각비는 유형자산의 가치하락을 평가하여 측정한다.
  ② 감가상각비 및 감가상각누계액은 자산의 가치하락을 인식하는 것이므로 당기비용이다.
  ③ 감가상각비는 수익비용대응원칙에 의해 유형자산의 원가를 비용으로 배분 인식하는 방법이다.
  ④ 유형자산의 가치하락을 평가하여 가치하락의 징후가 없으면 감가상각비를 인식하지 않아도
     된다.

(5) ㈜서울은 20X1년 4월 1일 본사 건물을 짓기로 결정하고 공사 착수금 ₩30,000을 현금으로 지급 하였다. 이후 10월 1일 본사 건물의 공사를 완공하고 잔금 ₩100,000을 현금으로 지급하였다. ㈜ 서울의 회계처리로 알맞지 않은 것을 고르시오.

① 처음에 지급한 공사 착수금 ₩30,000은 건설 중인 자산으로, 자산화한다.

② 잔금 ₩100,000을 지급하면 건설 중인 자산 ₩30,000이 감소한다.

③ 잔금 ₩100,000을 지급하면 건물 ₩100,000이 증가한다.

④ 잔금 ₩100,000을 지급하면 현금 ₩100,000이 감소한다.

(6) ㈜서울은 20X1년 기초 차량운반구를 ₩800,000에 취득하였다. 이 차량운반구의 내용연수는 5년, 잔존가치는 ₩100,000으로 추정하고 감가상각은 정액법을 사용하였다. ㈜서울이 이 차량운반구를 20X3년 10월 1일에 ₩300,000에 처분하였다면 유형자산처분손익은 얼마인가?

① 유형자산처분이익 ₩115,000   ② 유형자산처분손실 ₩115,000

③ 유형자산처분이익 ₩85,000   ④ 유형자산처분손실 ₩85,000

(7) ㈜서울은 건물에 대하여 엘리베이터 설치대금 ₩150,000과 건물 외벽 도색비용 ₩200,000을 현 금으로 지급하였다. 다음 중 옳지 않은 것을 고르시오.

① 설치대금 ₩150,000은 자본적지출이므로 건물의 취득원가에 가산한다.

② 건물 외벽 도색비용 ₩200,000은 수익적지출이므로 비용화한다.

③ 건물의 후속원가 일체(₩350,000)를 모두 자산화할 경우 비용이 ₩200,000만큼 과소계상 된다.

④ 설치대금 ₩150,000은 자산화되므로 건물의 내용연수 동안 비용화되지 않는다.

(8) 아래는 ㈜A마트의 20X2년 기말의 부분재무상태표이다. 기계장치는 20X1년 1월 1일에 구입하였 다. ㈜A마트가 20X3년 2월 1일 시점에 현금 ₩500,000을 수취하여 기계장치를 매각했다면 유형 자산처분손익은 얼마인가? 단, 감가상각방법으로 정액법을 택했다.

부분 재무상태표

㈜A마트	20X2.12.31 현재	(단위: 원)
기계장치	1,000,000	
감가상각누계액	(300,000)	
순장부금액	700,000	

① 유형자산처분이익 ₩187,500   ② 유형자산처분손실 ₩187,500

③ 유형자산처분이익 ₩175,000   ④ 유형자산처분손실 ₩175,000

해답

(1) ①. 감가상각 대상은 토지, 건설 중인 자산을 제외한 유형자산이다. 참고로 ② 투자부동산의 경우 투자수익을 목적으로 보유 중인 부동산을 의미하므로 감가상각 회계처리를 하지 않는다.

(2) ④. 유형자산의 취득원가에는 구입대금뿐 아니라 취득부대비용까지 모두 포함시킨다.

(3) ③. 비유동자산은 유형자산(₩1,500,000), 투자자산(₩80,000), 기타비유동자산(₩100,000)을 합한 ₩1,680,000이다.
- 유동자산 = 현금및현금성자산 ₩120,000 + 매출채권 ₩70,000 + 상품 ₩330,000 = ₩520,000
- 유형자산 = 토지, ₩1,500,000
- 투자자산 = 장기대여금, ₩80,000
- 기타비유동자산 = 장기미수금, ₩100,000
- 비유동자산 = 유형자산 + 투자자산 + 기타비유동자산 = ₩1,680,000

(4) ③.
① 감가상각비는 유형자산의 가치하락을 합리적이고 체계적인 방법으로 인식하는 원가배분이다.
② 감가상각비는 당기비용, 감가상각누계액은 유형자산의 차감계정이다.
④ 감가상각비는 원가를 배분하여 매 회계기간 말에 인식되는 비용이다.

(5) ③. 잔금 ₩100,000을 지급하면 건설 중인 자산 ₩30,000, 현금 ₩100,000의 감소와 함께 건물 ₩130,000이 증가한다.

(6) ②.
처분시점까지의 감가상각누계액: $\dfrac{₩800,000 - ₩100,000}{5} \times (2 + \dfrac{9}{12}) = ₩385,000$

처분시점의 장부금액(₩415,000 = 800,000 - 385,000) > 처분가액(₩300,000)

따라서 유형자산처분손실 ₩115,000(= ₩415,000 - ₩300,000)

(7) ④. 자본적 지출은 취득원가에 가산하므로, 감가상각 대상 금액에 포함되어 내용연수 동안 감가상각비로 비용화된다.

(8) ②.
처분시점까지의 감가상각누계액 = ₩312,500(= ₩300,000[1] + ₩12,500[2])
1) 2개년 감가상각누계액
2) 20X2년 기말시점 현재 감가상각누계액이 ₩300,000(정액법 사용)이므로 매년 말 인식해야 할 감가상각비는 ₩300,000/2 = ₩150,000, 2월 1일까지의 새로 인식할 감가상각비 = ₩12,500(= $150,000 \times \dfrac{1}{12}$)
유형자산 처분손실(₩187,500) = 처분시점의 장부가액(₩687,500 = ₩1,000,000 - ₩312,500) - 처분가액(₩500,000)

제7장

유동부채와 비유동부채

재무상태표 > 부채

본 장에서는 재무상태표의 부채에 대해 학습하도록 한다. 부채란, 타인에게 갚아야 하는 것, 즉 빚을 의미하며, 사전적으로는 기업의 경영활동으로 인한 결과로, 미래에 상환해야 할 채무로 정의한다. 타인으로부터 조달한 자본이라는 의미로 타인자본이라 부르기도 한다. 또한, 자본(자기자본)보다 청구의 권리가 앞서므로 재무상태표에서 자본보다 앞서 표기하는 경우가 일반적이다.[1]

〈재무상태표〉

㈜청소   20X1년 12월 31일 현재   단위: 원

자산	부채
▷ 유동자산 ▷ 비유동자산	▼ 유동부채 　■ 매입채무, 미지급금 등 ▼ 비유동부채 　■ 사채, 장기차입금 등
	자본

기업의 재무구조 또는 건전성 등을 파악하기 위해서는 부채비율이나 유동비율과 같은 재무비율을 확인해야 한다. 부채비율은 자산 대비 부채가 차지하는 비율을, 유동비율은 유동자산 대비 유동부채의 비율을 나타낸다. 그러나 기업의 전략이나 업종의 형태에 따라 부채의 크기 및 종류가 상이하므로 재무제표를 분석하기에 앞서 기업의 업태를 확인하고 파악해야 할 필요가 있다. 가령 항공사의 경우 항공편을 이용한 고객들에게 누적해주는 마일리지는 재무제표상 '이연수익'으로 부채를 인식하고 소비자가 마일리지를 사용하거나 마일리지의 유효기간이 종료되면 이연수익(부채)을 없애고 수익의 실현을 기록한다. 다시 말해, 소비자들이 포인트를 사용하고 있지 않으면 회계장부상 부채비율이 높아져 추후 자본조달 비용에 영향을 주는 등 기업의 부담이 커지게 된다

---

1) 자본은 청구권리가 가장 나중이므로, 잔여지분이라고도 한다.

는 것이다. 많은 기업들이 결산시점이 다가올 때 포인트가 소멸되기 전 문자메시지나 메일로 포인트 사용을 독려하는 것도 이러한 이유에서이다. 즉, 재무상태표상의 부채는 돈으로 갚아야 할 의무뿐만 아니라 서비스 제공 시 수익으로 실현될 부채도 포함되니 재무제표의 정보이용자들은 업계의 특성과 기업의 전략을 잘 파악하여 부채를 파악해야 할 필요가 있다.

부채는 자산과 마찬가지로 유동성 배열법에 따라 유동부채와 비유동부채로 나뉠 수 있다.[2] 유동부채는 1년 또는 정상적인 영업주기 이내로 상환 또는 소멸되는 부채 계정과목인 매입채무, 미지급금, 선수금 등을 포함하고, 비유동부채는 그 외의 부채 계정과목인 사채, 장기차입금, 임대보증금 등을 포함한다. 본 장에서는 이 중 중요성이 있는 항목을 선별하여 설명하도록 한다.

01 유동부채

유동부채는 1년 또는 정상적인 영업주기 이내로 상환 또는 소멸되는 부채를 의미한다. 유동부채의 종류로는 매입채무, 미지급금, 미지급비용, 선수금, 선수수익, 예수금, 단기차입금, 가수금, 유동성 장기부채 등이 있다. 대부분의 계정과목들이 3장 당좌자산에서 자산의 반대 계정과목으로 함께 학습하였으므로 간략히 설명하도록 한다.

1. 매입채무와 미지급금

매입채무란, 주 영업활동인 재화 또는 용역을 제공받고 대금을 결제하지 않고, (1년 이내의) 일정 기간이 지난 후에 자원이 유출되리라고 예상되는 부채를 의미하며, 외상매입금과 지급어음의 통합계정이다.[3] 상품, 원재료를 매입 후 대금을 나중에 지급하기로 한 경우 외상매입금으로 기록하고, 만일 채무자(발행인)가 채권자(수취인)에게 약속어음을 발행하여 지급한 경우에는 지급어음으로 기록한다. 미지급금이란 주 영업활동 이외의 비품, 기계장치 등을 구입하고 대금을 결제하

---

2) 재무상태표의 작성기준 중, 유동성 배열법을 말한다.
3) 상대계정으로는 매출채권이 있으며, 매출채권은 외상매출금과 받을어음의 통합계정이다.

지 않고, (1년 이내의) 일정 기간이 지난 후에 자원이 유출되리라고 예상되는 부채를 의미한다. 매입채무와는 달리 주 영업활동 이외의 외상거래이므로, 약속어음을 발행한 경우와 그렇지 않은 경우를 구분하지 않는다. 미지급금의 거래에서 상대기업은 미수금(자산)을 기록한다.

[예제 7-1] 매입채무

문제 20X1년 3월 1일 ㈜강원은 ㈜서울로부터 상품을 ₩10,000에 구입하였고, 상품 매입대금의 절반은 현금으로 지급하고, 나머지 절반의 금액은 다음달 10일에 지급하기로 하였다. 4월 10일, ㈜강원은 ㈜서울로부터 추가로 비품을 ₩3,000에 외상매입하였다. 상품의 외상대금을 모두 지급하지 못할 것 같아, 6월 10일까지 지급하기로 약속하는 어음을 발행하여 지급하였다. 6월 10일, ㈜강원은 상품과 비품의 외상대금 모두를 현금으로 지급하였다. 각 일자의 회계거래가 부채에 미치는 영향을 논하라.

답안 20X1.03.01 부채 ₩5,000 증가, 20X1.04.10. 부채 ₩3,000 증가, 20X1.06.10. 부채 ₩8,000 감소
풀이
20X1.03.01. 상품 대금(₩10,000)의 절반에 대해 지급해야 할 의무가 발생하여 외상매입금 ₩5,000을 계상하므로 부채가 증가한다.
20X1.04.10. 비품 대금(₩3,000)을 지급해야 할 의무가 발생하였으므로 미지급금 ₩3,000이 증가한다. 외상매입금 ₩5,000은 약속어음을 발행하여 지급하였으므로 기존에 계상해두었던 외상매입금 ₩5,000을 지급어음 ₩5,000으로 대체한다. 약속어음은 기존의 부채를 대체하는 것이므로 부채는 미지급금으로 인한 ₩3,000이 증가하게 된다.
20X1.06.10. 외상대금을 모두 지급하였으므로 부채의 미지급금 ₩3,000, 지급어음 ₩5,000을 모두 감소시켜 부채의 잔액을 ₩0으로 만든다.

---

2. 선수금

선수금이란 재화 및 용역의 제공 이전에 계약금 성격으로 대금의 일부 또는 전부를 미리 수취한 금액을 의미한다. 상대계정과목으로는 선급금(자산)이 있다.

 생각해보기 ▶ **선수금이 미래의 수익이다?**

2023년 1분기, 상조업계의 선수금 규모가 8조를 돌파했고, 가입자 수가 830만 명을 기록하며 역대 최대 규모로 커졌다. 특히 이러한 성장세는 반짝 성장이 아니라 해마다 성장세가 이어지고 있다는 점에서 주목할 만하

다. 선수금은 부채인데, 부채의 규모가 커졌다는 것이 상조업계의 호황이라 말하는 이유는 무엇일까?

상조회사의 고객은 미래에 발생할 장례의 비용을 미리 5~10년 등 장기간에 걸쳐 납부하게 되고, 상조회사는 이를 선수금으로 계상한다. 고객이 현금을 납부하면 기업은 현금(자산)의 증가와 선수금(부채)의 증가를 기록하는 것이다. 즉 회사는 상조 서비스를 제공하기 전에 고객들로부터 돈을 먼저 받았기 때문에 수익의 인식이 아닌 부채의 증가가 기록된다. 그렇다면 상조회사의 매출(수익)은 언제 기록되는 것일까? 한참 후에 고객에게 장례 등의 계약상의 서비스를 제공하는 시점이 되어서야 비로소 수익이 기록된다. 다시 말하자면 상조회사의 선수금은 언젠가 수익으로 실현되는 부채라는 것이다. 선수금이 늘어난다는 이야기는 장례 서비스를 수취하였거나 상조계약을 해지한 고객보다 신규 고객과 기존 고객의 납부 금액이 더 많다는 의미이다. 따라서 선수금 규모의 증가는 미래의 수익실현에 대한 역량을 가늠해볼 수 있는 지표가 된다. 특히 한국의 고령화 증가, 출산율 저하, 핵가족화, 비혼주의의 확산은 아이의 돌잔치보다는 장례식이 더 익숙한 사회로 진입하게 했다. 미래 장례를 위해 상조회사와 계약을 맺는 고객이 증가한다는 뜻이다. 주의해야 할 점은 현금은 부채가 인식되는 시점에 유입되는 반면, 수익이 창출되는 시점에서는 서비스 제공으로 인한 현금유입이 없다는 것이다. 즉, 기존 고객의 계약 유지와 신규고객의 유치가 활발해야 장례 서비스를 제공하기 위한 현금지출의 유동성을 확보할 수 있다.

이와 같은 흐름으로 상조회사들은 선수금 규모를 증대시키는 데 열을 올리고 있다. 특히 선수금을 활용하여 다양한 상품을 마련하기 위해 상품의 다각화를 진행 중이다. 웨딩, 크루즈 여행, 홈 인테리어, 시니어 케어, 펫사업 등 '토탈 라이프 케어 서비스'로 사업을 확대하는 것이다. 단, 오랜 기간 동안 돈을 납입했지만 나중에 서비스를 제대로 받지 못하게 될 불확실성이나, 해당 기업이 파산할 경우를 생각한다면 소비자들은 큰 불안감을 느낄 수 있다. 이러한 이유로 상조회사들은 선수금 운영과 투명성을 확보하고, 이를 소비자들에게 잘 알리는 것이 중요할 것이다.

💡 상조회사의 선수금과 비슷한 예시는 무엇이 있을까? 상품권이나 페이(pay)서비스를 생각해보자.
💡 상품권과 페이(pay)서비스와 상조회사의 선수금은 어떤 점에서 차이가 있을까?
💡 상조회사들의 투명성 확보를 위해 법률 또는 각 기업들의 노력은 어떠한 것들이 있을까?

3. 선수수익과 미지급비용

선수수익이란 결산수정에 나타나는 계정과목으로써 현금을 먼저 수취하였으나, 회계기간 동안에 수익이 발생하지 아니한 부분을 차기로 이연시키는 계정과목을 의미하며, 선수이자, 선수임대료 등으로 나타낼 수 있다. 비슷한 계정과목으로는 이연항목인 선급비용(자산)이 있다. 미지급비용이란 결산수정에 나타나는 계정과목으로써 현금을 지급하지 아니하였지만, 회계기간 동안에 비용이 발생한 것으로 보는 것을 의미하며, 미지급보험료, 미지급임차료 등으로 나타낼 수 있다. 비슷한 계정과목으로는 발생항목인 미수수익(자산)이 있다. 관련한 내용은 제4장 당좌자산의 기타의 당좌자산에서 자세히 학습하였다.

4. 예수금

예수금이란 결산수정에 나타나는 계정과목으로써 최종적으로는 제3자에게 지급해야 할 금액을 기업이 일시적으로 잠시 보관하고 있는 성격의 계정과목이다. 구체적으로는 급여 지급 시 공제액인 근로소득세와 지방소득세, 사회보험의 근로자부담금 등의 금액을 의미한다. 예를 들면, 종업원에게 급여를 지급할 때 기업은 관련 법규에 따라 종업원이 납부해야 하는 소득세, 국민연금, 건강보험료 등을 급여 지급액에서 공제하여(원천징수하여) 일시적으로 보관하고 있다가 다음 달 10일에 해당 기관에 종업원 대신 납부하게 된다. 이때 보관하고 있는 원천징수액(근로자부담금)을 예수금으로 설정한다.

[예제 7-2] 예수금

문제 20X1년 1월 25일 ㈜서울 종업원의 1월분 급여는 총 ₩1,200,000이다. 아래와 같이 소득세 및 4대보험과 관련하여 ₩21,160을 원천징수하고 나머지를 현금으로 지급하였다. 이후 2월 10일, 1월분 급여 지급시 원천징수했던 금액과 회사 부담분 4대보험료를 각 해당 기관에 현금으로 납부하였다. (4대 보험료에 대하여 회사는 복리후생비계정을 사용한다.) 이 거래는 ㈜서울의 재무상태표와 손익계산서에 어떠한 영향을 미치는가? 부채와 비용을 중심으로 설명하라.

구분	소득관련 세금		4대 사회보험					계
	근로소득세	지방소득세	국민연금	건강보험	장기요양보험	고용보험	산재보험	
근로자부담금	72,000	7,200	54,000	42,540	5,445	60	–	181,245
회사부담금	–	–	54,000	42,540	5,445	10	120	102,115
계	72,000	7,200	108,000	85,080	10,890	21,600	24,000	283,360

답안 20X1.01.25에는 급여(비용) ₩1,200,000 발생으로 인해 당기순이익이 ₩1,200,000 감소하고, 부채 ₩181,245 증가, 현금 ₩1,018,755이 감소한다. 20X1.02.10에는 복리후생비(비용) ₩102,115 증가로 당기순이익이 ₩102,115 감소하고, 부채 ₩181,245와 자산 ₩283,360이 감소한다.

20X1.01.25. 급여(비용) ₩1,200,000이 발생하나, 동시에 종업원 부담분 ₩181,245(부채)을 원청징수함으로써 나머지 금액 ₩1,018,755(=₩1,200,000−181,245)만큼만 종업원에게 현금으로 지급하게 된다.

20X1.02.10. 원천징수액(종업원부담분)과 회사의 부담분을 모두 관련 기관에 납부하였으므로 미리 받아둔 원천징수액(부채) ₩181,245을 감소시키고, 회사의 부담금 ₩102,115은 새롭게 비용으로 계상한다. 이 모두를 현금 ₩283,360(=₩181,245+102,115)으로 납부한다.

 여기서잠깐 **4대보험**

✓ 사회보장법에 의해, 회사가 종업원을 고용하면 4대 사회보험에 가입해야 하고, 해당 보험료를 회사와 종업원이 나누어 분담해야 한다.

❏ 4대 보험에는 국민연금, 건강보험(장기요양보험 포함), 고용보험, 산재보험이 포함된다.

❏ 일반적으로 기업은 소득을 지급할 때 세법에 따른 근로소득세·지방소득세만 원천징수하면 되나, 종업원에게 급여를 지급할 때에는 사회보험료에 대한 종업원 부담분까지 원천징수를 해야 하고, 다음달 10일에 해당 기관에 납부할 때 사회보험료에 대해서는 종업원으로부터 원천징수한 종업원 부담분 외에 회사부담분을 같이 납부해야 한다.

❏ 회사 부담분 사회보험료를 납부할 때 회사는 복리후생비, 보험료, 세금과공과 등의 계정과목을 사용하여 비용을 인식한다.

5. 가수금

가수금이란 금전의 입금이 있었으나, 그 계정과목이나 금액이 확정되지 않았을 경우 사용하는 임시 계정과목으로, 그 내용이 확정되면 본래의 계정으로 대체한다. 상대계정과목으로는 가지급금(자산)이 있다. 제4장의 당좌자산에서 가지급금과 함께 자세히 학습하였다.

6. 단기차입금과 유동성장기부채

단기차입금이란 돈을 빌리고, 1년 이내로 상환해야 하는 부채를 의미한다. 상대계정과목으로는 단기대여금(자산)이 있다. 단기차입금의 예로는 당좌자산에서 학습한 당좌차월이 있다. 당좌차월이란 당좌예금 잔액을 초과하여 수표를 발행한 경우 그 초과금액을 의미하며 당좌예금 잔액은 (−)가 된다. 주의할 것은 당좌예금과 상계처리하지 않고 재무상태표의 총액주의원칙에 따라 유동부채의 단기차입금으로 표시해야 한다. 당좌차월과 관련된 내용은 제4장 당좌자산에 자세히 설명되어 있다.

[예제 7-3] 단기차입금

문제 20X1년 7월 1일 ㈜서울은 은행으로부터 1년 만기로 ₩240,000을 빌려 보통예금계좌로 입금받고, 이자는 만기일자에 한꺼번에 지급하기로 하였다. (이자율은 10%이고, 현금으로 지급한다) 각 회계일자의 비용과 부채에 대해 논하라.

답안 20X1.07.01에는 부채 ₩240,000이 증가하고, 20X1.12.31에는 비용이 ₩12,000, 부채가 ₩12,000만큼 증가한다. 원금상환일인 20X2.06.30에는 비용이 ₩12,000 증가, 부채 ₩252,000이 감소한다.

풀이

20X1.07.01. 단기차입금(부채) ₩240,000이 증가하고, 차입하여 지급받은 현금(자산)을 ₩240,000만큼 증가시킨다.

20X1.12.31. 결산시점에는 차입기간이 6개월 지났으므로 기간에 알맞은 비용을 인식해야 한다. 따라서 6개월치의 이자비용(비용, ₩12,000*)이 발생하였고, 이를 현금으로 지급하지 않았기 때문에 미지급비용(미지급이자, 부채)가 ₩12,000만큼 증가한다.
* ₩240,000×6/12=₩12,000

20X2.06.30.
1) 이자지급: 결산일 이후로 6개월이 지났으므로 남은 이자비용(비용)을 ₩12,000만큼 인식한다. 동시에 1년간의 이자비용을 현금으로 지출하였기 때문에 현금 ₩24,000을 감소시키고, 결산시점에 쌓아둔 미지급비용(미지급이자, 부채) ₩12,000을 감소시킨다.
2) 원금상환: 만기가 도래하여 원금을 상환함으로써 현금(자산) ₩240,000과 단기차입금(부채) ₩240,000이 감소한다.

단기차입금과는 달리 1년 이후 상환의 의무가 도래하는 차입금은 장기차입금으로 분류한다. 돈을 빌리고, 1년 이후 상환해야해 장기차입금(비유동부채)으로 분류했다가, 시간이 지나고 결산일로부터 1년 이내에 만기일이 도래하게 된다면 유동성장기부채로 분류를 변경해줘야 한다.

[예제 7-4] 유동성장기부채

문제 20X1년 7월 1일 ㈜서울은 은행으로부터 2년 만기로 ₩240,000을 빌려 보통예금계좌로 입금받고, 이자는 만기일자에 한꺼번에 지급하기로 하였다. (이자율은 10%이고, 현금으로 지급한다) 각 회계일자의 비용과 부채에 대해 논하라.

20X1.07.01에는 부채 ₩240,000이 증가하고, 20X1.12.31에는 비용이 ₩12,000, 부채가 ₩12,000만큼 증가한다. 20X2.12.31에는 이자비용 ₩24,000 증가, 부채 ₩24,000 증가를 기록한다. 원금상환일인 20X2.06.30에는 비용이 ₩12,000 증가, 부채 ₩276,000이 감소한다.

20X1.07.01. 장기차입금(부채) ₩240,000이 증가하고, 차입하여 지급받은 현금(자산)을 ₩240,000만큼 증가시킨다.

20X1.12.31. 6개월치의 이자비용(비용, ₩12,000*)과 미지급비용(미지급이자, 부채) ₩12,000만큼을 증가시킨다.

 * ₩240,000×10%×6/12＝₩12,000

20X2.12.31.

1) 이자발생: 12개월치의 이자비용(비용, ₩24,000*)과 미지급비용(미지급이자, 부채) ₩24,000만큼을 증가시킨다.

 * ₩240,000×10%＝₩24,000

2) 분류대체: 20X2년 결산시점에서 장기차입금은 1년 이내 만기가 도래하게 되므로 장기차입금을 유동성장기부채로 분류변경한다.

20X3.06.30

1) 이자지급: 결산일 이후로 6개월이 지났으므로 남은 이자비용(비용)을 ₩12,000만큼 인식한다. 동시에 2년간의 이자비용을 현금으로 지출하였기 때문에 현금 ₩48,000을 감소시키고, 결산시점에 쌓아둔 미지급비용(미지급이자, 부채) ₩36,000(＝₩12,000＋24,000)을 감소시킨다.

2) 원금상환: 만기가 도래하여 원금을 상환함으로써 현금(자산) ₩240,000과 유동성장기부채(부채) ₩240,000이 감소한다.

(단위: 원)

	자산	비용	부채	자본	수익
20X1.07.01	(＋) 현　금 240,000		(＋) 장 기 차 입 금 240,000		
20X1.12.31		(＋) 이자비용 12,000	(＋) 미 지 급 비 용 12,000		
20X2.12.31		(＋) 이자비용 24,000	(＋) 미 지 급 비 용 24,000		
			(－) 장 기 차 입 금 240,000		
			(＋) 유동성장기부채 240,000		
20X3.06.30	(－) 현　금 48,000	(＋) 이자비용 12,000	(－) 미 지 급 비 용 36,000		
	(－) 현　금 240,000		(－) 유동성장기부채 240,000		

7. 미지급세금

미지급세금이란 지급하지 아니한 세금으로, 기업이 당기 사업연도 소득에 대해 납부해야하는 법인세부담액 중 아직 납부하지 않은 금액을 의미한다. 기업은 결산시 법인세차감전순이익에 대해 회사가 납부해야 하는 법인세부담액(법인세비용)을 계산하여 비용으로 인식하고, 미리 납부한 선납세금을 차감하여 아직 납부하지 않은 금액을 구한다. 이것이 바로 미지급세금이다.

 [주의] 미지급세금과 선납세금

- 선납세금(자산) = 법인세 중간예납세액 + 법인의 이자수익에 대한 원천징수세액
- 미지급세금 = 법인세비용 - 선납세금

[예제 7-5] 미지급세금

문제 20X1년 8월 31일 ㈜강원은 법인세 중간예납세금 ₩100,000을 보통예금계좌에서 인출·납부하였다. 9월 30일 보통예금계좌에 대한 이자수익 ₩10,000이 발생하여 법인세 원천납부세액 ₩1,540을 제외한 나머지 잔액이 보통예금계좌로 입금되었다. 12월 31일 결산 시 법인세 추산액은 ₩500,000이다. 결산시점에 인식할 미지급세금은 얼마인가?

답안 ₩398,460

풀이

20X1.08.01. 법인세 중간예납세금, 즉 선납세금(자산) ₩100,000의 증가와 보통예금(현금, 자산) ₩100,000의 감소가 발생한다.

20X1.09.30. 이자수익(수익) ₩10,000이 발생하였고, 이자수익에 대한 원천징수액 ₩1,540을 제외한 나머지 금액만 보통예금계좌로 수령하였으므로 보통예금(자산) ₩8,460(=₩10,000−1,540) 증가, 선납세금(자산) ₩1,540 증가를 기록한다.

20X1.12.31. 법인세(비용) ₩500,000을 증가시키고, 회계기간 동안 미리 납부한 선납세금 ₩101,540(=₩100,000+1,540)을 제외한 나머지 ₩398,460(=₩500,000−101,540)을 보통예금계좌로 내야 한다. 단, 결산시점에 납부와 관련한 언급이 없으므로 미지급세금(부채)으로 처리한다.

(단위: 원)

자산	비용	=	부채	자본 ·	수익
20X1.08.01 (+)선 납 세 금 100,000					
(−)보 통 예 금 100,000					
20X1.09.30. (+)보 통 예 금 8,460					(+)이 자 수 익 10,000
(+)선 납 세 금 1,540					
20X1.12.31. (−)선 납 세 금 101,540	(+)법 인 세 500,000		(+)미 지 급 세 금 398,460		

비유동부채란 '보고기간 종료일로부터 1년' 또는 정상영업주기 이후로 부채가 상환 또는 소멸되는 장기 부채를 의미한다. 비유동부채에는 사채, 장기차입금, 장기성 매입채무, 장기미지급금, 장기선수수익, 장기미지급비용, 장기선수금, 충당부채 등이 있다. 이중 사채와 충당부채에 초점을 두고 학습하도록 한다.

 여기서잠깐 **비유동부채 계정과목**

- ✓ **장기차입금**이란 1년 이후 상환의 의무가 도래하는 차입금을 의미한다.
- ✓ **장기성 매입채무**란 1년 이상이 경과한 후에 지급기일이 도래하는 매입채무를 의미한다. 장기성 매입채무에는 장기외상매입금과 장기성지급어음이 포함되어 있다.
- ✓ **장기미지급금**이란 주된 영업활동이 아닌 이외의 거래에서 발생하여 지급하지 아니한 외상대금중 1년 이후에 지급일이 도래하는 부채를 의미한다.
- ✓ **장기선수수익**은 당기에 현금을 먼저 수취하고 관련한 수익이 1년을 초과하여 발생할 예정인 것을 의미한다.
- ✓ **장기미지급비용**은 현금을 지급하지 아니하였지만, 회계기간 동안에 비용이 발생한 것으로 1년 이후에 지급해야하는 비용을 의미한다.
- ✓ **장기선수금**은 1년을 초과하여 계약이 이행되는 경우 계약금 성격으로 미리 수취한 대금을 의미한다.

1. 사채

사채란 주식회사가 장기자금을 조달하기 위해(일반적으로 3년) 발행하는 채무증권으로[4] 계약에 따라 일정한 이자를 지급하고 만기에 원금을 상환할 것을 약속한 증서를 의미한다. 사채를 발행한 자는 사채발행자라 하고, 사채를 구입한 자는 사채매입자 또는 사채권자라고도 한다. 사채증권에는 만기일자, 액면금액, 액면이자율(표시이자율)이 기입되어 있는데, 액면금액이란 사채

---

4) 증권은 채무증권과 지분증권으로 나눌 수 있다. 채무증권에는 국공채, 사채가 포함되고, 지분증권에는 주식이 포함된다.

증권의 표면에 기재된 금액으로써 만기에 상환해야 할 원금을 의미한다. 액면이자율이란, 표시이자율이라고도 불리며 액면금액에 액면이자율을 곱하여 증서에 약속된 기간에 지급하는 이자를 결정하게 된다. 만기일자는 사채의 발행자가 액면금액을 상환해야 할 일자를 의미하는데, 사채를 구입한 사채권자는 만기까지 사채를 보유할 수도 있고 타인에게 양도할 수도 있다.

● 그림 7-1 사채의 발행

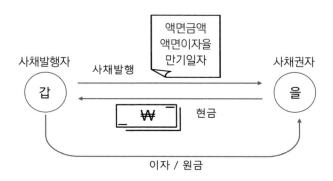

만일 액면금액 ₩1,000,000, 액면이자율 6%, 만기 3년인 사채를 갑 회사가 발행했다고 생각해 보자. 투자자인 을은 갑이 발행한 사채를 구입할 것인지 또는 다른 곳에 돈을 빌려줄 것인지 고민할 수 있다. 이때 투자자들이 사채 구입 대신 다른 곳에 돈을 빌려주고 받을 수 있는 이자율을 **시장이자율** 또는 **유효이자율**, **투자수익률**이라 한다. 을 회사는 갑 회사의 사채를 매입하면 매년 6%의 이자를 받을 수 있는데 시장에 다른 곳에 돈을 빌려줘도 같은 수익률을 얻을 수 있다고 해보자. 이 경우 을 회사는 갑 회사의 사채를 매입하는 것이나 다른 곳에 투자하는 것이 무차별할 것이므로 갑 회사는 사채의 액면 금액인 ₩1,000,000으로 사채를 발행하게 된다. 이를 **액면발행**이라 한다. 이 경우 갑 회사는 ₩1,000,000 상당의 사채(부채)가 증가한 것으로 보고, 을 회사로부터 ₩1,000,000 상당의 현금을 수령한다. 그런데 만일 시장에 8%의 수익률을 보장하는 다른 투자처가 있다고 생각해보자. 투자자 입장에서는 갑회사의 사채를 구입하는 것보다 더 큰 수익률을 나타내는 다른 투자처에 원금을 투입하고 싶을 것이다. 사채에 투자할 매력이 떨어지므로 사채의 수요가 감소한다는 것이다. 이 경우 갑 회사의 사채는 액면금액인 ₩1,000,000보다 낮은 가격으로 발행되어야 투자자들이 해당 사채를 매입하려 할 것이다. 이를 **할인발행**이라 한다. 사채의 발행가가 ₩950,000이라 가정해보자. 갑 회사는 할인하여 발행하는 금액과 상관없이 만기가 종료된 후 액면금액(₩1,000,000)을 상환해야 하므로 장부에 ₩1,000,000 상당의 사채(부채)의 증가를 기록한다. 반면 을로부터 받는 현금은 ₩950,000이 되고, 액면금액과 받은 돈(사채 발행가)의 차이는 사채의 차감적 평가계정인 **사채할인발행차금** 계정과목으로 처리한다. 반대로 투자자가 시장의 다른 곳에 돈을 빌려줄 때 수익률이 4%라면 을은 더 큰 수익률을 얻을 수 있는 갑 회사의 사채를 구입하고 싶어 할 것이다. 시장에서 수요가 높아지면 가격이 높아진다. 사채도 마찬가지로 갑 회사가 발행한 사채는 높은 수요에 따라 액면금액(₩1,000,000)보다 높게 가격이 형성될 것이다. 이를 **할증발행**이라 한다. 사채가격이 ₩1,050,000이라 가정해보자. 사채발행가격과 상관없이 만기 시 상환해야 할 액면금액(₩1,000,000)만큼은 사채(부채)의 증가로 기록되고, 을 회사로부터 ₩1,050,000 상당의 현금을 받게 된다. 이때 남는 차액인 ₩50,000은 사채의 가산적 평가계정인 **사채할증발행차금** 계정과목으로 처리한다.

● 표 7-1 사채발행과 재무상태표 표시

<액면발행>	<할인발행>	<할증발행>
액면금액과 같은 금액으로 사채를 발행함.	액면금액보다 낮은 가격으로 사채를 발행함	액면금액보다 높은 가격으로 사채를 발행함
시장 이자율 = 액면 이자율	시장 이자율 > 액면 이자율	시장 이자율 < 액면 이자율

부분 재무상태표
㈜갑   20X1.12.31 현재   (단위: 원)
부채
비유동부채
  사채   ₩1,000,000
	부분 재무상태표
	㈜갑 20X1.12.31 현재 (단위: 원)
	부채
	비유동부채
	  사채 ₩1,000,000
	  사채할인발행차금 (50,000)
	                950,000
		부분 재무상태표
		㈜갑 20X1.12.31 현재 (단위: 원)
		부채
		비유동부채
		  사채 ₩1,000,000
		  사채할증발행차금 50,000
		              1,050,000

사채 취득시의 가격은 이자 및 원금과 같은 미래 현금흐름을 시장수익률로 할인한 현재가치로 표현할 수 있다. 하지만 현재가치로 할인하는 것은 중급회계에서 배울 수 있는 내용이므로 현재의 교과서에서는 이를 시장의 수요와 가격으로 연결지어 설명하도록 한다. 또한, 실제로는 시장수익률이 정해져 있지 않고 사채의 가격으로부터 역산하여 투자수익률을 계산하게 된다. 다만, 회계를 학습하는 목적으로 일반적으로는 시장이자율을 명시해주고 가격을 계산하도록 하는 것이다.

 **생각해보기** 자금 블랙홀

　2022년 말 공시된 한전(한국전력공사)의 누적 영업 적자는 21조원을 넘어섰다. 특히 러시아-우크라이나 전쟁 이후 국제 연료가격의 급격한 상승으로 한전의 적자폭이 커졌다. 적자를 메우기 위해서는 원가가 상승하는 만큼 전기요금을 인상해야 하는데, 전기요금 인상은 제품과 서비스 가격의 인상으로 이어져 결국 온 국민에게 경제적 부담을 초래한다. 이에 적자를 메꾸기 위해 빚을 내는 구조가 되어버렸고 한전은 '빚중독'이라는 오명을 안게 되었다. 2023년 말까지 한전의 회사채 및 단기차입금 규모는 원금만 12조 4,000억 원에 달하게 되었다. 특히 한전은 매년 안정적인 전력 공급을 위해 13조 가량의 설비투자가 필요하고, 치솟는 전력구매비용, 누적된 막대한 사채 및 차입금의 이자비용과 원금상환을 고려할 때 현금이 매우 부족한 실정이다. 또한 지구온난화로 여름철 기온상승으로 전력수요가 지속적으로 높아지고 있는 반면 전기세는 저항이 커 매우 경직적이다. 즉 비용의 상승 추세에 비해 수익상승추세가 더디어, 적자가 누적되고 있는 것이다. 이러한 상황을 해결하기 위해 사채를 발행해 현금을 확보하는 악순환에 빠진 것이다. 한전뿐만 아니라 한국가스공사 또한 적자를 메꾸기 위한 사채발행을 늘리고 있다. 사우디아라비아·러시아의 감산 연장 결정으로 유가가 가파르게 상승하는 가운데 겨울철이 되면 난방 수요가 급증하기 때문에 천연가스 수입비 지불을 위한 대규모 사채 발행이 불가피해졌다.

　이들과 같은 공공기관은 돈이 필요할 때마다 사채를 계속해서 발행할 수 있는 것은 아니다. 한전은 자본금과 적립금 합계 대비 5배까지만 사채를 발행할 수 있도록 한도가 정해져 있다. 사채발행한도가 확대되지 않으면 신규 사채 발행이 불가해 전력구입대금의 지급과 기존 차입금 상환이 불투명해지고 이는 곧 대규모 전력 공급 차질과 전력시장 마비 등 전력 블랙아웃으로 결국 국가 경제 전반에 심각한 위기를 초래할 수 있다. 또한, 계속해 적자가 쌓이게 되면 자본금과 적립금의 합계가 줄고 사채발행한도가 줄어들게 된다. 더 이상 사채를 발행하지 못할 수도 있다는 것이다.

　사채발행한도를 확대해도 문제다. 사채발행한도를 늘려 한전의 유동성 위기를 극복하는 것이 자본시장의 기업들에는 악영향을 줄 수 있기 때문이다. 한전채는 AAA의 신용등급으로 규모도 크고 안정성도 높은데다 심지어 고금리의 사채를 발행하고 있어 시중의 돈을 모두 빨아들이게 된다. 한전채가 '자금블랙홀'이라 불리는 이유다. 결국 한전보다 상대적으로 신용등급이 낮고 금리도 낮은 기업들은 자금조달에 난황을 겪게 되는 '구축효과'가 발생한다. 회사채를 통한 장기조달이 불가능해진 기업들이 임시방편으로 은행으로 몰려가 은행의 기업 대출규모는 전년 동기 대비 23.7%나 급증했다. 이에 자금 마련을 위한 은행채 발행이 다시 회사채 시장을 압박하는 악순환이 벌어지기도 했다. 또한, 은행입장에서 대출이 많아지면 위험도가 올라가 가산금리를 올릴 수밖에 없고, 이는 일반 기업의 자본조달비용을 높이게 하고 가계의 이자부담으로 이어지게 할 수 있다.

　이에 한전이 만성적 적자를 자본시장에서 빚을 내 대응하는 문제를 근본적으로 해결해야 한다는 목소리가 높다. 즉 자본시장의 악순환을 끊어내기 위해서는 원자재 인상에 맞추어 전기요금을 현실화할 필요가 있다는 것이다.

💡 구축효과란 무엇인가? 채권시장으로 구축효과의 의미를 짚어보자.

💡 문제를 해결하기 위해 전환사채를 발행하자는 방안도 나오고 있다. 전환사채가 무엇일까?

2. 충당부채

충당부채란 과거의 사건이나 거래로부터 발생한 현재의 의무로서 미래에 지출이 예상되나 지출의 금액과 시기가 불확실한 부채를 의미한다. 예를 들어, 제조기업이 제품을 판매하고 3년 동안 제품 보증과 관련된 무상 수리(A/S)를 고객과 약속했다고 생각해보자. 제품을 판매한 후 3년간 제품의 무상수리가 발생할 수도 있고 발생하지 않을 수도 있으며, 무상수리 금액을 정확히 예상하지 못한다. 그러나 3년 동안 제품의 무상수리를 고객과 약속했고 그 의무를 이행해야 하기 때문에 기업은 제품보증과 관련하여 예상가능한 금액을 신뢰성 있게 추정하여 제품보증수리를 위해 쌓아두어야 한다. 이렇게 쌓아두는 금액을 충당부채라 한다. 충당부채를 기록하려면 다음의 조건을 충족해야 한다. 첫째, 과거 사건의 결과로 현재 의무가 존재하고, 둘째, 그 의무를 이행하기 위해서는 자원이 유출될 가능성이 높으며, 셋째, 의무의 이행에 소요되는 금액을 신뢰성 있게 추정할 수 있어야 기록할 수 있다. 충당부채에는 대표적으로 제품보증충당부채와 퇴직급여충당부채가 있다. 제품보증충당부채는 제품보증수리와 관련하여 지출이 예상되는 금액을 쌓아두는 부채로 위에서 설명하였다. 퇴직급여충당부채는 기업의 종업원이 퇴직할 시 기업이 일시불(퇴직금) 또는 연금(퇴직연금)으로 지급해야하는 급여를 의미한다.

충당부채의 설정과 동시에 비용을 함께 인식하며, 충당부채를 설정한 이후 이와 관련된 지출이 실제로 발생하면 설정된 충당부채 금액을 한도로 하여 충당부채를 차감한다. 즉, 충당부채를 쌓을 때 비용이 발생하고 실제로 지출이 발생하는 경우에는 비용이 발생하지 않게 된다. 다만 쌓아 놓은 충당부채의 잔액을 초과하여 금액 지출이 발생한 경우 초과한 금액만큼을 당기비용으로 인식하게 된다. 금액의 지출시점에 비용을 계상하지 않고 충당부채의 인식시점에 비용을 인식하는 이유는 수익비용대응원칙 때문이다. 가령 제품보증충당부채는 제품을 판매하여 수익이 발생했고 그에 따른 보증을 약속하여 발생한 것으로 수익이 발생하지 않았으면 제품보증충당부채도 발생하지 않았을 것이다. 또한, 제품을 판매한 2년 후에 제품보증과 관련된 지출이 발생했고 이를 비용으로 인식했다면 해당 기간에 발생한 수익에 대응하지 못하고 2년이 지난 시점에 비용을 인식함으로써 당기의 성과를 제대로 반영할 수 없게 될 것이다. 이는 매출채권에 대하여 결산시점에 대손충당금을 쌓을 때 대손상각비(비용)을 함께 인식하는 이유와 같다. 퇴직급여충당부채 또한 수익비용대응원칙에 따라 종업원들이 근무하여 기업에 수익을 창출한 기간에 비용과 함께 인식되어야 한다.

[예제 7-6] 제품보증충당부채

문제 20X1년 사업을 시작한 ㈜갑은 제품을 판매할 때 고객에게 판매시점으로부터 3년 동안 고장난 제품에 대하여 수선하거나 새 제품으로 교체해준다는 제품보증을 제공하고 있다. 20X1년 결산시점 제품을 ₩100,000에 현금으로 판매하였고 이와 관련해 향후 3년동안 총 ₩60,000만큼의 제품보증비가 발생할 것이라고 추정하였다. 20X2년 12월 1일, 해당 제품이 고장나서 수리비가 발생되었다. ₩40,000의 현금지출이 발생한 경우와 ₩70,000의 현금지출이 발생한 경우 각각의 충당부채 및 제품수리비 회계처리에 대해 논하라. (단, 현재가치는 고려하지 않으며, 단순화를 위해 매출원가를 고려하지 않는다.)

답안 ₩40,000의 현금지출이 발생한 경우 제품보증충당부채는 ₩60,000 감소를 기록하고, ₩70,000의 현금지출이 발생한 경우 제품보증충당부채는 ₩60,000 감소, 제품보증비 ₩10,000 발생을 기록한다.

풀이
20X1.12.31. 현금매출이 발생하였으므로 현금(자산) ₩100,000과 매출(수익) ₩100,000 증가를 기록한다. 또한, 매출과 동시에 3년이내 제품을 보증해야 할 의무가 발생하므로 충당부채의 설정(₩60,000)과 동시에 제품보증비(비용) ₩60,000 증가를 기록한다.

20X2.12.01. 제품 보증에 ₩40,000이 지출되었다면(지출금액 < 충당부채잔액) 충당금 한도 이내로 지출이 발생한 경우이므로 기존의 제품보증충당부채를 차감시키면 된다.

20X2.12.01. 제품 보증에 ₩70,000이 지출되었다면(지출금액 > 충당부채잔액) 충당금 한도를 초과하여 지출이 발생한 경우이므로 한도를 초과하는 만큼 비용을 추가 인식해준다. 따라서 제품보증비 ₩10,000 (= ₩70,000 − 60,000) 증가를 기록한다.

(단위: 원)

	자산	비용	:	부채	자본	수익
20X1.12.31.	(+) 현 금 100,000	(+) 제품보증비 60,000		(+) 제품보증충당부채 60,000		(+) 매 출 100,000
₩40,000의 현금지출이 발생한 경우						
20X2.12.01.	(−) 현 금 40,000			(−) 제품보증충당부채 40,000		
₩70,000의 현금지출이 발생한 경우						
20X2.12.01.	(−) 현 금 70,000	(+) 제품보증비 10,000		(−) 제품보증충당부채 60,000		

재무비율

한국은행이 지난달 26일 배포한 2019년 9월 금융안정 상황 보도자료에 따르면, 2018년 기준 한계기업이 외감기업에서 차지하는 비중은 14.2%(3236개)로 2017년 13.7%(3112개) 대비 0.5%포인트 상승했다.

또한 향후 한계기업이 될 가능성이 높은 기업 비중도 2017년 19%에서 2018년 20.4%로 늘어났다. 여기서 **한계기업**이란 재무구조가 부실하여 영업활동으로 창출된 이익으로 이자비용조차 감당하지 못하는 기업으로, 3년 연속 이자보상배율이 1 미만인 기업을 의미한다. **이자보상배율**은 영업이익을 이자비용으로 나누어 계산한다.

예를 들어 식품 제조업을 하는 상장기업이 연간 매출액이 1000억 원, 생산을 위해 발생한 매출원가가 850억 원, 판매비와 관리비가 140억 원이라면 회사의 영업이익은 10억 원이다. 토지와 건물을 담보로 제공하고 은행으로부터 차입한 돈이 400억 원이라 매년 이자비용으로 16억 원을 지급해야 한다. 식품을 제조하고 판매해서 10억 원의 이익을 거두었지만 은행에 내야 하는 이자비용만 16억 원인 것이다. 즉 6억 원이 부족하고 이를 이자보상배율 공식으로 계산하면 0.625로 1 미만이다. 이런 상황이 3년 지속되면 한계기업으로 부른다. 결국 사업을 해서 번 돈으로 차입금 원금은 물론 이자비용조차도 내기 어려운 상황을 나타낸다. 이 기업은 이자비용 지급을 위해 돈을 더 빌려오거나 갖고 있는 금융자산을 현금화해야 할 것이다. 실적이 좋아지지 않는다면 재무구조는 계속 악화할 수밖에 없다.

외감기업은 '주식회사 등의 외부감사에 관한 법률'에 따라 회계감사를 받는 기업을 의미한다. 법 시행령에 따르면 일정 자산, 매출액 규모 이상인 주식회사는 반드시 외부감사를 받게 되어 있다. 통상 직전 사업연도 말 자산총액이 120억 원 이상인 기업으로 세부 요건을 따져서 결정하게 된다. 한국은행에서 조사한 결과는 전자공시시스템(DART)에 공시된 기업들 재무제표를 보면서 계산했을 것으로 추정된다. 아마 외부감사를 받지 않는 일정 규모 미만의 중소기업까지 확장한다면 한계기업과 한계기업이 될 가능성이 높은 기업 수는 더 늘어날 것이다.

연습문제

1. ○× 문제 연습

다음 중 유동부채에 해당하는 항목에 ○, 아니면 ×를 표기하라.

(1) 당좌예금 잔액을 초과하여 발행한 당좌수표 발행액

(2) 상품을 판매하기 이전에 그 대금의 일부 또는 전부를 미리 수취한 금액

(3) 상품을 구입하면서 발행한 만기 6개월의 어음

(4) 급여 지급 시 근로소득세를 원천징수함

(5) 상품을 주문하고 계약금 ₩50,000을 현금으로 지급함

(6) 상품을 ₩100,000에 외상으로 판매함

(7) 당기 발생한 법인세를 아직 지급하지 않았음

(8) 결산일 현재 장기차입금의 상환기일이 3개월 이내로 도래하여 유동성대체함

(9) 금전의 입금이 있었으나, 원인을 알 수 없어 금액이 확정되지 않았음

(10) 기말에 퇴직급여충당부채를 설정함

다음 각 문항의 설명이 옳으면 ○, 틀리면 ×로 표시하라.

(11) 미지급세금은 법인세비용에서 선납세금을 차감하여 구할 수 있다.

(12) 사채의 할인발행이란 액면금액보다 낮은 가격으로 사채를 발행하는 것을 의미하며, 이 경우 사채의 차감적 평가계정인 사채할인발행차금을 기록한다.

해답

(1) ○. 당좌차월을 설명하는 것으로, 유동부채−단기차입금이다.

(2) ○. 계약금을 수취한 경우, 선수금이 발생하며, 유동부채에 포함된다.

(3) ○. 유동부채−매입채무(지급어음)이다.

(4) ○. 유동부채−예수금을 의미한다.

(5) ×. 계약금을 지급한 경우, 선급금이 발생하며 자산에 포함된다.

(6) ×. 상품의 외상매출이므로, 유동자산−매출채권(외상매출금)이다.

(7) ○. 유동부채−미지급법인세(또는 미지급세금)을 의미한다.

(8) ○. 유동부채 – 유동성장기부채에 포함된다.
(9) ○. 유동부채 – 가수금에 포함된다. 내용이 확정되면 관련 계정과목으로 대체한다.
(10) ×. 퇴직급여충당부채는 비유동부채에 해당된다.
(11) ○.
(12) ○.

2. 괄호 안에 알맞은 답 넣기

(1) 거래처로부터 내용 불명의 금액이 보통예금계좌로 입금되었으며 그 원인을 파악하지 못한 경우
 (   )(이)가 부채로 기록된다.
(2) 과거의 사건이나 거래로부터 발생한 현재의 의무로서 미래에 지출이 예상되나 지출의 금액과 시기
 가 불확실한 부채를 (   )(이)라 한다.
(3) 사채의 (   )은(는) 발행시 발생하는 사채의 차감(⊖)계정이고, (   )은(는)
 발행시 나타나는 사채의 가산(⊕)계정이다.

[해답]
(1) 가수금
(2) 충당부채
(3) 사채할인발행차금, 사채할증발행차금

3. 객관식 문제

(1) 다음중 비유동부채에 해당하는 것을 모두 고르시오.

가. 유동성 장기부채	나. 예수금	다. 가수금
라. 사채	마. 퇴직급여충당부채	바. 미지급세금
사. 선납세금	아. 임차보증금	자. 장기미수금

(2) 다음 자료보고 알맞지 않은 보기를 고르시오.

– 20X1년 1월 1일에 은행으로부터 ₩12,000,000을 차입하였다. 차입금의 만기는 3년후인 20X3년 결
 산일이다. 차입금은 매년말 1/3씩 상환하며 연이자율은 10%이다.
– 20X1년 12월 31일 결산일 현재 임직원이 퇴직할 경우 지급해야할 퇴직금이 ₩20,000,000 있다.

① 결산일 현재 재무상태표에 표시될 비유동부채금액은 ₩28,000,000이다.
② 퇴직급여충당부채는 설정 시 비용과 함께 계상된다.
③ 20X1년 말 결산일 현재 차입금의 상환기간은 1년을 초과하므로 차입금은 장기차입금에 포함
 한다.

④ 20X2년 말 결산일 현재 차입금의 상환기간이 1년 이내로 도래하므로 단기차입금으로 대체한다.

(3) 다음은 당좌차월과 관련된 질문이다. 올바르지 않은 답을 고르시오.
① 당좌예금이 (−)가 되므로 당좌예금과 상계할 수도 있다.
② 당좌차월은 단기차입금으로 재무상태표에 표시된다.
③ 당좌예금을 초과하여 인출한 금액만큼이 당좌차월이다.
④ 당좌차월은 유동부채에 포함된다.

(4) 다음은 충당부채와 관련된 질문이다. 올바르지 않은 답을 고르시오.
① 충당부채는 비유동부채에 포함된다.
② 유출가능성이 높지 않아도 금액을 신뢰성 있게 추정할 수 있다면 충당부채를 계상할 수 있다.
③ 충당부채란 지출의 시기 또는 금액이 불확실한 부채를 의미한다.
④ 충당부채를 설정함과 동시에 비용이 함께 계상된다.

(5) 20X1년 사업을 시작한 ㈜서울은 제품을 판매할 때 고객에게 보증기간 2년의 무상A/S를 제공하고 있다. 20X1년 결산시점 제품을 ₩50,000에 현금으로 판매하였고 이와 관련해 향후 2년간 총 ₩30,000의 제품보증비가 발생할 것이라고 추정하였다. 판매 이후 20X2년 5월, 20X3년 3월에 각각 ₩15,000, ₩20,000의 수리비가 발생하였다. 이 거래가 매년 손익계산서에 미치는 영향으로 알맞은 것을 고르시오. (단, 매출원가는 고려하지 않는다.)
① 20X1년의 당기순이익은 ₩50,000이다.
② 20X2년의 당기순이익은 ₩5,000이다.
③ 20X2년에는 당기순이익에 영향을 미치는 사건이 없다.
④ 20X3년의 당기순이익은 ₩5,000이다.

(6) 20X1년 8월 31일, ㈜강원은 법인세 중간예납세금(1/1~6/30) ₩100,000을 보통예금계좌에서 인출·납부하였다. 9월 30일 보통예금계좌에 대한 이자수익 ₩10,000이 발생하여 법인세 원천납부세액 ₩1,700을 제외한 나머지 잔액이 보통예금계좌로 입금되었다. 이후 12월 31일 결산 시 법인세를 ₩400,000로 추산하여 보고하였고, 법인세는 20X2년 2월 28일에 보통예금계좌에서 납부하였다. 다음의 보기 중 가장 알맞지 않은 것을 고르시오.
① 20X1년 미리 납부한 선납세금은 ₩101,700이다.
② 결산시점에 인식해야할 법인세는 ₩400,000이다.
③ 결산시점에 미지급법인세 ₩298,300를 인식한다.
④ 결산시점에 납부해야할 세금은 ₩300,000이다.

(7) 아래는 ㈜서울의 부분재무상태표이다. 재무담당자의 실수로 사채 아래의 기록이 삭제되었다(~~~~).
재무상태표를 해석한 다음의 보기 중 가장 알맞지 않은 것을 고르시오.

부분 재무상태표

㈜서울   20X1.12.31 현재   (단위: 원)

부채
  비유동부채
    사채   ₩1,000,000
    ~~~~~~~~   ~~~~~
                             1,050,000

① 사채할인발행차금은 없다.
② 사채할증발행차금은 ₩50,000이다.
③ 시장이자율보다 액면이자율이 낮다.
④ 사채의 발행가격은 ₩1,050,000이다.

해답

(1) 라. 마.
(2) ④ 유동성장기부채로 대체된다.

    보충설명

    ① 장기차입금은 1/3을 상환하고 남은 금액인 8,000,000(＝12,000,000－4,000,000), 퇴직급여충당부채
       20,000,000을 더하여 비유동부채를 구한다.
    ② 퇴직급여충당부채 설정 시 퇴직급여(비용) 과 퇴직급여충당부채(부채)의 증가를 기록한다.

(3) ① 당좌예금은 유동자산－현금및현금성자산에 포함된다. 당좌차월은 당좌예금을 초과하여 수표를 발행한
    금액이나 재무상태표의 총액주의 원칙으로 상계하지 아니하고 유동부채－단기차입금으로 분류한다.

(4) ② 지출의 시기 및 금액이 불확실하므로 금액 지출의 유출가능성이 높고 금액을 신뢰성있게 측정할 수 있어
    야 한다.

(5) ③

    ① 20X1년 매출(수익) ₩50,000과 제품보증비(비용) ₩30,000의 증가로 당기순이익은 ₩20,000이 된다.
    ② 20X2년 제품보증충당부채 한도 내에서 수리가 발생하였으므로 추가적인 비용인식은 발생하지 않는다.
       제품보증충당부채의 잔액은 ₩15,000(＝₩30,000－15,000)이 된다.
    ④ 20X3년 제품보증충당부채 한도를 초과하여 제품보증수리비가 발생하였으므로 초과한 금액만큼을 비용
       으로 계상한다. 제품보증비는 ₩5,000(＝₩20,000－15,000)이 되므로 당기순손실이 ₩5,000 발생한다.

(6) ④ 미지급법인세 ₩298,300 만큼을 납부해야 한다.
(7) ③ 시장이자율보다 액면이자율이 높다.

제 8 장 | 자본
재무상태표 > 자본

본 장에서는 자금조달의 원천을 나타내는 재무상태표의 대변 중 주주와의 거래 및 기업의 손익거래로부터 증감하는 자본에 대해 학습하고자 한다. 자본은 자금조달의 원천이 주주로부터 발생한다 하여 **자기자본**이라 불리며 주주의 지분(소유권)이라고도 한다. 사채나 은행으로부터 자금을 조달하며 그 대가로 이자를 지급하고 만기가 되면 원금을 상환해야 하는 부채(타인자본)와는 달리 자기자본은 확정된 금액의 지급(예를 들면 이자) 및 만기

〈재무상태표〉

㈜청소   20X1년 12월 31일 현재   단위: 원

자산	부채
▷ 유동자산	▷ 유동부채
▷ 비유동자산	▷ 비유동부채
	자본
	▶ 자본금
	▶ 자본잉여금
	▶ 이익잉여금
	▶ 자본조정
	▶ 기타포괄손익누계액

원금보전과 같은 의무가 없다. 다만 기업이 영업활동의 결과로 주주들에게 배당의 형태로 대가를 지급할 수는 있다. 만일 기업이 망해 청산 절차를 거치게 된다면 채권자에게 우선의 청구권이 주어지고 주주는 채권자의 지분을 제외한 부분에 대해 청구권이 생긴다. 타인자본보다 청구의 권리가 가장 나중이므로 자본을 **잔여지분**이라고도 하며, 자산에서 부채를 차감한 부분을 나타내므로 **순자산**이라고도 한다.

자본의 계정과목으로는 자본금, 자본잉여금, 자본조정, 이익잉여금, 기타포괄손익누계액이 있으며, 이들 계정은 자본거래 및 손익거래로 구분할 수 있다. **자본거래**란 주주와의 거래로 인해 자본이 변동하는 거래를 의미한다. 이에 자본거래는 손익계산서를 거치지 않고 직접 재무상태표의

자본을 증감시킬 수 있다. **손익거래란** 고객 등 주주 이외자 간의 거래로 인해 자본이 변동하는 것을 의미한다. 손익거래를 통해 기업의 영업활동으로부터 발생한 당기순손익이 이익잉여금으로, 기타포괄손익이 기타포괄손익누계액으로 누계된다. 자본을 보고할 때는 자본거래에서 발생한 자본잉여금과 손익거래에서 발생한 이익잉여금을 구분하여 표시하는 잉여금의 구분원칙을 준수해야 한다. 특히 기업은 자본거래를 통해 자본을 확보하고 부채를 효과적으로 관리하는 등 자본조달을 적절하게 구조화하여 재무 건전성을 유지해야 한다. 또한, 손익거래를 통한 이익잉여금 중 일부를 적절한 투자처를 찾아 이익의 재투자를 수행하여 장기적인 기업가치 제고에 힘써야 한다.

01 자본의 구성

자본은 크게 납입자본, 이익잉여금, 기타자본으로 구분할 수 있다. 기업은 주식을 발행하여 판매하고 주주로부터 받은 금액을 기업에 납입하게 되고, 이러한 거래로 기업의 자본은 증가하게 된다. 이를 **납입자본**이라 한다. 납입자본은 크게 자본금과 자본잉여금으로 구분된다. **자본금**은 발행주식수의 액면금액 합을 나타내며 법적으로 정해져있다 하여 법정자본금이라 부르기도 한다. **자본잉여금**은 주주와의 거래로부터 발생하여 자본항목이 증가하는 잉여금으로, 영업활동으로부터 벌어들인 이익을 쌓아두는 이익잉여금과는 구분된다. 자본금과 자본잉여금은 모두 자본거래에 속한다.

이익잉여금은 기업의 영업활동으로부터 발생하는 이익(당기순이익)을 사내에 유보하여 생기는 잉여금을 의미한다. 당기순이익을 누적하므로 손익계산서와 재무상태표를 연결해주는 계정과목이라 할 수 있으며 이익잉여금에서 배당금을 지출한다. 기말의 이익잉여금은 기초 이익잉여금에서 당기순손익을 가산한 후 배당금을 차감하여 구한다.

> **기말 이익잉여금 = 기초 이익잉여금 ± 당기순손익 − 배당금**

배당금이란 기업이 당기에 창출한 이익 중 일부를 투자의 대가로 주주들에게 분배하는 일정 금액을 의미한다. 주의할 것은 납입자본에서 배당금을 지급하게 되면 주주가 투자한 돈을 다시 배당으로 빼서 주는 셈이 되기 때문에 배당금은 이익잉여금에서 지출된다는 점이다. 그렇다면 기업은 이렇게 쌓아둔 이익잉여금을 마음대로 쓸 수 있을까? 그렇지 않다. 주주총회에서는 이익잉여금을 목적에 따라 법정적립금, 임의적립금, 미처분이익잉여금으로 구분하여 사용하게끔 정하고 있다. 기업이 위기에 직면했을 때를 대비하여 기업은 충분한 현금을 보유해놓는 것이 좋다. **법정적립금(또는 이익준비금)**이란 주주나 채권자 등의 보호를 위해 일정 금액의 이익잉여금을 적립하도록 법에서 규정한 항목이다. 배당의 형태로 기업의 이익잉여금이 모두 지출되는 것을 막기 위해 법정적립금의 한도 내에서는 배당금의 지급이 불가하다. **임의적립금**이란 이익의 사외유출을 막고 미래의 성장가능성을 위한 투자나 부채상환 등 특수한 목적을 위해 기업이 자발적으로 적립하는 항목을 의미한다. 법정적립금이 상법 및 기타 법률에 의해 규정된 적립금이라면, 임의적립금은 정관 또는 주주총회 결의에 의해 정해지며 목적이 정해져있어 배당금으로의 유출이 불가하다. 다만, 임의적립금의 사용 목적을 모두 달성한 이후에도 배당지급을 제한한다면 주주의 이익에 배치되는 것이므로 주주총회를 거쳐 남은 임의적립금을 미처분이익잉여금으로 전환하여 배당금을 지급할 수 있다. **미처분이익잉여금(또는 처분전이익잉여금)**이란 위의 법정적립금 및 임의적립금으로 정해지지 않은 나머지 잉여금을 의미하는데, 배당금은 미처분이익잉여금의 한도 내에서 지급될 수 있다. 결국은 기업이 남긴 이익은 미처분이이익잉여금에 쌓이게 된다.

• 그림 8-1   자본의 구성

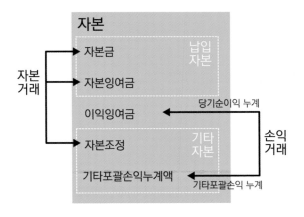

다음으로 자본은 자본조정과 기타포괄손익누계액으로 구성된 **기타자본**을 포함한다. 이때 **자본**

조정은 자본거래로부터 발생하나 납입자본이 아닌 항목으로 자본을 차감시키는 계정과목을 의미하고, **기타포괄손익누계액**은 손익거래로부터 발생하나 당기순이익의 계산에 반영되지 않는 기타포괄손익을 누계한 항목을 의미한다.[1]

 알아보기   배당받는 사람과 금액은 언제 확정되는가?

우리나라의 경우 보통 배당을 지급해야 할 주주의 명단을 확정하는 일자(배당기준일)를 결산일로 정하고, 정기 주주총회에서 주주에게 얼마의 배당금을 지급할 것인지 배당을 결정해왔다(배당결정일). 이후 주주총회에서 확정한 배당금을 확정된 명단의 주주에게 지급하는(배당지급일) 방식으로 배당했다. 이와 같은 방식에서 투자자들은 배당금을 받을 수 있을지, 얼마나 받을 수 있을지 여부를 모르는 상황에서 결산일 이전에 투자를 먼저 한 후, 주주총회의 배당결정을 그대로 받아들일 수밖에 없다.

반면 미국이나 영국 등 선진국들은 배당금액을 먼저 공시한 후 주주명단을 확정한다. 배당금액을 먼저 발표하게 되면 주주의 입장에서는 배당예측가능성을 높이며 기업의 입장에서는 투자자 유치를 위해 배당규모를 확대하여 투자기회를 늘릴 수 있다는 이점이 있다. 2023년, 우리나라도 자본시장법을 개정하여 배당결정일 이후 배당기준일이 오도록 설정하는 것이 가능해졌다.

배당기준일의 다음날이 되면 일시적으로 주가가 하락하는데, 이는 기업의 사내유보금이 배당의 형태로 빠져나가기 때문에 지급된 배당금을 반영한 만큼 주가가 하락한다 하여 배당락이라 부른다. 또한 주주명단이 확정되는 일자가 지나면 주식을 매도해도 배당을 받을 수 있기 때문에 배당기준일 익일에 주식을 팔아버리는 일도 발생해 주가가 하락하기도 한다. 자본시장법 개정으로 배당기준일을 주주총회 이후인 4월로 미루는 것이 가능해졌기 때문에 배당락이 분산되는 효과를 기대해볼 수 있다.

배당과 관련한 회계처리는 다음과 같다. 배당기준일에는 주주명단을 확정하는 일자이니 회계처리를 하지 않는다. 배당결정일에는 배당의 규모가 결정되므로 회계처리를 해야 한다. 단, 실제 배당을 지급하는 날이 아니니 배당금 금액만큼을 이익잉여금에서 차감시키고 동시에 미지급배당금을 증가시킨다. 미지급배당금은 배당금을 지급해야할 의무를 나타내므로 부채로 분류한다. 배당지급일에는 현금을 감소시키고 동시에 미지급배당금을 줄인다.

---

1) **기타포괄손익**이란 경제환경의 변화로 손익이 발생할 수 있는 미실현손익으로 자본을 변동시키지만 당기순손익 계산에는 반영되지 않는 항목을 의미한다. 기타포괄손익에 해당하는 구체적인 계정과목으로는 매도가능증권평가손익, 공정가치측정금융자산평가손익, 재평가잉여금 등이 있다. 일반기업회계기준에서는 당기순손익에 기타포괄손익을 가산하여 총포괄손익을 주석으로 표시하도록 규정하고 있다. **총 포괄손익**이란 주주와의 거래(자본거래)를 제외한 모든 거래나 사건의 결과로 인식된 자본의 변동을 의미한다. 즉, 자본거래가 아닌 손익거래에 해당되며, 당기순손익과 기타포괄손익을 합한 것을 포괄손익이라 하는 것이다.

주식의 발행

1. 주식의 발행

(1) 자본금(액면발행)

　요즘은 전자증권제도가 시행되고 있어 컴퓨터나 핸드폰으로 손쉽게 주식을 거래하여 주주가 될 수 있다. 이전에는 [그림 8-2]와 같은 실물증권의 형태로 주식이 발행되고 시장에서 거래되었다. 법에서는 주식회사의 설립에 일정 금액 이상을 의무적으로 출자하도록 명시하고 있으므로 주식회사를 설립하기 위해서는 주식을 발행해야 한다. 처음 기업이 설립될 때 주주들이 모여 출자하게 되는데 이때의 종잣돈인 전체 출자금액을 액면금액으로 나누어 발행주식수를 결정하게 된다.[2] **액면금액**이란 실물증권에 기재되어 있는 1주당 금액을 의미한다. 재경이와 경리가 5,000만 원을 출자했고 주식의 액면금액이 ₩5,000이라면 발행주식수는 10,000주가 되는 것이다. 두 주주의 소유지분이 같기 때문에 재경이와 경리는 각각 5,000주(지분 50%)를 갖게 된다. 이 종잣돈 5,000만 원을 **자본금**(또는 법정자본금)이라 하는데 구체적으로는 발행주식수와 주당 액면금액을 곱하여 계산할 수 있다. 또한, 이와같이 기업이 액면금액으로 주식을 발행한 경우를 **액면발행**이라 한다.

> **자본금(법정자본금) = 주당 액면금액 × 발행주식수**

---

2) 우리나라의 액면금액은 일반적으로 주당 ₩5,000, ₩500으로 발행된다. 액면금액은 화폐와도 같이 증권의 앞에 표기되어 있는 금액이이며 정관에는 액면금액과 발행주식수 모두가 규정되어 있다.

• 그림 8-2   1993년 발행된 삼성전자의 실물증권(출처: 한국예탁결제원 증권박물관)

 생각해보기   **액면분할 제대로 이해하기**

2017년 삼성전자의 주가는 주당 ₩2,861,000으로 정점을 찍은 바 있다. 그런데 불과 4년이 지난 2021년, 삼성전자의 주식 가격은 한 주당 ₩96,800의 최고가를 찍었다. 수치만 놓고 비교해본다면 삼성전자의 주가가 ₩2,861,000에서 ₩96,800으로 무려 95% 이상 하락한 것처럼 보인다.

삼성전자는 2018년 초에 50:1의 주식 액면분할 시행을 결의했다고 공시했다. 액면분할(또는 주식분할)이란 하나의 주식을 여러 개의 주식으로 분할하는 것을 의미하며, 이 경우 자본금의 총액은 변동되지 않은 채 액면금액이 분할(감소)되어 발행주식수가 증가한다. 50:1이라는 의미는 1주를 50주로 분할했다는 것을 뜻하므로 삼성전자의 액면금액 주당 ₩5,000이 ₩100으로 감소하게 된 것이다. 아래의 표는 삼성전자의 액면분할 전과 후의 발행주식수 및 액면금액을 나타낸다. 액면분할 후 액면금액은 50배율로 감소하였고 발행주식수는 50배율로 증가하였다.

	액면분할 전		액면분할 후
주당 액면금액	₩5,000	÷50 →	₩100
발행주식수	128,386,494	×50 →	6,419,324,700

삼성전자는 "삼성전자 이사회는 주주가치를 제고하기 위한 방안의 하나로 50:1의 주식 액면분할 시행을 결의했다. 그동안 삼성전자는 주가가 높아 주식을 매입하기에 부담이 된다는 의견이 꾸준히 제기된 바 있다. 특히, 지난해 삼성전자 주가가 실적 개선과 적극적인 주주환원에 힘입어 크게 상승하면서 이런 의견이 더 많아졌다. 삼성전자는 액면분할을 실시할 경우 더 많은 사람들이 삼성전자 주식을 보유할 기회를 갖게 되고, 2018년부터 대폭 증대되는 배당 혜택도 받을 수 있을 것으로 보고 있다. 또한, 액면분할이 투자자 저변 확대와 유동성 증대 효과 등 주식 거래 활성화에 기여하고, 이를 통해 장기적인 관점에서 기업가치 증대에도 도움이 될 것으로 기대하고 있다."고 발표했다.[3]

💡 액면분할로 인한 효과는 무엇일까? 유동성 증대 효과 및 주주가치제고 측면에서 생각해보자.
💡 액면분할은 단기적으로 주식가격에 영향을 미칠 수 있다. 장기적으로는 어떠한 영향을 미칠 수 있을 것인가? 액면분할이 기업의 펀더멘털에 영향을 끼치는지 생각해보자.

(2) 주식의 할증발행과 할인발행

기업이 초기 종잣돈을 마련하기 위해 주식을 발행한다고 배웠다. 그러나 기업은 추가적인 자금을 조달하고자 주식을 더 발행할 수 있다. 이때 발행된 주식의 가격은 주식을 발행한 기업의 가치에 따라 변동될 수 있을 것이다. 액면금액보다 큰 금액으로 주식을 발행하는 경우를 **할증발행**, 액면금액보다 적은 금액으로 주식을 발행하는 경우를 **할인발행**이라 한다. 액면금액을 초과하여 주식을 발행하는 경우(할증발행) 발행주식의 액면금액 합 만큼을 자본금으로 하고, 자본금을 초과한 금액만큼을 주식발행초과금으로 기록한다. ㈜청소가 한 주당 ₩7,000으로 10,000주를 더 발행했다고 가정해보겠다. 이 경우 주식발행금액(현금 수취액)은 7,000만 원(=₩7,000×10,000주)이 되고, 이 중 자본금은 5,000만 원(=₩5,000×10,000주)이다. 그리고 나머지 차액인 2,000만 원(=₩70,000,000 − 50,000,000)상당의 주식발행초과금은 자본잉여금(자본)으로 분류한다. 자본금과 주식발행초과금은 모두 주주와의 거래에서 자본을 증가시키는 항목이다.

할증발행(주식발행금액 〉 액면금액)

주식발행초과금(자본잉여금) = 주식발행금액(현금수취액) − 액면금액(자본금)

법률에서는 일정금액 이상을 자본금으로 마련하도록 규정하고 있다. 이에 채권자의 보호를 위

3) "삼성전자, 주식 50:1 액면분할 결의," 「삼성전자뉴스룸」, 2018.01.31

해 액면금액보다 낮은 금액으로 주식을 발행하는 할인발행을 원칙적으로 금지하고 예외적인 경우에만 허용한다. 기업이 주식을 할인발행하게 되면 액면금액의 합만큼을 자본금으로 하고, 자본금에 미달되는 금액을 주식할인발행차금으로 기록한다. ㈜청소가 한 주당 ₩3,000으로 10,000주를 더 발행했다면 주식발행금액(현금 수취액)은 3,000만 원(=₩3,000×10,000주)이 되나, 자본금은 액면금액과 발행주식수를 곱한 5,000만 원(=₩5,000×10,000주)으로 계상한다. 대신 차이 금액인 2,000만 원(=₩50,000,000−30,000,000)만큼의 주식할인발행차금을 자본조정(자본)으로 기록한다. 자본금은 주주와의 거래에서 자본을 증가시키는 항목이나 주식할인발행차금은 자본의 차감성격이므로 자본잉여금이 아닌 자본조정항목에 포함되는 것이다. 유의해야 할 점은 액면·할증·할인발행의 경우 모두 자본금은 ₩50,000,000으로 동일한 금액으로 기록한다는 것이다.

할인발행(주식발행금액 < 액면금액)

주식할인발행차금(자본조정) = 액면금액(자본금) − 주식발행금액(현금수취액)

• 표 8-1 주식발행과 재무상태표 표시

<액면발행>	<할인발행>	<할증발행>
액면금액과 같은 금액으로 주식을 발행함.	액면금액보다 낮은 가격으로 주식을 발행함	액면금액보다 높은 가격으로 주식을 발행함
액면금액 = 주식발행가격	액면금액 > 주식발행가격	액면금액 < 주식발행가격
부분 재무상태표 ㈜청소 20X1.12.31 현재 (단위: 원) 자본 　자본금　　　　₩50,000,000	부분 재무상태표 ㈜청소 20X1.12.31 현재 (단위: 원) 자본 　자본금　　　　₩50,000,000 　자본조정 　　주식할인발행차금 (20,000,000)	부분 재무상태표 ㈜청소 20X1.12.31 현재 (단위: 원) 자본 　자본금　　　　₩50,000,000 　자본잉여금 　　주식발행초과금　　20,000,000

(3) 보통주와 우선주, 증자와 감자

기업이 발행하는 주식은 보통주와 우선주가 있다. **보통주**는 주식회사의 기준이 되는 주식으로, 보통주를 소유한 주주들은 주주총회에서의 의사결정에 참여할 수 있는 권리(의결권)와 배당금을 지급받을 수 있는 권리(배당권)를 가지게 된다. 의결권 및 배당권은 한 주당 행사할 수 있는 권리로 주식수가 많을수록 의결표가 많아지고 배당을 많이 받게 된다. 보통주를 발행하게 되면 원리금 상환의무 없이 자금을 조달할 수 있어 용이한 측면이 있지만 새롭게 유입되는 주주가 경영권에 영향을 미칠 수 있다. 이에 기업은 이러한 단점을 최소화하기 위해 보통주와는 다른 우선주를 발행하게 된다. **우선주**란 배당 또는 기업 청산 시 보통주보다 우선적인 청구권을 보장받는 주식을 의미한다. 주식을 가진 주주들은 기업이 청산할 때 채권자의 지분이 먼저 지급된 이후 잔여지분에 대한 분배청구권을 가지게 되는데, 우선주는 보통주보다 우선적인 잔여지분의 청구권이 주어진다는 것이다. 단, 우선주는 보통주와는 달리 의결권을 가지지 못한다. 이에 보통주보다 낮은 가격으로 주가가 형성되기도 한다. 의결권이 없는 대신 보통주보다 우선적으로 일정률의 배당을 지급받을 수 있는 권리가 주어진다.

주식 시장에서 주식 수량과 가치를 조절하는 방법으로 증자와 감자가 있다. **증자**란 주식을 발행하여 기업의 자본금을 늘리는 것을 의미한다. 현행 상법으로는 기업이 발행할 주식의 총수를 정관에 기재하도록 되어있기에 정관에 기재된 범위 내에서 신주를 발행할 수 있고, 신주발행 시 이사회의 결의가 필요하다. 증자에는 자본의 증가와 함께 실질적인 자산의 증가를 가져오는 유상증자와, 자본은 증가하지만 실질적인 자산의 증가가 수반되지 않는 무상증자의 두 가지 형태가 있다. 즉 **유상증자**는 돈을 받고 주식을 발행하는 것을 의미한다. 유상증자를 통해 추가로 확보한 자금으로 기업은 사업 확장, 채무 상환, 투자 등에 다양하게 활용할 수 있고 재무구조의 개선 등의 목적도 달성할 수 있다. 반면 **무상증자**는 주주들에게 공짜로 주식을 새로 발행해주는 것을 의미한다. 잉여금에 담긴 돈 중 일부로 주식을 발행하고 이를 기존 주주들의 지분에 비례해 무상으로 주식을 나누어 주는 것이다. 즉 잉여금에 적립되어 있는 돈을 자본금으로 옮기는 것이므로 총 자본의 변동은 없지만 자본금이 증가하는 결과를 초래한다. 무상증자를 하는 가장 큰 이유는 주가관리이다. 무상증자를 하게 되면 기업의 잉여금이 충분하다는 재무안전성에 대한 신호(signal)를 주는 것과 같으며, 주주들에게는 무상으로 주식을 배급하기 때문에 호재로 인식될 수 있다.

감자란 이미 발행된 주식 수량을 감소시켜 자본금을 줄이는 것을 의미한다. 특히 감자를 시행할 경우 주주의 보유주식을 감소시켜 주주와 채권자의 이해가 달라지게 되므로 주주총회의 특별결의를 거쳐야 한다. 감자는 기업의 규모를 축소하거나 합병할 때, 주가관리, 주주이익제고, 경영권 방어, 재무구조 개선을 위해 자본을 감소시킬 때 활용된다. 감자에는 유상감자와 무상감자의 두 가지 형태가 있다. 먼저 **유상감자**란 돈을 주고 주주로부터 주식을 매입하는 것을 의미한다. 현금의 감소와 자본의 감소가 동시에 발생하므로 실질적 감자라고도 부른다. 반면 **무상감자**는 이미 발행된 주식을 감소시키면서 주주에게 어떠한 보상 없이 무상으로 주식을 회수하는 것을 의미한다. 일반적으로 무상감자를 하는 가장 큰 이유는 누적결손금으로 인한 자본잠식 해소와 재무구조 개선이다. 기업들의 적자가 누적되면 기업이 쌓아두던 잉여금이 바닥나고 주주가 납입한 자본까지 깎아먹게 된다. 즉 자본총계가 자본금보다 적은 상태가 되는데 이를 부분 자본잠식이라 한다. 누적 적자가 해소되지 않고 계속 되다 보면 결국 주주의 납입자본이 모두 바닥나게 되고 자본총계가 마이너스가 되는데, 이를 완전 자본잠식이라 한다. 이 같은 자본잠식을 해소하기 위해 기업들은 무상증자를 실시한다. 무상증자는 돈을 지불하지 않고 자기주식을 매입하는 것이므로 공짜로 주식을 얻게 된 것과 같아 기업입장에서 차익이 발생한다. 회계에서 이 차익은 감자차익이라 부르며, 자본잉여금에 포함시킨다. 즉 주식수를 줄여 자본금 규모를 줄이고 동시에 감자차익으로 인한 자본의 증가를 잉여금에 분류함으로써 부분자본잠식을 해소할 수 있는 것이다. 증자와 감자는 기업의 재무 상태와 주주 구조를 조정하는 데 사용되는 중요한 도구로 사용된다. 이러한 과정은 주식 시장에서 기업의 전략과 투자 결정에 영향을 미칠 수 있으므로, 주주와 투자자들은 이러한 과정을 주의 깊게 관찰하고 이해해야 한다.

 생각해보기 **기업들은 어떠한 자본조달 방법을 선호할까?**

앞서 배운 내용을 종합해보면 영업을 시작한 기업이 자본을 추가적으로 조달하는 방법은 총 세 가지이다. 첫째는 은행으로부터 돈을 빌리는 것이고 둘째는 사채를 발행하고 시장의 다양한 사람들에게 유통하는 방법이 있다. 두 방법 모두 타인자본을 조달하여 부채를 증가시킨다. 그러나 은행에서는 심사를 받고 결과에 따라 돈을 빌리게 되므로 다른 방법에 비해 비교적 단순하게 자본을 조달할 수 있다는 장점이 있다. 특히 회사채의 신용등급이 높은 기업(보통 AA이상)은 은행에서 돈을 빌리는 것보다 사채 금리가 훨씬 낮지만 높은 안정성으로 사채시장의 수요가 많다. 그러나 그레이존이라 불리는 B부터 AA 사이 신용등급의 기업들은 신용도는 양호하나 사채발행이 상대적으로 어려울 수 있다. 사채를 갚지 못하게 되면 채무불이행으로 부도·파산까지 이르게 될 수 있지만 은행에서는 상환을 못하게 될 때 만기를 연장해준다거나, 프리워크아웃(사전채무조정제도) 등으로 숨통을 만들어 준다. 이 때문에 은행에 돈을 빌리게 되면 사채보다 좀 더 높은 금리를 지불해야 하지만 상대적으로 더 안정적인 자금 확보가 가능하다. 높은 신용도의 기업이 낮은 금리로 사채를 발행하여 시장의 자금을 빨아당기는 자금 블랙홀이 나타난다면 더욱이 그레이존 기업들은 은행으로 몰릴 수밖에 없다. 반면 사채의 장점으로는 만기, 이자, 상환해야 할 금액, 규모 등을 기업이 직접 정해 채무증권을 발행한다는 장점이 있다. 타인자본으로부터의 자금조달은 자기자본조달(주식발행)과 비교했을 때 부채 및 부채비율이 증가하고, 만기까지 정기적으로 이자를 지급해야한다는 단점이 있다. 그러나 이자의 발생이 나쁜 것만은 아니다. 이자비용이 발생하면 (예외사항을 제외하고) 세무관점에서 법인소득이 줄어들어 법인세 감소 효과를 누릴 수 있다.

자본을 조달하는 마지막 방법은 주식을 발행하는 것이다. 주식에는 만기와 이자가 존재하지 않기 때문에 발행회사는 상환압박과 이자상환 부담이 없다. 무엇보다 부채를 늘리지 않으며 자금의 증가와 함께 자금을 조달할 수 있다는 점에서 기업의 재무상태가 우량해보이는 장점이 있다. 기업이 발행한 주식을 인수한 투자자는 주주총회에 참여해 회사의 주요한 의사결정에 참여하는 등 목소리를 낼 수 있으며 경우에 따라 회사가 창출한 이익의 일부를 배당으로 받을 수 있다. 그러나 이를 주식발행 기업 입장에서 생각해보면 경영권을 침해받을 가능성이 커진다는 것을 의미한다. 단, 배당은 반드시 지급해야하는 금액이 정해져 있지 않기 때문에 당기순손실을 보고한 경우 배당을 지급하지 않아도 되고, 이익을 보고한 경우에도 기업이 다른 투자처에 투자하거나 운영자금으로 사용하기 위해 이익의 일부 또는 전부를 회사 내에 보유할 수 있다. 특히 추가적인 주식발행으로 새로운 주주들이 유입되면 기존 주주의 지분율 및 지배력이 감소하기 때문에 기업은 기존 주주들의 동의를 얻어야 신주를 발행할 수 있다. 위와 같은 장단점을 고려해 기업은 규모, 상환능력, 지분율 변동 등 여러 요인들을 비교·분석하여 타인자본과 자기자본을 적절히 활용해 필요한 자금을 조달한다.

비교	타인자본		자기자본
	차입	사채발행	주식발행
장점	• 채무불이행으로 인한 파산 가능성이 낮아 안정적인 자금확보 가능 • 돈을 빌리는 절차가 비교적 단순함 • 의결권, 배당권을 지급해야할 주주가 없음	• 만기, 이자, 규모 등 사채발행기업이 자유롭게 정할 수 있음	• 원리금 상환의무에 대한 부담이 없음 • 부채비율 증가 없이 자본조달 가능
단점	• 사채발행에 비해 금리가 높을 수 있음 • 원리금 상환의 부담이 있음 • 부채비율이 증가함	• 채무불이행으로 인한 파산 가능성이 높음	• 새로운 주주의 유입으로 경영권에 영향을 미칠 수 있음 • 기존주주의 지분율 및 지배력이 감소함 • 기존주주의 동의를 얻어야 신주발행이 가능함

💡 자금조달을 위해 무분별하게 주식을 발행할 수 없는 이유를 다시 생각해보자.

💡 은행은 돈을 빌려주지만 경영권에 참여하지 못하는 데 반해 주주는 경영권에 참여할 수 있는 이유는 무엇일까?

 생각해보기   **사채인 듯 사채 아닌 사채 같은 너?**

2023년 3월, 미국 역사상 두 번째로 큰 규모의 실리콘밸리은행(SVB)이 파산하는 사건이 발생했다. 그 충격이 전 세계 금융권과 기업들로 번지고 있었고, SVB의 최대주주인 사우디국립은행이 추가적인 유동성 지원이 없을 것임을 발표했다. 이때 금융위기 이후로 저조한 실적, 큰 규모의 손해 보고 등 그간 신뢰성을 잃어버린 한 스위스 은행이 주가가 20% 넘게 폭락하는 등 문제가 불거지다 결국 파산의 위기에 처하게 되었다. 그 은행이 바로 스위스에서 160년의 역사를 자랑하는 세계 상위5위권의 글로벌 투자은행, 크레디트스위스(CS)이다. 오랜 역사의 은행 파산은 어마어마한 파장을 불러일으킬 것이기에 정부의 투입이 불가피했다. 스위스 중앙은행은 '금융 안정을 확보하고 스위스 경제를 보호하기 위한 조치로 UBS가 크레디트 스위스 은행을 인수하기로 결정했다'는 발표를 하게 된다.

일반적으로 기업이 파산을 하게 되면 채권자의 청구권이 우선하게 되므로 주주는 잔여지분에 대한 청구권만 가지게 된다. CS의 파산으로 인해 주주들은 모두 피해를 볼 것으로 예상하였으나 다행히 스위스 중앙은행이 UBS의 인수를 발표한 것이다. 단, 크레디트 스위스 22.48주와 USB 1주를 교환하여, 현 주가보다 60% 낮은 가격인 4.1조 원에 인수하기로 결정되었다. 크레디트 스위스의 모든 주주들은 –60%의 손실을 보고 UBS의 주식으로 강제 교환하게 되었다. 채권자, 심지어 주주까지 모두 구해진 것이다. 그러나 여기서 주주보다 더 큰 손해를 보는 사람들이 생긴다. 바로 코코본드의 채권자들이다. 우리돈 22조 원 가까이 넘는 채권이 휴지조각이 되어버렸다. 분명 채권자들은 파산시 청구권이 우선된다고 하였다. 그러나 왜 코코본드의 채권자들은 전액을 잃게 된 것일까?

코코본드는 영어로 contingent convertible bond라 한다. 영문명을 해석하면 조건부 전환가능이라는 의미이며, 국문명은 조건부전환사채(또는 조건부자본증권)라 한다. 코코본드는 일정 조건하에서 동의없이 주식으로 전환되거나 상각되는 권리가 부여된 사채다. 이때 일정한 조건이란 주로 회사가 경영상 어려움에 처하는 경우 등으로 이와 같은 상황이 발생하면 코코본드는 강제로 주식으로 전환되거나 상각된다. 이러한 불리한 조건으로 발행되므로 금리가 높다는 특징이 있다. 또한, 부채와 자본 사이 그 어디 애매한 곳에 위치한 코코본드는 사실상 자본으로 인정을 받았다. 이에 사채발행자는 유사시 상각할 수 있다는 것뿐만 아니라 자본으로 인정받는다는 점에서 안정성을 높일 수 있는 것이다.

크레디트 스위스 사태 때 당연 코코본드의 채권자들은 주식으로 전환하여 구해지는가 싶었다. 통상적으로 코코본드 발행회사에 문제가 생기면 주식으로 전환되었기 때문이었다. 그러나 그 믿음이 깨져버렸다. 주식으로 전환되거나 상각될 수 있다는 조건 중 상각이 택해졌고 코코본드는 버림받았다. 이 사건으로 인해 신뢰성이 깨져버린 채권시장에서 코코본드뿐만 아니라 '조건부'전환형 사채권자들이 본드를 내던져버리는 본드런이 발생할 수 있어 금융당국이 주의와 경계를 늦추지 않았다.

💡 금융 시스템과 채권시장의 안정성을 강화하기 위해 어떤 조치가 필요할까?
💡 채권시장에서는 신뢰성이 왜 중요한가? 이와 같이 채권시장의 신뢰성을 깨트리는 사건을 찾아보자.

2. 자기주식

(1) 자기주식의 취득

기업들은 주가관리, 대주주 지분율 상승을 통한 경영권 방어, 임직원에게 성과급 지급 등의 이유로 증권시장에서 유통되고 있는 주식을 다시 사들일 수 있다. 즉 주주가 가지고 있는 자신의 주식(자사주)의 일부를 다시 재취득할 수 있다는 의미이다. 이때 기업이 재취득 이후 보유하게 된 주식을 **자기주식(또는 자사주)**이라 한다. 자기주식에는 의결권과 배당권이 주어지지 않는다. 또한, 주주가 납입한 자본을 다시 돌려주는 것과 같으므로 주주와의 거래이나 자본을

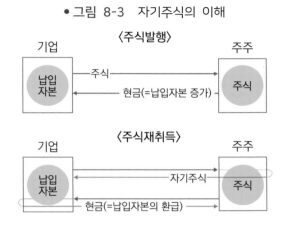

• 그림 8-3 자기주식의 이해

차감하는 계정과목으로 자본조정에 분류한다. ㈜청소가 ₩10,000의 가격으로 자사주를 2,000주 매입했다면 ₩20,000,000 상당의 자기주식을 취득한 것이고 자본의 차감적 계정인 자본조정으로 기록한다.

자기주식 = 주당 취득금액 × 취득한 자기주식수

기업은 자기주식을 취득했다가 재발행하거나 소각할 수 있다. 재발행한다는 것은 자본시장에 다시 주식을 판매한다는 의미이고 소각한다는 것은 자신들의 주식을 없앤다는 의미이다.

 생각해보기 **왜 줬다 뺏는 거야? 자사주 바로알기**

기업들이 자사주를 취득하는 데에는 다양한 이유가 있다. 첫째, 자사주 취득은 주가를 올려 주주에게 부를 환원한다는 목적이 있다. 기업이 자사주를 매입하면 그 이유를 공시해야 한다. 한국의 경우 공시내용을 살펴보면 자사주 매입 목적의 90% 이상이 주가안정과 주주이익 제고이다. 자사주매입과 주가는 어떠한 관계를 가질

까? 자사주를 취득하게 되면 주당순이익(earnings per share, EPS)이 상승하여 일시적으로 주가가 상승하게 된다. EPS는 당기순이익을 유통주식수로 나누어 계산한다. 유통주식수란 발행주식수에서 자기주식을 차감한 주식의 수이다. 개념적으로는 시장에서 유통되고 있으면서 의결권과 배당권을 모두 가진 주식의 수를 의미한다. 따라서 자사주취득으로 유통주식수가 줄어들게 되므로 EPS가 상승하게 되는 것이다. 또한 자사주 취득에는 시장에 기업가치가 저평가되어 있다는 신호(signal)를 주는 효과가 있다. 기업이 자사주를 매입하게 되면 시장은 정보가 상대적으로 많은 기업이 유리한 가격에 자사주를 취득했다고 생각하게 될 것이다. 기업의 내재가치 보다 주가가 고평가되어 있다면 기업은 굳이 비싼 가격에 주식을 사려하지 않을 것이기 때문이다. 이러한 자기주식 취득에는 일시적인 주가상승이 뒤따른다. 주가의 상승은 결국 주주의 부를 증대시켜주게 되므로 주주에 대한 부의 환원이 가능하게 되는 것이다.

둘째, 대주주의 지분율 상승으로 인한 지배권 강화, 경영권 방어를 목적으로 자사주를 취득한다. 외부로부터의 경영권 공격을 방어하기 위해 대주주는 다량의 주식을 보유해야 한다. 다만, 대주주가 주식을 매수하는 데에는 막대한 현금유출이 발생할 수밖에 없다. 그러나 기업이 자사주를 취득하게 되면 법인이 주식을 매수하는 것이므로 대주주는 손 안대로 코풀기 격으로 현금유출없이 지분율을 높일 수 있는 것이다.

셋째, 임직원의 주식보상제도에 활용하기 위해서이다. 성과보상에 주식을 활용하게 되면 상대적으로 단기적인 성과에 집중한다는 문제가 약화된다. 주식보상제도중 대표적인 방법이 양도제한조건부주식(Restricted Stock Unit, RSU)과 스톡옵션의 지급이 있다. 스톡옵션은 정해진 가격으로 주식을 살 수 있는 권리를 부여하는 것이다. 기업의 입장에서 현금유출이 발생하지 않기 때문에 성장성이 높은 기업이 고급인력을 유치하기 위한 수단으로써 활용된다. 단, 스톡옵션을 행사하려면 임직원들은 주식을 사기 위해 돈을 내야 한다. 반면 RSU는 (구체적인 조건에 따라 달라질 수 있겠지만) 주식 자체를 주는 것이다. 임직원들은 돈을 내지 않아도 되지만 회사는 임직원들에게 지급할 자사주를 매입하기 위해 현금을 유출해야 한다.

한국에서는 기업들이 자사주를 취득한 경우 대주주의 지배권을 강화하기 위한 목적이라는 비난을 강하게 하는 편이다. 그러나 대주주의 지분율 강화는 공격적인 적대적 M&A나 경영권 위협에 대한 방어수단일 수 있다. 특히 한국의 경우 경영권을 방어할 수 있는 방법이 많지 않기 때문에 자사주매입이 유용한 수단이 된다. 저평가 되어 있는 주식을 매입한 것이라면 적절한 시기에 다시 판매(재발행)하여 자기주식처분이익과 현금을 확보할 수도 있다. 또한 대주주뿐만 아니라 기존 주주들의 지분율이 함께 상승하고, 주가상승이라는 효과를 누릴 수도 있다. 다만, 정말 주주에 대한 부의 환원을 위해 자사주를 취득한 것이라면 자사주를 매입하고 나서 소각해야 한다. 자사주를 소각하면 발행주식수가 줄어들기 때문이다. 반면 소각하지 않는 다는 것은 다시 자사주가 시장에 풀릴 가능성이 있고, 이는 결국 주주들의 지분율 상승을 다시 하락(원상복귀)시키는 셈이다.

💡 주주들은 자사주 매입을 통한 주가상승을 언제나 선호할까? 단기 투자자와 장기투자자의 입장을 고려해 생각해보자.

(2) 재발행

기업이 자기주식을 매입했을 때 지불한 금액을 자기주식의 취득원가, 재발행하여 판매한 금액을 재발행금액이라 한다. 자기주식을 취득하면 자본이 감소하므로 자기주식을 되팔게 되면 자본은 다시 증가하게 된다. 즉, 주식을 새로 발행하는 경우 현금(자산)의 증가와 함께 자본(자본금)의 증가를 기록하는 것과 비슷하게 자기주식을 재발행하는 경우 현금(자산)의 증가와 함께 자본이 증가하는 것이다.

이때 자기주식의 취득원가보다 재발행금액이 크면 기업이 자기주식을 싸게 매입하여 비싸게 다시 판매했다는 것을 의미하므로 취득원가를 초과한 재발행금액만큼을 **자기주식처분이익**(자본잉여금)으로 처리한다. 이 거래는 자본을 증가시킨다. ㈜청소가 취득한 ₩20,000,000(=₩10,000×2,000주)상당의 자사주를 주당 ₩12,000에 발행했다면, ㈜청소는 주당 ₩2,000(=₩12,000−10,000)만큼의 이익을 본 것이다. 단, ₩4,000,000(=₩2,000×2,000주)만큼을 자기주식처분이익 계정과목으로 자본잉여금에 분류한다. 반면 취득원가가 재발행금액보다 크다면 주식을 비싸게 매입하여 싸게 다시 판매하는 것과 같다. ㈜청소가 취득한 자사주를 주당 ₩8,000에 발행했다면, ㈜청소는 주당 ₩2,000(=₩10,000−8,000)만큼 손실을 보게 된다. 이때는 취득원가를 미달한 재발행금액만큼(₩4,000,000=₩2,000×2,000주)을 **자기주식처분손실**(자본조정)로 처리한다. 이 거래는 자본을 감소시킨다. 정리하여 자기주식을 재발행할 때는 재발행금액과 취득원가를 비교하여 자기주식처분손실과 자기처분이익을 구분해야 하며, 이들 계정은 손익거래가 아니므로 수익과 비용이 될 수 없음을 기억하자.

> **자기주식의 취득금액 〈 재발행금액**
> **자기주식처분이익 (자본잉여금) = 재발행금액(현금수취액)* − 취득금액(자기주식 장부금액)****

> **자기주식의 취득금액 〉 재발행금액**
> **자기주식처분손실 (자본조정) = 취득금액(자기주식 장부금액)** − 재발행금액(현금수취액)***

* 재발행금액 = 주당 재발행금액 × 재발행주식수
** 취득금액 = 주당 취득금액 × 재발행주식수

[예제 8-1] 자기주식의 취득과 재발행

문제 20X1년 1월 1일 ㈜서울은 액면금액 ₩5,000인 주식 20주를 주당 ₩7,000에 발행하여 회사를 설립하였다. 이후 20X1년 10월 1일에 자기주식 5주를 주당 ₩6,000에 취득하였다. 11월 1일에 주식 5주를 주당 ₩6,500에 재발행하는 경우와 ₩5,000에 재발행한 경우 각각 자본의 변동을 논하라.

답안 각각 자본은 ₩32,500, ₩25,000만큼 증가한다.

풀이

20X1.01.01. 주식을 발행했으므로 자본금 ₩100,000(=₩5,000×20주)과 주식발행초과금 ₩40,000 (=₩2,000×20주)의 기록으로 자본이 ₩140,000만큼 증가한다.

20X1.10.01. 자기주식 취득을 자본조정으로 기록하므로 자본이 ₩30,000[1]만큼 감소한다.

20X1.11.01. 자기주식을 ₩6,500에 재발행한 경우, 자기주식 ₩30,000[1]감소, 자기주식처분이익 ₩2,500[2] 증가를 기록한다. 자기주식을 재발행하였으므로 ₩30,000[1] 상당의 자본이 증가한다. 또한, 자기주식처분이익은 자본잉여금에 포함되어 자본을 ₩2,500[2]만큼 증가시키므로 총 자본은 ₩32,500[3]만큼 변동한다.
   [1] 자기주식의 취득금액=₩6,000×5주
   [2] 재발행금액－취득금액=₩32,500－30,000
   [3] ₩30,000＋2,500=₩32,500

20X1.11.01. 자기주식을 ₩5,000에 재발행한 경우, 자기주식 ₩30,000[1]감소, 자기주식처분손실 ₩5,000[2] 증가를 기록한다. 자기주식을 재발행하였으므로 ₩30,000[1] 상당의 자본이 증가한다. 단 자기주식처분손실은 자본조정에 포함되어 자본을 ₩5,000[2]만큼 감소시키므로 총 자본은 ₩25,000[3]만큼 변동한다.
   [1] 자기주식의 취득금액=₩6,000×5주,
      자기주식의 취득은 자본조정으로 기록되므로 자본이 감소하나 자기주식의 감소는 자본을 증가시킨다.
   [2] 취득금액－재발행금액=30,000－25,000
   [3] ₩30,000－5,000=₩25,000

(3) 소각

기업이 자기주식을 재발행하면 자본이 다시 증가하나, 자기주식을 소각하면 주식이 없어지는 것이므로 자본이 감소하게 된다. 자본의 감소는 소각하는 주식의 액면금액의 합을 자본금의 감소로 기록한다.

또한, 소각할 때는 주식의 액면금액과 자기주식의 취득원가를 비교해야 한다. 액면금액보다 취득원가가 작다는 것은, 주식증권 액면, 즉 원래의 가치보다 더 저렴하게 매입하여 태워버린 것과 같다. 따라서 액면금액과 취득원가의 차이만큼을 **감자차익**(자본잉여금)으로 분류한다. ㈜청소가 자기주식 2,000주를 주당 ₩3,000에 취득했다면, ㈜청소는 주당 ₩2,000(=₩5,000－3,000)만큼의 이익을 본 것이다. 따라서 총 ₩4,000,000(=₩2,000×2,000주)만큼을 감자차익(자본잉여금)으로 처리한다. 반면 액면금액보다 자기주식의 취득원가가 크다면 주식증권 액면의 가치보다 비싸게 자기주식을 매입했다는 것을 의미하므로 차이만큼을 **감자차손**(자본조정)으로 처리한다. ㈜청소가 자기주식 2,000주를 주당 ₩7,000에 취득했다면, ㈜청소는 주당 ₩2,000(=₩7,000−5,000)만큼의 손실을 보게 된다. 따라서 총 ₩4,000,000(=₩2,000×2,000주)만큼을 감자차손(자본조정)으로 처리한다. 이와 같이 자기주식의 소각시에는 액면금액과 취득원가를 비교하여 감자차익과 감자차손을 산정해야 하고, 이들계정 또한 손익거래가 아님을 기억하자.

액면금액 > 자기주식의 취득금액

감자차익(자본잉여금) = 액면금액* − 취득금액**

액면금액 < 자기주식의 취득금액

감자차손(자본조정) = 취득금액** − 액면금액*

---

* 액면금액 = 주당 액면금액 × 소각주식수
** 취득금액 = 주당 취득금액 × 소각주식수

[예제 8-2] 자기주식의 소각

문제 20X1년 1월 1일 ㈜서울은 액면금액 ₩5,000인 주식 20주를 주당 ₩7,000에 발행하여 회사를 설립하였다. 이후 20X1년 10월 1일에 자기주식 5주를 취득하여 소각하였다. 이때 자기주식을 주당 ₩6,000에 취득한 경우, 주당 ₩4,000에 취득한 경우 각각 자본의 변동을 논하라.

답안 각각 자본은 ₩30,000, ₩20,000만큼 감소한다.

풀이

20X1.01.01. 주식을 발행했으므로 자본금 ₩100,000(=₩5,000×20주)과 주식발행초과금 ₩40,000 (=₩2,000×20주)의 기록으로 자본이 ₩140,000만큼 증가한다.

20X1.10.01. 자기주식을 ₩6,000에 취득하여 소각하였다면 자기주식의 취득원가는 ₩30,000[1]이다. 이 경우 자본금이 ₩25,000[2]만큼 감소하고 감자차손은 ₩5,000[3]만큼 기록한다.
  [1] 자기주식 취득금액 = ₩6,000×5주
  [2] 소각하는 주식의 액면금액 = ₩5,000×5주
  [3] 취득금액 − 액면금액 = ₩30,000−25,000

20X1.10.01. 자기주식을 ₩4,000에 취득하여 소각하였다면 자기주식의 취득원가는 ₩20,000이다. 이 경우 자본금이 ₩25,000[2]만큼 감소하고 감자차익은 ₩5,000[3]만큼 기록한다.
  [1] 자기주식 취득금액 = ₩4,000×5주

2) 소각하는 주식의 액면금액 = ₩5,000×5주
3) 액면금액 − 취득금액 = ₩25,000 − 20,000

• 그림 8-4 주식의 발행 및 자기주식 관련 회계처리 및 자본 구성 항목

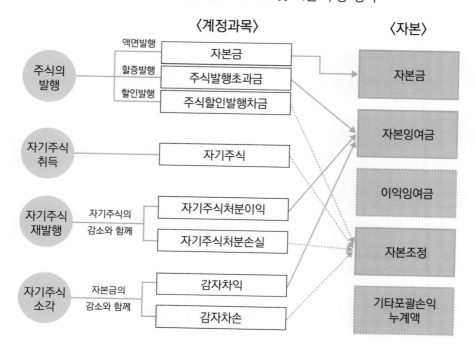

 생각해보기 **사내유보금 바로 알기**

사내유보금이란 자본잉여금과 이익잉여금, 즉 잉여금의 합을 의미한다. 이름 자체에 '금'이 붙었다 하여 사내유보금이 많다는 것을 흔히 기업이 보유하고 있는 현금이 많다고 착각하여 투자, 일자리 창출 등에 돈을 쓰지 않는다고 비판하는 경우가 있다. 그러나! 이는 흔한 오해다. 사내유보금이 많다 해서 그 많은 유보금만큼이 기업에 현금으로 쌓여있는 것이 아니기 때문이다. 기업은 이익을 창출하면 당기순이익이 이익잉여금으로 쌓이게 되고, 사내유보금이 많아진다. 이익은 수익의 증가에 따라 높아지고, 비용의 발생에 감소하게 된다. 즉, 수익의 증가는 사내유보금의 증가와 관련이 높고, 비용의 증가는 사내유보금의 감소와 관련이 높다. 그러나 사내유보금 증가는 현금의 증가를 수반하지 않는다.

여기서 잠깐, 기업이 기계장치 매입, 공장 증설 등 유형자산을 늘렸다고 생각해보자. 유형자산의 취득에는

비용이 발생하지 않는다. 현금으로 매입했다면, 유형자산이 증가하고 현금이 감소하게 된다. 물론 유형자산의 취득원가를 내용연수기간동안 분배하여 감가상각비가 발생하긴 하지만, 유형자산의 취득 시점에는 비용이 없다. 가령 한 기업이 x1년도의 재무제표에 현금(자산) ₩20, 이익잉여금(자본) ₩20을 보고하고 있다고 가정해 보자. 미래의 투자를 위해 공장설비를 증설했고, ₩20의 현금을 써서 기계장치를 매입했다면 회계담당자는 이 거래를 현금 ₩20의 감소와 유형자산 ₩20의 증가로 기록한다. 결국 재무제표에는 현금이 ₩0이 되어 유형자산(자산) ₩20, 이익잉여금(자본) ₩20으로 구성된다. 사내유보금이 ₩20이라 하여 현금이 ₩20만큼 쌓인 게 아니라는 것이다. 특히 이익을 계산하기 위한 수익과 비용은, 발생주의 원칙에 의해 현금을 수반하지 않는 수익과 비용이 있을 수 있기에 더욱 이익창출이 현금을 수반한다 할 수 없다. 외상으로 상품을 팔았다면 외상매출금(자산)과 매출액(수익)의 증가를 기록하기 때문이다. 이와 같은 회계처리를 생각해보면 사내유보금이라는 것은 회계상의 이익을 누적한 것이지 현금을 누적한 것이 아니다.

우리나라는 2015년부터 2017년까지 '기업소득 환류세제'를 한시적으로 적용하였고, 2018년부터는 투자·상생협력 촉진세제로 개정되었다. 기업이 한 해 이익의 일정부분 이상을 투자, 임금 인상, 배당 등으로 활용하지 않으면 법인세로 추가 징수하겠다는 제도인데, 취지는 기업소득과 가계소득 간 선순환을 유도하여 경기부양을 목적으로 한다. 상호출자제한기업집단(대기업집단) 기업을 대상으로 적용하다 보니 돈 많은 기업이 돈을 쓰지 않으면 과세하겠다는 내용이었다. 기업소득 환류세제 발표가 있고 나서 재계와 학계에 많은 논란이 있었다. 먼저, 법인세에 더불어 미환류소득에 대한 과세를 매기는 것이므로 이중과세라는 논란이다. 또한, 위에서 논의한 바와 같이 사내유보금은 현금과 이외의 자산의 형태로 기업이 보유하고 있는 것이므로 상당부분 기업이 투자활동으로 사용하고 있기에 적절치 않다는 의견이 많았다.

아직도 사내유보금에 대한 논란은 때마다 나온다. 왜 사내유보금에 대한 비판이 무엇인지, 논란이 적절한지 판단해봐야 할 것이다.

연습문제

1. ○× 문제 연습

(1) 주주와의 자본거래는 손익계산서를 거치지 않고 직접 재무상태표의 자본에 반영된다.

(2) 손익거래는 당기순이익, 기타포괄손익의 형태로 누적되어 재무상태표의 자본에 반영된다.

(3) 우선주를 소유한 주주들은 이익배당이나 잔여재산의 분배에 대한 권리를 받을 수 없다.

(4) 이익잉여금은 당기순이익을 누적한 자본항목으로써 모두 배당으로 지급가능하다.

(5) 기업이 자기주식을 재취득하게 되면 총자본이 증가한다.

(6) 자본은 기업의 자산에서 부채를 차감한 후의 잔여지분을 의미한다.

(7) 자본잉여금의 항목으로는 주식발행초과금과 자기주식처분이익, 감자차익이 있다.

(8) 주식을 액면금액 이상으로 발행할 경우 액면금액을 초과하는 금액을 이익잉여금으로 표시한다.

(9) 주식을 액면금액과 같은 금액으로 발행하는 경우, 액면금액을 초과하여 발행하는 경우, 액면금액을 미달하여 발행하는 경우 모두 자본금은 동일하게 대변에 기록된다.

(10) 자기주식을 재발행하게 되면 자본이 증가하고, 소각하게 되면 자본이 감소한다.

해답

(1) ○.

(2) ○.

(3) ×. 우선주의 소유주는 의결권을 행사할 권리는 없지만 이익배당 및 잔여재산의 분배에 대해 보통주 주주보다 우선적인 권리를 갖는다.

(4) ×. 법정적립금 및 임의적립금은 일정금액이상 보유해야하는 이익잉여금이므로 배당이 불가하다. 배당은 미처분이익잉여금의 한도내에서 지급될 수 있다.

(5) ×. 자기주식은 자본조정항목으로 자본이 감소하는 거래이다.

(6) ○. 자본은 자산에서 부채를 차감한 금액과 같으므로 순자산 또는 잔여지분이라 불린다.

(7) ○.

(8) ×. 주식발행초과금으로 표시한다.

(9) ○. 액면발행, 할증발행, 할인발행 모두 자본금은 동일하다.

(10) ○.

2. 괄호 안에 알맞은 답 넣기

(1) 회사의 자본금이 증가하는 것을 (　　　　　　　　　　)(이)라 하고, 자본금이 감소하는 것을
　　(　　　　　　)(이)라 한다.

(2) (　　　　　　　)(이)란 주주와의 자본거래로 발생한 자본으로서 자본금과 자본잉여금으로 구분된
　　다. 자본금은 발행주식수와 액면금액의 곱으로 나타낼 수 있으며 자본잉여금은 (　　　　　　)와
　　(과) 자기주식처분이익, 감자차익으로 구성된다.

(3) 이익잉여금의 일부를 법 규정에 따라 주주나 채권자 등의 보호를 위해 적립해두는 것을
　　(　　　　　　　)(으)로, 미래를 위한 투자나 부채상환 등 특수한 목적을 위해 기업이 자발적으로
　　적립하는 것을 (　　　　　　)(으)로, 나머지 이익잉여금은 (　　　　　　　)(으)로 구분한다.
　　배당금은 이중 (　　　　　　　)에서 지급할 수 있다.

(4) (　　　　　　　)(이)란 기업이 이미 발행하여 주주에게 판매한 주식 중 일부를 나중에 재발행
　　하거나 소각할 목적으로 재취득하여 보유중인 주식을 의미한다.

(5) ㈜서울은 20X1년 1월 1일 법인을 설립하고 신주 100주(액면금액 ₩5,000)를 ₩7,000에 현금발
　　행하였다. 이 거래가 자본에 미치는 영향을 모두 고르시오.　　(　　　　　　　　　　　　　)

가. 납입자본의 증가	나. 자본금의 증가	다. 자본잉여금의 증가
라. 이익잉여금의 증가	마. 자본조정의 증가	바. 기타포괄손익누계액의 증가
사. 자본총액의 증가		

해답

(1) 증자, 감자
(2) 납입자본 / 주식발행초과금
(3) 법정적립금 / 임의적립금 / 미처분이익잉여금 / 미처분이익잉여금
(4) 자기주식.
(5) 가. 나. 다. 사.

3. 객관식 및 주관식 문제

(1) 자기주식의 취득과 관련한 아래의 내용 중 옳지 않은 것을 고르시오.

① 기업이 자신들의 주식을 나중에 재발행 또는 소각하기 위하여 재취득한 주식을 의미한다.

② 자기주식에는 의결권과 배당이 모두 없다.

③ 자기주식의 액면금액과 재발행금액을 비교하여 자기주식처분이익(또는 자기주식처분손실)을
　인식한다.

④ 자기주식의 취득원가와 액면금액을 비교하여 감자차익(또는 감자차손)을 인식한다.

(2) 다음 중 재무상태표의 자본 항목이 아닌 것을 고르시오.

① 감자차손
② 주식할인발행차금
③ 미지급배당금
④ 자기주식처분이익

(3) ㈜서울은 20X1년 1월 1일 법인을 설립하고 신주 100주를 ₩4,000에 현금발행하였다. 이 거래가 재무제표에 미치는 영향으로 옳은 것을 고르시오(주식의 액면금액은 주당 ₩5,000이다.)

① 자본조정이 ₩100,000만큼 감소한다.
② 자본잉여금이 ₩100,000만큼 증가한다.
③ 수익이 ₩100,000만큼 감소한다.
④ 총자본이 ₩400,000만큼 증가한다.

(4) ㈜서울은 주주총회에서 감자를 결정하였다. 주식 100주를 주당 ₩2,000에 매입하여 소각할 때 자본의 영향을 설명한 내용 중 가장 알맞은 것을 고르시오.(주식의 액면금액은 주당 ₩5,000이다.)

① 자본금이 ₩500,000만큼 증가한다.
② 감자차익이 ₩300,000만큼 증가한다.
③ 총자본은 ₩200,000만큼 증가한다.
④ 자기주식이 ₩200,000만큼 증가한다.

(5) 다음의 자료를 이용하여 ㈜서울의 기말 이익잉여금 총액을 구하여라.

㈜서울의 기초 이익잉여금은 1,000,000이다.
㈜서울은 당기 총수익 ₩800,000, 총비용 ₩350,000을 기록하였다.
㈜서울은 당기 배당금 지급액을 ₩45,000으로 결정하였다.

① ₩1,795,000
② ₩1,450,000
③ ₩1,395,000
④ ₩1,405,000

(6) ㈜서울의 재무상태표 자본항목은 아래와 같다. 각 항목에 알맞은 답을 계산하시오.

자본금(주당 액면금액 ₩5,000)	₩2,500,000
주식발행초과금	1,500,000
이익준비금	400,000
사업확장적립금(임의적립금)	200,000
자기주식처분손실	150,000
배당평균적립금(임의적립금)	100,000
미처분이익잉여금	500,000
감자차손	100,000

기타포괄손익누계액			1,380,000
자기주식			120,000
총합			₩ 6,950,000

1) ㈜서울의 납입자본 총액을 계산하여라.

2) ㈜서울의 이익잉여금 총액을 계산하여라.

3) ㈜서울의 자본조정 총액을 계산하여라.

해답

(1) ③ 자기주식의 취득원가와 재발행금액을 비교하여 자기주식처분손익을 인식한다.

(2) ③ 미지급배당금은 부채항목이다.

(3) ④ 자본금이 ₩500,000만큼 증가하고, 할인발행이므로 주식할인발행차금(자본조정)이 ₩100,000만큼 증가한다. 따라서 총자본은 ₩400,000(=₩500,000−100,000)만큼 증가하게 된다.

(4) ② 자본금은 ₩500,000만큼 감소하고 감자차익이 ₩300,000만큼 증가한다.

(5) ④ 1,405,000

   =기초 이익잉여금+당기순이익−배당금=1,000,000+(800,000−350,000)−45,000

(6) 1) 납입자본 ₩4,000,000, 2) 이익잉여금 ₩1,200,000, 3) 자본조정 ₩370,000

	납입자본	이익잉여금	자본조정
자본금(주당 액면금액 ₩5,000)	₩2,500,000		
주식발행초과금	1,500,000		
이익준비금		400,000	
사업확장적립금(임의적립금)		200,000	
자기주식처분손실			150,000
배당평균적립금(임의적립금)		100,000	
미처분이익잉여금		500,000	
감자차손			100,000
기타포괄손익누계액 1,380,000			
자기주식			120,000
총합 ₩ 1,380,000	1) ₩ 4,000,000	2) ₩ 1,200,000	3) ₩ 370,000

본 장에서는 손익계산서상의 수익과 비용의 구체적인 항목에 대해 배워보도록 한다. 오른쪽 표는 손익계산서를 나타낸다. 표를 통해 손익계산서의 형식을 학습해보자. 옷을 파는 쇼핑몰을 운영한다면 고객들에게 옷을 팔고 받은 대가를 매출액, 옷 판매를 위해 구입한 옷의 원가를 매출원가라 한다. 매출액에서 매출원가를 차감한 것을 매출총이익이라 하는데, 매출총이익은 별도의 계정과목이 아닌 매출액과 매출원가의 결과를 나타내는 항목이다. 쇼핑몰의 판촉비, 광고비용과 같은 판매활동. 쇼핑몰 운영자

손익계산서
㈜쇼핑몰   20X1.1.1~12.31   (단위: 원)
매출액
(매출원가)
매출총이익
(판매비와관리비)
영업이익
영업외수익
(영업외비용)
법인세차감전이익
(법인세비용)
당기순손익

의 급여 등 기업의 관리활동에서 발생하는 비용으로서 매출원가에 속하지 않는 모든 영업비용을 판매관리비라 한다. 매출총이익에서 판매관리비를 차감하여 영업이익(또는 영업손실)을 계산한다. 다음으로 영업이익에 영업외수익을 가산하고 영업외비용을 차감하면 법인세비용차감전순손익을 계산할 수 있다. 법인세차감전순이익에서 관련법령에 의해 과세된 세율을 곱해 법인세비용을 계산할 수 있다. 법인세차감전순이익에서 법인세비용을 차감하면 당기순이익을 구할 수 있다.

    수익이란 일정기간 동안 기업이 경영활동을 통해 벌어들인 경영성과로, 물건을 팔거나 서비스를 제공하여 기업이 벌어들인 돈을 의미한다. 사전적으로 수익은 자산의 증가, 또는 부채의 감소에 따라 자본의 증가를 초래하는 경제적 효익의 총 유입이라 정의한다. 먼저, 수익은 자산의 증가와 함께올 수 있다. 현금매출이나 외상매출의 경우 매출(수익)이 발생하며 동시에 현금(자산)의 증가 또는 매출채권(자산)의 증가가 기록되기 때문이다. 수익은 부채의 감소와 함께 올 수도 있다. 가령 건물주가 선불로 임대료를 먼저 받고 임대해준 경우, 현금(자산)의 증가와 선수수익(부채)의 증가가 기록되고, 건물을 사용한 이후 결산일에는 선수수익(부채)의 감소와 임대료(수익)의 증가를 기록한다. 이렇게 기록된 수익은 이익을 높여 이익잉여금으로 쌓이기 때문에 자본의 증가를 초래한다. 수익은 크게 영업수익과 영업외수익으로 구분할 수 있다. **영업수익**은 주로 매출액으로 표현되는데, 기업의 주된 영업활동으로 물건을 판매하고 용역을 제공하여 받은 대가를 의미한다. 상품매매기업에서는 상품판매를 통한 수익이 매출액에 기록되며 제조업에서는 제품판매를 통한 수익을 매출액으로 기록한다. 구체적으로 문구용품 도매업에서는 문구용품의 판매가, 금융업에서는 대여금의 이자수입액이 주된 영업활동이 된다. 손익계산서상의 매출액은 총매출액에서 매출환입및에누리, 매출할인을 차감하여 계산한 순매출액으로 기록할 수 있다. **매출환입및에누리**란 판매한 상품 중 하자나 파손이 있는 상품에 대해 반품 및 할인해주는 금액을 의미한다. **매출할인**이란 외상매출금을 조기에 회수하는 경우 약정에 의해 외상대금을 할인해주는 금액을 의미한다. 총매출액에서 매출할인과 매출환입및에누리를 차감한 금액을 순매출액이라 부른다.

순매출액=총매출액 − 매출환입및에누리 − 매출할인

    영업외수익은 기타수익이라고도 하는데, 기업의 주된 영업활동 이외의 투자 및 재무활동 등을 통해 발생하는 수익과 차익으로서 중단사업손익에 해당하지 않는 것으로 정의한다. 쇼핑몰을 운영중이라면 이자수익, 수수료수익, 유형자산처분이익, 배당금수익, 임대료수익, 잡이익 등이 영업외수익에 포함된다.

02 비용

비용이란 일정기간 동안 수익을 창출하기 위해 지불한 대가를 의미한다. 사전적으로 비용은 자산의 감소 또는 부채의 증가에 따라 자본의 감소를 초래하는 기업의 경영활동을 위해 희생된 경제적 효익의 감소라 정의한다. 먼저, 비용은 자산의 감소와 함께 올 수 있다. 현금으로 직원에게 급여를 지급했다면, 급여(비용)의 발생과 함께 현금(자산)의 감소가 온다. 또한, 비용은 부채의 증가와 함께 올 수도 있다. 가령 건물 임차인이 후불로 임차료를 지급하기로 하고 먼저 건물을 사용했다면, 결산일에 사용한 기간만큼 임차료(비용)의 발생과, 미지급비용(부채)의 증가를 기록한다. 이렇게 기록된 비용은 이익과 이익잉여금을 감소시키기 때문에 결국 자본이 감소하게 되는 거래가 된다.

비용은 크게 매출원가, 판매비와관리비, 영업외비용, 법인세비용으로 구분할 수 있다. **매출원가**는 매출액에 대응되는 비용을 의미한다. 상품매매업의 경우 판매된 상품의 매입원가를 매출원가로 기록하고, 제조업의 경우에는 판매된 제품의 제조원가를 매출원가로 기록한다. 상품매매기업의 매출원가는 아래의 식과 같이 기초상품재고액에서 당기상품매입액을 가산한 후 기말상품재고액을 제하여 구할 수 있다. 기초상품재고액이란 지난 기간에 판매를 위해 매입했지만 판매하지 못하여 보관해둔 재고의 원가를 의미한다. 당기상품매입액이란 당기에 판매를 위해 매입한 상품의 원가를 의미한다. 기초상품재고액과 당기상품매입액을 합하면 당기에 판매할 수 있는 재고의 원가(판매가능재고액)가 된다. 기말상품재고액이란 당기에 판매되지 못하고 남은 재고의 원가를 의미하므로 판매가능재고액에서 기말상품재고액을 차감하면 '팔려나간' 상품의 원가인 매출원가를 계산할 수 있는 것이다. 단, 매출원가를 계산할 때 당기상품매입액은 총매입액에서 매입할인, 매입환출및에누리를 차감한 순매입액을 대입해야 한다. 이때 총매입액에는 상품의 매입가격뿐만 아니라 매입운임료, 하역료, 관세 및 각종세금 등 재고자산의 취득과 관련하여 직접 발생한 비용을 가산해야 한다. 또한, **매입환출및에누리**란 매입한 상품 중 하자나 파손이 있는 상품에 대해 반품 및 할인을 받은 금액을 의미한다. **매입할인**이란 외상매입금을 조기에 상환하는 경우 약정에 의해 외상대금을 할인해주는 금액을 의미한다. 매입가격과 매입부대비용을 가산한 총매입액에서 매입할인과 매입환입및에누리를 차감한 금액을 순매입액이라 부른다.

$$\text{상품의 매출원가} = \text{기초상품재고액} + \text{당기상품매입액}^{1)} - \text{기말상품재고액}$$
$$^{1)} \text{당기상품매입액(순매입액)} = \text{총매입액}^{2)} - \text{매입환출및에누리} - \text{매입할인}$$
$$^{2)} \text{총매입액} = \text{매입가격} + \text{매입부대비용}$$

판매비는 상품 및 제품 등의 판매활동과 관련하여 발생하는 판촉비 광고비 등과 같은 비용을, 관리비는 기업의 관리활동과 관련하여 발생하는 비용을 의미하며 편의상 **판매비와 관리비**를 통합하여 기록한다. 사실상 매출원가에 속하지 않는 모든 영업비용을 판매관리비라 하며, 직원의 급여 및 퇴직급여, 광고선전비, 본사건물의 감가상각비, 복리후생비, 세금과공과금, 수선비, 보험료, 전력비, 차량유지비, 여비교통비, 소모품비, 수수료비용, 대손상각비, 연구비, 수도광열비, 임차료 등이 포함된다. **영업외비용**은 기업의 주된 영업활동이 아닌 활동으로부터 발생한 비용과 차손으로서 중단사업손익에 해당하지 않는 것으로 정의한다. 가령 돈을 빌리고 내는 이자비용, 영업차량을 처분하여 발생한 손실(유형자산처분손실), 잡손실 등이 영업외비용에 포함된다.[1] 다음으로 **법인세비용**이란 회계기간 동안에 납부해야할 법인세액을 의미한다. 기중의 법인세 중간예납액과 이자수익 등의 원천징수 금액을 합한 만큼을 선납세금으로 기록하고, 기말에는 법인세비용과 선납세금이 대체된다. 이 과정에서 미지급법인세(부채)가 기록된다.

03 손익계산서의 비율

참고로 쇼핑몰이 주된영업활동으로 벌어들인 매출액 중에 원가의 비율을 알고 싶다면 매출원가를 매출액으로 나누어주면 된다. 이를 **매출원가율**이라 한다. 매출원가율은 상품 또는 제품 한 단위의 수익을 창출하는 데 드는 비용을 파악하여 영업활동의 능률성을 판단할 수 있는 지표로 활용된다. **매출총이익률**은 매출총이익을 매출액으로 나누어 계산한다. 매출총이익률은 제품 또는 상품 한 단위에 대하여 매출원가를 제한 수익성이 얼마나 좋은가를 나타내는 수익성 지표이다. 매출

---

[1] 이는 일반기업회계기준에서 정의에 따라 작성되는 손익계산서의 일부 구성항목이다. 한국채택국제회계기준에 따라 포괄손익계산서를 작성할 시 영업외수익 대신 기타수익 및 금융수익 등, 영업외비용 대신 기타비용 및 금융비용의 명칭으로 구분하여 표시해야 한다.

원가율은 낮을수록, 매출총이익률은 높을수록 매출로부터 판매한 수익을 많이 남길 수 있는 것으로 판단한다. 단, 값싼 원자재의 사용 등으로 질이 낮은 제품 또는 서비스를 제공함으로써 비용을 줄이면 낮은 매출원가율(또는 높은 매출총이익률)을 보고할 수 있으니 절대적인 기준과 판단은 피해야 한다. 다음으로 **영업이익률**은 매출액에 대한 영업이익의 비율을 의미하며 기업의 주된 영업활동에 의한 성과를 나타내는 지표로 사용된다. 영업이익률이 높을수록 기업에 유리한 것으로 판단한다.

$$\text{매출총이익률} = \frac{\text{매출총이익}}{\text{매출액}}, \quad \text{매출원가율} = \frac{\text{매출원가}}{\text{매출액}}, \quad \text{영업이익률} = \frac{\text{영업이익}}{\text{매출액}}$$

 생각해보기 영업이익률이 높은 산업?

기업의 업종별로 영업이익률이 큰 차이를 보일 수 있다. 영업이익을 높이기 위해서는 매출을 높이거나 매출원가를 줄여야 한다. 이러한 측면에서 건설·조선업은 영업이익률을 높이는 것이 어려운 구조이다. 대규모 자본의 투입 없이도 돈을 벌 수 있는 구조인 서비스업에 비해 대규모의 중기계장비와 인력이 필요하고 원재료 값도 비싼 건설업, 조선업은 영업이익률이 낮을 수밖에 없다. 특히 건물이 무너지고 배가 가라앉는 대규모의 인명피해 사고가 발생할 수 있기 때문에 건설업과 조선업은 품질이 가장 중요하다. 즉, 값이 싼 원자재를 사용하는 데에도 한계가 있고, 그렇다고 설계에 반드시 포함되어야 할 철근, 부품을 누락할 수도 없는 일이다. 그래서 건설업과 조선업은 매출원가를 줄이는 것에 한계가 있어, 박리다매, 즉 대량으로 수주 받아 많이 생산해 영업이익을 많이 남겨야 할 것이다. 이러한 이유에서 이들 산업에는 당기 수주액, 수주 건수를 중요시 여긴다.

같은 산업이라 하더라도 영업이익률은 달라질 수 있다. 부가가치가 높은 디자인, 설계, 소프트웨어 등의 부문에 비해 제조만 담당하는 부문은 부가가치가 낮기에 영업이익률이 상대적으로 낮다. 설계는 한 번 만들어 놓으면 수정·보완을 거쳐 지속적으로 사용할 수 있는 반면 제조는 생산하는 과정에서 비용이 새로 들어가기 때문이다. 반도체 산업을 예를 들어 보겠다. 반도체는 메모리반도체와 시스템(비메모리)반도체로 나눌 수 있고, 시스템반도체는 설계만 하는 기업(팹리스, fabless), 설계를 위탁받아 생산만 하는 기업(파운드리, foundry), 생산을 모두 하는 기업(종합반도체기업)으로 나눌 수 있다. 반도체산업에서 제조부문에 해당되는 것은 메모리반도체와 설계를 위탁받아 생산하는 파운드리이고, 이외의 부문은 고부가가치에 해당된다. 삼성전자와 인텔은 종합반도체기업이지만 인텔은 설계, 삼성은 제조에 강한 기업이다. 똑같은 매출을 달성했다 하더라도 남기는 돈은 크게 다를 수 있다는 것이다. 비슷한 부문의 기업이라 하더라도 사업구조와 비용절감 노력에 따라 영업이익률이 다르게 나타날 것이다. 장기적으로 높은 영업이익률 구조를 가져가기 위해서는 연구개발투자, 인재 양성이 반드시 필요한 이유이다.

자영업도 마찬가지이다. 유동인구가 많은 곳에 자리잡아야 해 만만치 않은 임차료를 지불하고 인건비의 부담이 있는 카페의 영업이익률은 30% 채 안 된다. 이 또한 본인 소유의 매장에서 카페를 운영하는 곳과 대규모 자본의 투입이 가능한 대형 프렌차이즈 점포들을 제외한다면, 그리고 저가형 커피매장이라면 영업이익률은 그보다 훨씬 낮을 수 있다. 영업이익률과 같은 지표를 활용하면 어떤 업종을 선택할지, 어떤 브랜드를 선택할지 결정할 때 도움이 될 수 있다.

연습문제

1. ○× 문제 연습

(1) 매출할인은 매출의 차감계정이다.

(2) 등산용품 도매업을 영위하는 기업이 업무용 사무기기를 처분하여 얻은 이익은 매출액으로 기록할 수 있다.

(3) 매입환출및에누리는 매출의 차감계정이다.

(4) 기업의 주된 영업활동이 아니더라도 재화를 판매하거나 용역을 제공하게 되면 영업수익으로 기록할 수 있다.

(5) 손익계산서상의 매출액은 매출할인, 매출환입및에누리를 차감한 순매출액으로 기록한다.

(6) 상품매매업에서 이자수익은 영업외수익이지만 금융업에서 대여금에 대한 이자수익은 영업수익으로 인식한다.

(7) 유형자산처분이익은 영업수익이다.

(8) 미지급법인세는 비용이다.

(9) 수익은 자산의 감소, 또는 부채의 증가의 결과 자본의 감소를 초래하는 경제적 효익의 총 유입이다.

해답

(1) ○.

(2) ×. 주된 영업활동은 등산용품의 판매이므로 업무용 사무기기의 처분이익(유형자산처분이익)은 영업외수익에 해당한다.

(3) ×. 매출환입및에누리가 매출의 차감계정이다.

(4) ×. 기업의 주된 영업활동만 영업수익(또는 매출액)으로 기록한다.

(5) ○.

(6) ○.

(7) ×. 유형자산은 기업의 주된 영업활동에 '사용'하기 위해 보유하는 자산을 의미하는 것이므로 유형자산처분이익은 영업수익이 될 수 없다.

(8) ×. 미지급법인세는 부채이고 법인세비용이 비용에 속한다.

(9) ×. 수익은 자산의 증가, 또는 부채의 감소로 인해 자본의 증가를 초래하는 경제적 효익의 총유입이다.

2. 괄호 안에 알맞은 답 넣기

(1) 외상매출금을 조기에 회수하는 경우 약정에 의해 외상대금을 할인해주는 금액을 (   )
(이)라 하며 판매한 상품 중 하나나 파손이 있는 상품에 대해 반품 및 할인해주는 금액을
(   )(이)라 한다.

(2) 거래처로부터 받은 판매와 관련된 계약금을 매출로 잘못 처리하였다. 이 회계처리로 인한 재무제표
의 영향을 적으시오. (과대계상 / 과소계상 / 영향없음)

자산	부채	자본	수익	비용

해답

(1) 매출할인 / 매출환입및에누리

(2)

자산	부채	자본	수익	비용
영향없음	과소계상	과대계상	과대계상	영향없음

올바른 회계처리: 현금(자산)의 증가 & 선수금(부채)의 증가
잘못된 회계처리: 현금(자산)의 증가 & 매출(수익)의 증가
부채의 증가를 기록해야 할 것을 수익의 증가로 잘못 기록했으므로 부채가 과소계상되고, 수익이 과대계상
된다. 또한, 수익의 과대계상은 자본의 과대계상을 수반한다.

3. 객관식 및 주관식 문제

(1) 다음중 손익계산서에 대한 설명 중 잘못된 것은?

① 매출액에 대응되는 원가로서 판매된 제품이나 상품 등에 대한 제조원가 또는 매입원가를 매출
원가라 한다.

② 판매비와관리비는 기업의 판매활동 및 관리활동에서 발생하는 비용으로서 매출원가에 속하지
않는 모든 영업비용을 포함한다.

③ 기업의 주된 영업활동이 아닌 활동으로부터 발생하는 수익은 영업외수익에 해당된다.

④ 매출액과 영업수익은 동일한 개념이 아니다.

(2) 다음 자료를 이용하여 당기순이익을 계산하라.

상품매출원가	₩10,000	매출액	₩300,000
광고비	15,000	지급수수료	130,000
유형자산처분이익	20,000	임차료	80,000
이자수익	5,000	대손상각비	38,000

① ₩12,000　　　　　　　　　　② ₩52,000

③ ₩132,000　　　　　　　　　④ ₩212,000

(3) 다음 자료는 당기 사업을 시작한 ㈜A마트의 손익계산서 일부 항목이다. 이를 이용하여 매출총이익을 계산하라.

영업수익	₩58,400	기말상품재고액	₩9,200
당기상품매입액	42,000	법인세비용	10,000
급여	61,000	이자수익	8,000

① ₩4,600　　　　　　　　　　② ₩25,600

③ ₩37,400　　　　　　　　　④ ₩90,900

(4) 다음 자료에 의하여 매출총이익을 계산하면 얼마인가?

당기총매입액	₩200,000	당기총매출액	₩300,000
기초상품재고액	40,000	광고선전비	10,000
매출환입	30,000	기말상품재고액	50,000

① ₩80,000　　　　　　　　　② ₩90,000

③ ₩100,000　　　　　　　　④ ₩190,000

(5) 다음 자료를 통해 기말상품재고액을 계산하라.

당기총매입액	₩200,000	당기총매출액	₩300,000
기초상품재고액	100,000	매출총이익	50,000

① ₩50,000　　　　　　　　　② ₩100,000

③ ₩150,000　　　　　　　　④ ₩200,000

(6) 다음은 ㈜A마트의 20X1년도 손익계산서 자료이다. 매출원가를 구하라.

매출액	₩150,000	영업외수익	₩10,000
법인세비용	20,000	판매비와관리비	40,000
영업외비용	20,000	당기순이익	30,000

① ₩30,000　　　　　　　　　② ₩40,000

③ ₩50,000　　　　　　　　④ ₩60,000

(7) 다음은 ㈜A마트의 20X1년도 손익계산서 자료이다. 매출총이익을 구하라.

매출할인	₩40,000	매출환입과에누리	₩30,000
기초상품재고액	180,000	매입할인	5,000
총매입액	500,000	매입환출과에누리	30,000
총매출액	900,000	기말상품재고액	100,000
접대비	30,000	복리후생비	50,000

① ₩235,000   ② ₩285,000
③ ₩355,000   ④ ₩400,000

(8) 다음 자료를 토대로 당기 상품매입액을 계산하면 얼마인가?

기초상품재고액	₩800,000	매출액	₩2,000,000
매출총이익률	40%	기말상품재고액	240,000

① ₩1,200,000   ② ₩1,040,000
③ ₩800,000   ④ ₩640,000

(9) 다음 중 손익계산서에 나타나지 않는 계정과목은?
  ① 자기주식처분이익   ② 상품매출원가
  ③ 임대료   ④ 기부금

(10) 다음 중 영업수익에 해당하지 않는 사례를 고르시오.
  ① 문구점의 사무용품 판매액
  ② 금융기관의 대여금에 대한 이자수입액
  ③ 제조회사의 단기매매증권에 대한 배당금 수입액
  ④ 전자제품 도매상의 공기청정기 판매액

※ (11)~(12) 다음의 자료를 이용하여 아래의 각 문항에 답하라.

매입운임	₩1,000	매입에누리	₩500	기초상품재고	₩2,500
총매출액	100,000	매입할인	600	기말상품재고	1,500
총매입액	50,000	매출에누리	1,000	매출할인	300

(11) 손익계산서에 보고될 매출액은 얼마인가?
  ① ₩95,700   ② ₩98,700
  ③ ₩99,000   ④ ₩100,000

(12) 손익계산서에 보고될 매출원가는 얼마인가?

    ① ₩46,000   ② ₩49,900

    ③ ₩50,900   ④ ₩51,000

(13) 손익계산서에 보고될 매출총이익은 얼마인가?

    ① ₩49,700   ② ₩48,800

    ③ ₩48,100   ④ ₩47,800

해답

(1) ④ 동일한 개념이다.

(2) ② ₩52,000

    $300,000 - 10,000 - 15,000 - 130,000 + 20,000 - 80,000 + 5,000 - 38,000$

(3) ② ₩25,600

    영업수익 = 매출액 = 58,400

    매출원가 = 기초상품재고액 + 당기매입액 - 기말상품재고액 = 0 + 42,000 - 9,200 = 32,800

    매출총이익 = 매출액 - 매출원가 = 58,400 - 32,800 = 25,600

(4) ① ₩80,000

    매출액 = 총매출액 - 매출할인 - 매출환입및에누리 = 300,000 - 30,000 = 270,000

    매출원가 = 기초상품재고액 + 당기매입액 - 기말상품재고액 = 40,000 + 200,000 - 50,000 = 190,000

    매출총이익 = 270,000 - 190,000 = 80,000

(5) ① ₩50,000

    매출액 - 매출원가 = 매출총이익

    $300,000 -$ 매출원가 $= 50,000 \rightarrow$ 매출원가 $= 250,000$

    매출원가 = 기초상품재고액 + 당기매입액 - 기말상품재고액 = 100,000 + 200,000 - 기말상품재고액

            $= 250,000 \rightarrow$ 기말상품재고액 $= 50,000$

(6) ③ ₩50,000

매출액	150,000
매출원가	⁴⁾ 50,000
매출총이익	³⁾ 100,000
판매비와관리비	(40,000)
영업이익	²⁾ 60,000
영업외수익	10,000
영업외비용	(20,000)
법인세차감전이익	¹⁾ 50,000
법인세비용	(20,000)
당기순이익	30,000

    * 1) → 2) → 3) → 4) 순서대로 풀이

(7) ② ₩285,000

    매출총이익 = 순매출액¹⁾ - 매출원가²⁾ = 830,000 - 545,000 = 285,000

1) 순매출액＝총매출액－매출할인－매출환입과에누리＝900,000－40,000－30,000－＝830,000

2) 매출원가＝기초상품재고액＋당기순매입액³⁾－기말상품재고액

   ＝180,000＋465,000－100,000＝545,000

3) 당기순매입액＝총매입액－매입할인－매입환출과에누리＝500,000－5,000－30,000＝465,000

(8) ④ ₩640,000

매출원가＝기초상품재고액＋당기상품매입액－기말상품재고액

1,200,000¹⁾＝800,000＋당기상품매입액－240,000 → 당기상품매입액＝640,000

¹⁾ 매출액－매출원가＝매출총이익

2,000,000－매출원가＝ 800,000²⁾ → 매출원가＝1,200,000

(매출원가율(＝1－매출총이익률＝60%)을 이용하여 구할 수도 있음)

²⁾ 매출총이익률 40%＝매출총이익/매출액＝매출총이익/2,000,000 → 매출총이익＝800,000

(9) ① 자기주식처분이익은 재무상태표 >자본> 자본잉여금에 속하는 계정과목이다.

(10) ③ 업종에 따라 주된 영업활동의 내용이 달라지므로 산업 및 주요 영업활동을 파악하는 것이 중요하다. 제조회사의 경우 제품의 판매대금이 매출액, 즉 영업수익에 해당되고 단기매매증권의 배당금은 영업외수익에 해당된다.

(11) ② 순매출액＝총매출액 100,000－매출에누리 1,000－매출할인 300＝₩98,700.

(12) ③ 매출원가＝기초상품재고액 2,500＋순매입액 49,900*－기말상품재고액 1,500＝₩50,900

   * 순매입액＝총매입액 50,000＋매입운임 1,000－매입에누리 500－매입할인 600＝49,900

(13) ④ 매출액 ₩98,700－매출원가 50,900＝매출총이익 ₩47,800

ACCOUNTING PRINCIPLES

제3부

원가 · 관리회계

제10장 제조원가의 계산과 분석

회계는 크게 재무회계, 원가회계·관리회계, 세무회계, 감사로 나눌 수 있다. 앞선 내용에서는 주로 외부 회계정보이용자들에게 보고하기 위한 목적으로 작성되는 재무회계에 대해 배웠다면 본 장부터는 외부보고 목적 및 내부관리 목적으로 다양하게 이용될 수 있는 원가회계와 관리회계에 대해 다루고자 한다.

예를들어, 프랜차이즈 베이커리 A기업이 있다. 이 기업은 많은 도시, 많은 구역에 각 점포를 오픈하여 관리하고 있으며 각 점포에서는 빵을 직접 만들기도 하고 본사 공장에서 만들어진 빵을 구입해오기도 한다. 이 중 유동인구가 가장 많은 곳에 위치해 있는 A베이커리 강남역점에서는 가장 많이 팔리는 빵으로 단팥빵, 소시지빵, 애플파이빵 세 종류가 있다. 이 중 가장 많이 팔리는 단팥빵의 경우 1개를 만드는 데 단팥 ₩200, 생지 ₩800의 재료비가 들어간다. 강남역점의 지점장은 일반 단팥빵의 원가를 개당 ₩1,000(=₩200+₩800)이라 생각하여 원가 대비 이익률을 20%로 잡아 판매가격을 ₩1,200으로 책정하였다. 그런데 유동인구가 많아 단팥빵이 계속해서 잘 팔리고 있음에도 불구하고 이상하게도 강남역점에서는 계속 적자를 보고하고 있다. 지점장이 잘못 생각하고 있는 것은 무엇일까? 손실을 회피하기 위하여 지점장은 어떤 의사결정을 해야 하는가? 손실을 면하기 위해 단팥빵을 더 적극적으로 판매하면 되는 것일까? A기업은 한적한 소도시에도 점포를 내고 있다. 이 점포에서 만드는 단팥빵의 가격과 강남역점의 단팥빵의 가격이 같을까? 같지 않을 것이다. 단팥빵의 원가에는 재료비뿐만이 아니라 생산기사의 인건비, 점포의 임차료, 반죽기 및 발효기 등 각종 기계의 감가상각비까지 포함된다. 즉 지점장이 생각한 원가(₩1,000)보다 그 이상의 원가가 계산되어야 한다는 것이다. 그럼에도 불구하고 지점장은 잘못된 원가를 측정하여 이익을 계산하고, 판매가격을 책정했기에 단팥빵을 판매하면 판매할수록 적자를 볼 수밖에 없었다.

사람들은 커피의 원가로 원두, 물, 얼음, 플라스틱 컵만을 고려하여 커피 한 잔을 팔면 남는 게 매우 많다는 생각을 주로 한다. 그러나 커피의 경우 커피그라인더의 감가상각비, 얼음제빙기 등 기계의 감가상각비, 뿐만 아니라 임차료까지도 원가에 포함된다. 이제 우리는 단순히 '커피를 팔면 남는 장사야!'가 아닌, 숫자를 통해 원가를 계산하고 경영성과를 적절히 판단해보자.

원가회계에서는 특히 **제조업**에서 제품의 제조원가를 보다 정확하게 계산하는 법을 배우는 것을 배우고, 외부보고 목적으로 매출원가를 어떻게 계산할 수 있는가를 살펴본다. 이를 통해 정확하게 계산된 원가를 이용하여 내부관리 목적으로 경영자가 의사결정하는 방법을 배우는 것이 바로 관리회계이다. 이에 본 장에서는 크게 원가회계와 관리회계 파트를 나누어 학습하도록 한다.

---

01 원가의 종류 및 분류

1. 원가의 종류

원가란 어떠한 목적을 위하여 소비된 경제가치를 화폐액으로 표시한 것을 의미한다. 재무회계 파트에서 배웠던 비용과는 구분해야 한다.[1] 앞선 예시에서 이야기했던 A베이커리 강남역점에서 판매하고 있는 단팥빵, 소시지빵, 애플파이빵을 계속 이야기해보자. 이 세 종류의 빵을 만드는 데 필요한 것들은 무엇이 있을까? 먼저 빵 생지를 만들기 위해 계란, 박력분, 우유 등이 필요하다. 그리고 각 빵을 만들기 위해 들어가는 재료인 단팥, 소시지, 사과도 필요할 것이다. 또한 강남역점은 각각의 빵이 빠르게 많이 팔리므로 각 종류마다 한 명씩의 생산기사를 두고 있으며, 이 생산기사들을 관리하는 매니저(관리인)도 있어야 할 것이다. 빵을 만드는 재료와 인력이 갖추어졌으니 전기, 수도, 반죽·발효기계, 그리고 빵을 만들고 파는 공간도 있어야 한다. 이와 같이 빵을 만드는 데 필요한 여러 종류의 것들을 이제 원가로 구분해 보자.

---

1) 비용이란 일정기간 동안 수익을 창출하기 위해 지불한 대가로, 자산의 감소 또는 부채의 증가에 따라 자본의 감소를 초래하는 기업의 경영활동을 위해 희생된 경제적 효익의 감소로 정의한다.

• 그림 10-1 A베이커리 강남역점에서 발생하는 원가

⟨ A베이커리 강남역점 ⟩

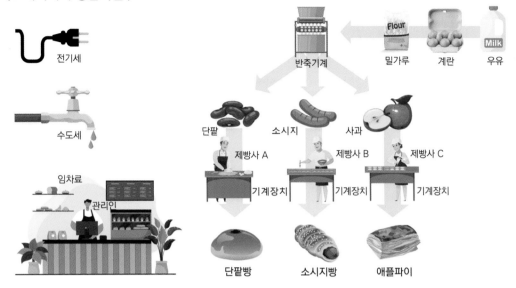

먼저 제조업에서의 원가는 발생형태에 따라 재료원가, 노무원가, 제조경비 세 가지로 구분할
수 있다. 아래의 그림은 A베이커리 강남역점의 원가를 세 종류로 구분하여 나타낸 것이다. 먼저,
재료원가란 제품을 만들기 위해 소비되는 재료를 의미한다. 반죽기계에 공통으로 들어가는 밀가
루, 계란, 우유, 그리고 각각의 제품을 만들어내기 위한 재료인 단팥, 소시지, 사과가 모두 재료원
가에 포함된다.

• 그림 10-2 재료원가의 예

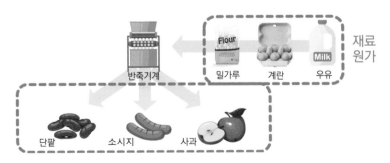

다음으로 베이커리 안에는 각각의 제품을 생산하는 생산기사와 이들을 관리하는 관리인이 있다. 이들에게 지급되는 인건비를 노무원가라 한다. **노무원가**란 제품을 생산하기 위해 투입된 노동력으로 발생하는 원가를 의미한다.

• 그림 10-3 노무원가의 예

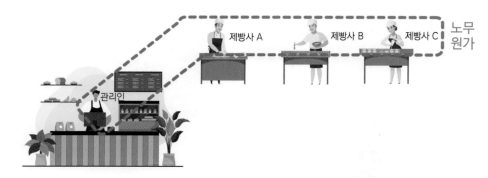

마지막으로 **제조경비**란 재료원가와 노무원가에 포함되지 않는 모든 원가를 일컫는다. [그림 10−4]와 같이 수도광열비, 점포의 임차료, 각 기계에서 발생하는 감가상각비가 제조경비에 포함된다.

• 그림 10-4 제조경비의 예

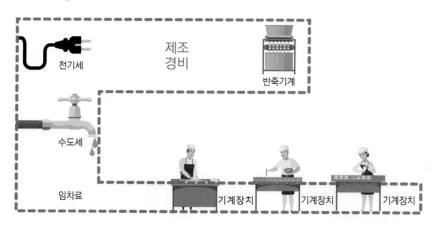

2. 추적가능성에 따른 원가의 분류

이러한 원가는 경영자의 의사결정 목적에 따라 다르게 분류될 수 있다. 먼저 원가대상별로 원가를 집계하기 위한 목적으로는 원가를 직접원가와 간접원가로 분류할 수 있다. **원가대상**이란, 원가를 계산하고자 하는 집합으로 제품, 각 점포, 공장 등이 될 수 있다. A베이커리 강남점의 예시에서는 단팥빵, 소시지빵, 애플파이 별로 발생하는 원가를 집계하므로 원가대상은 제품이 된다. 본 교과서에서는 원가대상을 제품으로 두고 원가를 계산하고자 한다.

이 베이커리에서 사용되는 재료인 단팥은 어떤 제품을 위해 사용되는 원재료인가? 또는, 소시지와 사과는 어떤 제품을 위해 사용되는 원재료인가? 각각 단팥빵, 소시지빵, 애플파이를 위해 사용되는 것이라 답할 수 있다. 또한 제빵사A의 노무원가는 단팥빵을 위해 소비되었고, 제빵사 C가 사용 중인 기계장치에서 발생하는 감가상각비는 애플파이를 위해 발생한 원가임을 알 수 있다. 이렇듯 원가대상에 직접적으로 추적할 수 있는 원가를 **직접원가**라 한다. 반면 원가대상에 직접적으로 추적되지 않는 원가가 있다. 밀가루, 계란, 우유는 어떠한 제품을 위해 소비되었는가? 모든 빵을 만드는 데 공통적으로 소비되는 원재료이다. 관리인의 인건비 또한 특정 제품을 위해 소비되었다 할 수 없고 A베이커리 강남역 지점 전체를 위해 발생한 노동력이라 할 수 있다. 마찬가지로 반죽기계의 감가상각비, 임차료, 수도광열비 모두 직접적으로 원가대상에 추적할 수 없이 공통적으로 발생하는 원가들이다. 이들을 간접원가라 한다. **간접원가**란 원가대상에 직접적으로 추적할 수 없어 합리적인 기준으로 원가대상에 배부해야하는 원가를 의미한다. 이와 같이 원가대상에 직접적으로 추적할 수 있는가의 여부에 따라 직접원가와 간접원가로 나누는 분류 방법을 추적가능성에 따른 원가의 분류라 한다.

• 그림 10-5 추적가능성에 따른 분류

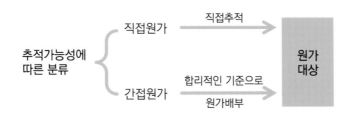

• 그림 10-6   직접원가와 간접원가의 예

〈 A베이커리 강남역점 〉

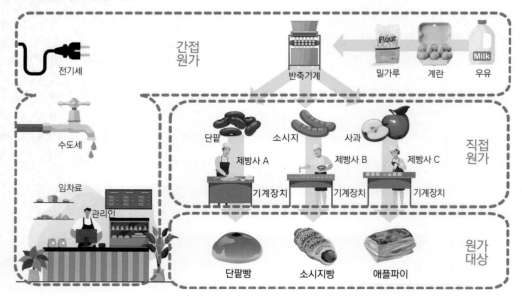

3. 자산화여부에 따른 분류

제품의 원가를 계산하는 것은 매우 중요하다. 원가를 정확히 알아야 판매가격을 결정하고, 마케팅 또는 기획 전략 등 다양한 관리활동을 수행할 뿐만 아니라 할 수 있기 때문이다. 본 절에서는 특히 원가대상을 제품으로 하여 제조원가를 어떻게 계산할 수 있는가에 대해 학습한다. **제조원가**란 제조기업의 생산 및 제조활동에서 발생하는 모든 원가를 의미한다. 간단히 설명하면 제조원가는 제조활동 중에 발생하는 원가이므로 제조공장에서 발생하는 것으로 이해하자. 제조원가는 직접재료원가, 직접노무원가, 제조간접원가로 분류하여 **제조원가의 3요소**로 부른다. **직접재료원가**는 원가대상(제품)에 직접적으로 추적할 수 있는 재료원가를 의미한다. A베이커리 강남점의 예시에서 단팥, 소시지, 사과가 직접재료원가에 해당된다. 마찬가지로 **직접노무원가**는 제품에 직접적으로 추적가능한 노무원가를 의미한다. 각 생산라인에 있는 제빵사 A, B, C의 인건비가 직접노무원가에 해당된다. **제조간접원가**는 직접재료원가와 직접노무원가 외의 모든 제조원가를 포함한다. 즉, 밀가루, 계란, 우유와 같이 공통적으로 발생하는 간접재료원가, 간접노무원가인 점포 관리인

• 그림 10-7　제조원가의 3요소와 비제조원가

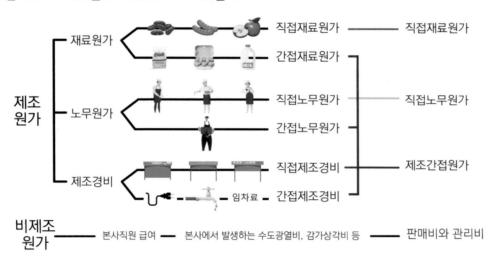

의 인건비, 직접적으로 추적가능한 기계장치들의 감가상각비(직접제조경비)뿐만 아니라 반죽기계의 감가상각비, 수도광열비, 임차료 등 간접 제조경비를 모두 합하여 제조간접원가로 분류한다.

　제조활동과 관련한 원가를 제조원가라 학습하였고, 빵 만드는 곳의 임차료는 제조간접원가로, 제조원가에 포함시켰다. 그렇다면 A베이커리 본사의 임차료는 어디에 포함시킬 것인가? 본사 직원들의 월급은? 이와 같이 제조활동 이외에 판매 및 관리활동에서 발생하는 원가를 **비제조원가**라 한다. 비제조원가에는 A베이커리 본사의 임차료 및 수도광열비, 건물 및 복합기 등의 감가상각비, 판매촉진을 위해 사용되는 광고료, 본사 직원들의 월급 등이 포함되며, 판매비와 관리비로 손익계산서에 보고된다. 간단히 설명하면 비제조원가는 제조활동 이외의 활동에서 발생하는 원가이므로 제조공장이 아닌, 본사에서 발생하는 원가로 이해하자.

　이러한 제조원가와 비제조원가는 손익계산서에 어떻게 기록될까? 손익계산서 보고를 위해 매출원가를 계산하는 과정에서 제조원가는 제품원가로 분류한다. **제품원가**란 발생하면 즉시 자산화하고 판매 시 비용화하는 원가를 의미한다. 가령 당해연도에 사업을 시작한 기업이 100개의 제품을 ₩100,000(단위당 ₩1,000)에 만들었고 이 중 80개를 판매했다고 가정해보자. 이 경우 제품 제조에 투입된 ₩100,000을 모두 비용으로 기록하는가? 그렇지 않다. 판매되어 팔려 나간 80개 제품의 원가인 ₩80,000(=80개×₩1,000)을 매출원가(비용)로 기록한다. 나머지 20개의 제품은 팔리지 않았기에 총 ₩20,000 만큼의 제품이 창고에 남게 되어 재고자산이 되는 것이다. 이를 기

• 그림 10-8　자산화여부에 따른 분류

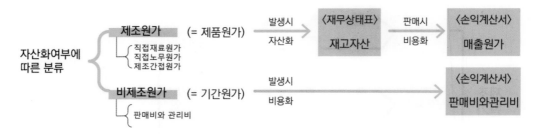

말제품재고액이라 부른다. 수익비용대응원칙에 의해 비용은 관련된 수익을 인식할 때 계상해야 하므로 매출원가는 팔려나간 80개의 제품에 대해서만 비용으로서 인식되는 것이다. 즉 제품을 제조하여 판매되기 전까지는 기업이 보유하고 있는 것이므로 제조원가를 재고자산으로 자산화하고, 판매되는 즉시 매출원가로 비용화한다. 반면 비제조원가는 기간원가로 분류한다. **기간원가란** 발생하는 즉시 비용화하는 원가로, 판매비와 관리비가 이에 해당된다. 본사 직원의 급여를 생각해 보자. 제품은 판매되는 한 단위당 얼마의 원가가 발생했는지 일대일로 대응하는 것이 쉽지만 본사 직원은 제품의 매출에 얼만큼을 기여했는지 수리적으로 대응하는 것이 어렵다. 따라서 기간별로 일정하게 매출에 기여했을 것으로 가정하기 때문에 발생하는 즉시 기간별로 비용화하는 것이다. 즉 판매비와 관리비는 비제조원가로 분류되면서 발생하는 즉시 비용화한다.

02　제조원가의 계산

아래의 표를 이용하여 각 제품의 제조원가를 구해보도록 한다. A베이커리 강남점은 단팥빵, 소시지빵, 애플파이빵을 각각 200개, 100개, 50개 생산하는데 직접재료를 ₩5,000, ₩12,000, ₩15,000만큼 투입했다. 제빵사의 인건비는 각각 ₩10,000, ₩20,000, ₩20,000씩 발생했다. 제조간접원가는 총 ₩595,000이 집계되었다. 이는 단팥빵 하나의 제품을 위한 제조간접원가가 아닌, 단팥빵, 소시지빵, 애플파이빵을 생산하는 A베이커리 강남점 전체에 공통적으로 발생한 제조간

• 표 10-1 각 제품의 원가자료

	단팥빵	소시지빵	애플파이빵	소계
생산량	200개	100개	50개	350개
직접재료원가	₩5,000	₩12,000	₩15,000	₩32,000
직접노무원가	10,000	20,000	20,000	50,000
제조간접원가				595,000
제조원가	?	?	?	₩677,000

접원가를 의미한다.

단팥빵의 제조간접원가는 어떻게 계산하는 것이 좋을까? 직접재료비와 직접노무비는 제품에 직접적으로 추적할 수 있는 반면 제조간접비는 추적할 수 없는 수도광열비, 임차료 등의 공통비가 많이 포함되어 있어 제품에 각각 얼마씩 쓰였는지 쉽게 알기 어렵다. 한 제품에 발생하는 제조간접원가를 파악하는 것이 힘들기도 하고, 파악하는 것이 가능하다 하더라도 시간적 비용적 측면에서 비효율이 발생하기에 제조간접원가는 합리적인 기준을 정하여 각 원가대상(제품)에 배부한다. A베이커리 강남역지점은 '생산량'을 합리적인 기준으로 설정하여 제조간접원가를 배부하기로 했다. 생산량을 기준으로 단위당원가를 계산해보자. 단위당 원가는 제조원가를 생산량으로 나누어 계산할 수 있다. 총 350개의 빵을 생산하는데 ₩595,000의 제조간접원가가 발생하였으므로 각 제품 한 단위당 제조간접원가는 @₩1,700 (＝₩595,000/350개)이다.

$$단위당\ 제조간접원가 = \frac{총제조간접원가}{생산량}$$

이제 단위당 제조간접원가를 파악하였으니 각 제품당 제조간접원가를 계산할 수 있다. 각각 제품의 생산량에 단위당 제조간접원가를 곱하는 것이다. 주의해야 할 점은 제조원가를 파악하고 있으므로 생산량을 곱한다는 것이다. 판매량을 곱하지 않았다!. 단팥빵은 200개 생산되고 있으므로 단팥빵의 제조간접원가는 ₩340,000(＝200개×@₩1,700)이다. 마찬가지로 소시지빵과 애플파이빵은 각각 100개, 50개씩 생산되고 있으므로 ₩170,000(＝100개×@₩1,700), ₩85,000(＝50개×@₩1,700)으로 제조간접원가를 배분할 수 있다.

각 제품의 제조원가는 직접재료원가, 직접노무원가, 제조간접원가를 모두 합하여 계산할 수 있다. 단팥빵, 소시지빵, 애플파이빵의 제조원가는 각각 ₩355,000, ₩202,000, ₩120,000이고, A베이커리 강남역점에서 발생한 당기 총제조원가는 모두를 합한 ₩677,000이 된다.

당기총제조원가 = 직접재료원가 + 직접노무원가 + 제조간접원가

● 표 10-2 각 제품의 제조원가

	단팥빵	소시지빵	애플파이빵	소계
생산량	200	100	50	350
직접재료원가	₩5,000	₩12,000	₩15,000	₩32,000
직접노무원가	10,000	20,000	20,000	50,000
제조간접원가	340,000[1]	170,000[2]	85,000[3]	595,000
제조원가	₩355,000	₩202,000	₩120,000	₩ 677,000

1) 200개×@₩1,700*   2) 100개×@₩1,700*   3) 50개×@₩1,700*
* @₩1,700 = ₩595,000/350개

그렇다면 A베이커리 강남역점은 마진을 남길 수 있는 가격으로 판매하고 있는 것일까? 제품을 판매했을 때 최소 받아야 하는 가격은 제품을 만드는 데 발생한 원가를 기준으로 정할 수 있다. 만일 단팥빵을 만드는 데 ₩500이 발생하였다면 가격은 ₩500 이상으로 받아야 한다. 각 제품의 단위당 제조원가를 구해보자. 단위당 제조원가는 각 제품의 제조원가를 생산량으로 나누어 계산한다. 계산해보면 한 단위를 만드는 데 단팥빵은 ₩@1,775, 소시지빵은 ₩@2,020, 애플파이빵은 ₩@2,400의 제조원가가 발생한다.

$$단위당\ 제조원가 = \frac{총제조원가}{생산량}$$

● 표 10-3 각 제품의 단위당 제조원가

	단팥빵	소시지빵	애플파이빵	소계
제조원가	₩355,000	₩202,000	₩120,000	₩677,000
단위당 제조원가	₩1,775[1]	₩2,020[2]	₩2,400[3]	

1) ₩355,000/200개   2) ₩202,000/100개   3) ₩120,000/50개

03 제조원가의 흐름

제조기업에서는 제조활동의 흐름에 따라 제조원가의 흐름을 설명할 수 있다. 먼저 투입활동에서는 원재료, 노동력, 제조경비 등을 투입하게 된다. 이러한 투입을 원재료, 노무원가, 제조간접원가로 표현할 수 있다. **원재료**란 제품을 제조하기 위해 매입한 원료 또는 재료를 의미하며, 재고자산에 속한다. 노동력은 소비하고 남는 것을 재고로 보관하기 어렵기 때문에 재고로 부르지 않는다. 노동을 투입하고 발생한 원가는 **노무원가**라 부른다. 제조경비 또한 재고자산으로 분류하지 않으며 간접재료원가, 간접노무원가, 기타제조경비를 합하여 **제조간접원가**라 한다.

원재료와 노무원가, 제조간접원가의 투입으로 가공을 시작하게 되면 재공품이 생긴다. **재공품**이란 가공활동이 시작되었지만 제품으로 완성되지 못한 단계의 재고자산을 의미한다. 투입된 당기총제조원가(= 직접재료원가 + 직접노무원가 + 제조간접원가)와 전기에 가공을 시작하여 제품으로 완성하지 못한 기초 재공품재고액을 모두 더하면 당기에 완성시킬 수 있는 재공품 합이 된다. 재공품을 가공하여 판매할 수 있는 상태로 완성한 것을 제품으로 분류하며 완성하지 못한 재공품은 기말재공품재고액에 포함시킨다.

당기제품제조원가 = 기초 재공품재고액 + 당기 총제조원가 – 기말 재공품재고액

제조활동 중 완성 단계에 가면 제품 재고자산이 있다. **제품**은 앞서 설명한 것과 같이 판매할 수 있도록 완성된 재고자산을 의미한다. 전기에 판매되지 못한 채 당기로 넘어온 기초제품재고액과 당기에 완성시킨 당기제품제조원가를 합하면 당기에 판매가능한 제품의 합이 된다. 이 중 판매된 원가를 매출원가, 판매되지 못한 것을 기말제품재고액으로 분류한다. 판매가 되어야 비로소 비용인 매출원가가 되고, 판매되지 못한 것들은 재고자산이 되는 것이다.

매출원가 = 기초 제품재고액 + 당기 제품제조원가 – 기말 제품재고액

= (판매가능제품재고액) – 기말 제품재고액

단, 본 교과서에서는 이해를 돕기 위해 원재료, 재공품 등의 재고가 없이 투입되는 즉시 판매 직전 단계로 완성하는 것으로 설명한다.

• 그림 10-9   제품 재고자산과 매출원가 간의 관계

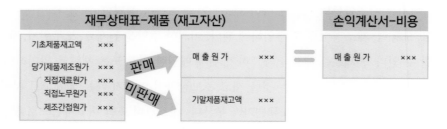

• 그림 10-10   (참고) 제조원가의 흐름

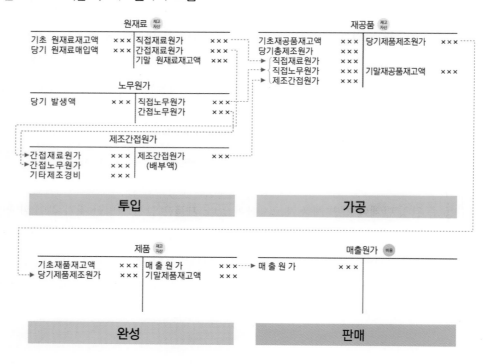

04 손익계산서의 계산

앞선 예시를 바탕으로 매출액과 매출원가, 매출총이익을 계산해보자. 먼저 매출액은 판매량과 단위당 판매가격의 곱으로 계산한다. 단팥빵, 소시지빵, 애플파이빵의 판매량(단위당 판매가격)이 각각 120개(₩1,800), 100개(₩2,100), 40개(₩2,300)라고 하면 각각의 매출액은 [표 10 − 4]와 같이 구할 수 있다.

매출액 = 판매량 × 단위당 판매가격

● 표 10-4 각 제품의 매출액

	단팥빵	소시지빵	애플파이빵	소계
판매량	120개	100개	40개	
단위당 판매가격	₩1,800	₩2,100	₩2,300	
매출액	₩216,000[1]	₩210,000[2]	₩92,000[3]	₩518,000

1) 120개×₩1,800   2) 100개×₩2,100   3) 40개×₩2,300

다음으로 매출원가를 계산해보자. 판매량과 단위당 제조원가의 곱으로 매출원가를 계산할 수 있다. 단팥빵, 소시지빵, 애플파이빵의 단위당 제조원가는 각각 ₩1,775, ₩2,020, ₩2,400이므로 매출원가는 [표 10 − 5]의 1), 2), 3)과 같이 각 제품의 판매량을 바로 곱하여 계산할 수 있다. 또는 기초제품재고액에서 당기총제품제조원가를 더한 뒤 기말제품재고액을 차감하여 매출원가를 구할 수 있다. 이를 계산하기 위해서는 수량을 먼저 파악해야 한다. 기말제품재고수량은 기초제품재고수량에서 당기제품재고수량을 더한 뒤 판매수량을 차감하여 구할 수 있다. A베이커리 강남역점은 당기에 영업을 시작하였으므로 기초재고는 없다. 그렇다면 단팥빵, 소시지빵, 애플파이빵의 기말제품재고수량은 각각 80개(＝0개＋200개−120개), 0개(＝0개＋100개−100개), 10개(＝0개＋50개−40개)이다.

• 표 10-5 각 제품의 매출원가

	단팥빵	소시지빵	애플파이빵	소계
매출원가	₩213,000[1]	₩202,000[2]	₩96,000[3]	₩511,000
기초제품재고액	0	0	0	0
당기제품제조원가	355,000	202,000	120,000	677,000
기말제품재고액	(142,000)[4]	0[5]	(24,000)[6]	(166,000)

1) 120개×₩1,775 2) 100개×₩2,020 3) 40개×₩2,400 4) 80개×₩1,775 5) 10개×₩2,400

> **매출원가 = 판매량 × 단위당 제조원가**
>
> **매출원가 = 기초제품재고액 + 당기총제조원가 − 기말제품재고액**

매출원가를 구했다면 매출액에서 매출원가를 차감하여 매출총이익을 구할 수 있다. 매출액, 매출원가, 매출총이익을 구한 표는 [표 10−6]과 같다. 표를 보면 A베이커리 강남역점의 전체 매출총이익은 ₩7,000으로 손실을 보고하고 있지 않지만 각 제품의 매출총이익을 분리해보면 애플파이빵은 손실을 보고하고 있음을 알 수 있다. 왜 애플파이빵은 이익을 창출하지 못하는 것일까? 많이 팔지 못해서일까? 이는 단위당 제조원가와 판매가격을 비교해보면 알 수 있다. 단팥빵과 소시지빵의 단위당 제조원가는 ₩1,775, 소시지빵은 ₩2,020이고 판매가격은 제조원가보다 높은 가격인 각각 ₩1,800, ₩2,100이다. 반면 애플파이빵의 제조원가는 단위당 ₩2,400씩 발생하는 데 반해 판매가격은 ₩2,300으로 제조원가보다 낮은 가격으로 설정되어 있다. 즉 만드는 데 들어간 원가보다 못 받고 있어 팔리는 것마다 손실을 보는 것이다.

[표 10−6]을 토대로 매출총이익까지 계산해보았으니, 손익계산서를 마저 작성해보도록 하자. 계산의 편의를 위하여 영업외수익, 영업외비용은 없다고 가정한다. A베이커리 강남역점의 판매비와 관리비는 ₩4,000이고, 법인세비율은 10%이다. [표 10−6]에서 볼 수 있듯 A베이커리 강남역점은 ₩3,000의 영업이익을 보고한다. 법인세는 10%를 가정했으므로 법인세를 차감하기 전인 영업이익(₩3,000)에 법인세율(10%)을 곱하여 법인세비용을 구하고(₩300) 영업이익에서 법인세비용을 차감하여 당기순이익(₩2,700)을 구한다. 외부로 보고되는 손익계산서에는 각 제품의 부분을 표기하지 않은 전체의 경영성과가 보고된다.

● 그림 10-11   손익계산서

매출액	=판매량×단위당 판매가격
(매출원가)	=판매량×단위당 제조원가＝기초제품재고액＋당기제품제조원가－기말제품재고액
매출총이익	
(판매관리비)	
영업이익	
(법인세비용)	=영업이익×법인세율
당기순이익	=영업이익－법인세비용

● 표 10-6   판매정보와 손익계산서

	제품별 손익계산서 (단위: 원)			기업 전체 손익계산서 (단위: 원)
	단팥빵	소시지빵	애플파이빵	
매출액	216,000	210,000	92,000	518,000
매출원가	(213,000)	(202,000)	(96,000)	(511,000)
매출총이익	3,000	8,000	(4,000)	₩7,000
(판매비와관리비)				(4,000)
영업이익				3,000
(법인세비용)				(300)
당기순이익				₩2,700

05 경영자의 의사결정

1. 원가구성과 판매가격

정확한 원가 계산 및 원가분석의 목표는 경영자의 다양한 경영의사결정과 관련이 있다. 이 중 가장 대표적인 부분이 바로 제품 가격 설정이다. 이전 절에서 제조 및 비제조원가에 대해 배웠고, 애플파이빵의 경우 제조원가보다 판매가격이 낮아 이익을 창출할 수 없는 구조였음을 학습하였

• 그림 10-12 제품가격의 구성

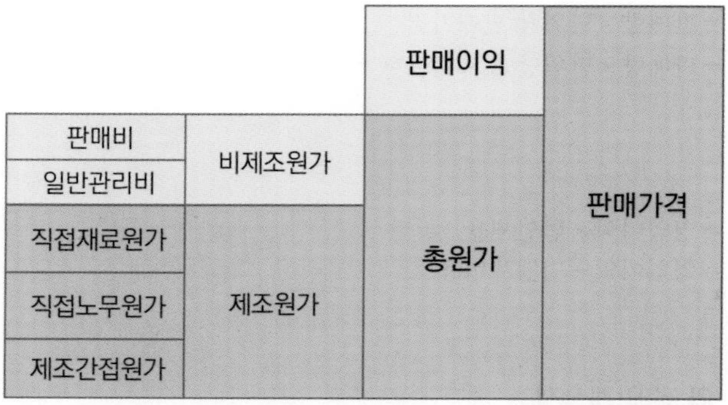

판매비	비제조원가		판매이익	판매가격
일반관리비				
직접재료원가	제조원가		총원가	
직접노무원가				
제조간접원가				

다. 그렇다면 가격 결정 시 제조원가만 고려하면 되는 것일까? 추가적으로 이용할 수 있는 원가정보는 없을까? 유명 연예인을 광고 모델로 채용할 경우 제품 가격이 올라간다는 것을 들어본 적 있을 것이다. 가격을 결정할 때는 한 단위의 제품을 판매하여 얻고자 하는 이익을 제조원가에 가산할 뿐만 아니라 판매관리비와 같은 비제조원가도 고려해야 한다. 제품 가격 구성은 [그림 10−12]와 같이 표현될 수 있다.

가격을 결정할 때 고려해야 할 사항은 다음과 같다. 첫째, 공통적으로 발생한 판매관리비를 각제품에 어떻게 할당할 것인가를 고려해야 한다. 판매관리비를 각 제품으로 추적할 수 있는 경우라면, 각 제품의 단위당 제조원가와 단위당 판매관리비(비제조원가)를 더하여 제품별 총원가를 구하는 것이 쉽다. 즉 한시적으로 판매가 저조한 단팥빵을 판촉하기 위해 이벤트 상품으로 ₩20 상당의 스티커를 부착했다고 해보자. 이 경우 단팥빵의 총원가는 ₩1,795(=₩1,775+20)이다. A베이커리 강남역점이 단팥빵을 팔아 최소한 받아야 하는 가격이 바로 ₩1,795가 된다. 또한, 판매가격의 20%를 이익으로 남기고 싶다면 ₩2,244(=₩1,795/80%)에 단팥빵을 팔아야 한다. 그러나 판촉비가 기업 전체에 공통적으로 발생했다면, 각 제품에 어떻게 배분할 것인지의 합리적인 기준을 정하는 것이 중요하다. 즉 원가 발생의 실질을 잘 반영할 수 있는 판매가격, 생산량, 판매량 등의 기준을 이용해 배분한 뒤 각 제품의 총원가와 판매이익을 결정한다. 둘째, 경쟁사 제품의 가격을 분석하고 시장에서의 가격 경쟁력을 평가해야 한다. 또한, 소비자가 제품에 지불할 의사가 있는 최대 가격도 고심해야 한다. 이외에도 제품의 품질 및 브랜드 인지도, 고객충성도를 고려하고, 수요와 공급, 관세 및 가격규제, 환율, 유가의 변동 등 경제적 환경 등의 여러 다양한 요인도 고려해야 한다.

2. 성과분석

원가를 활용하는 다른 목적으로는 경영성과를 분석하고, 전략을 세우는 경영의사결정이 있을 것이다. 앞서 작성한 A베이커리 강남역점의 손익계산서를 바탕으로 성과를 분석해보자. 강남역점 전체를 보면 ₩518,000의 매출, ₩511,000의 매출원가를 통해 ₩7,000의 매출총이익을 보고하고 있다. 전반적으로 매출총이익이 0보다 크지만 매출원가율은 약 98.6%, 매출총이익률은 1.4%로 매우 낮은 수익성을 보이고 있다. 이러한 상황에서 A베이커리 강남역점의 지점장은 전체의 판매량을 늘리거나 판매가격을 올려 매출총이익을 늘리자는 생각을 할 수 있을 것이다. 그러나 구체적으로 각 제품 각각의 매출원가율(매출총이익률)을 계산해보자. 단팥빵, 소시지빵, 애플파이빵이 각각 98.6%(1.4%), 96.2%(3.8%), 104.3%(−4.3%)이고, 애플파이빵의 경우 매출원가가 매출액보다 큰 금액을 보고하고 있다. 애플파이빵은 단위당 ₩2,400의 제조원가에 반해 제조원가보다 더 낮은 금액으로 판매(판매가격: 단위당 ₩2,300)하고 있어 손실이 발생하는 구조이다. 전체적인 경영성과만 분석했을 때 보이지 않던 손실점이 분석가능해졌다. 지점장은 이 애플파이빵에 대해 원가를 줄이고 판매가격을 높이는 것, 또는 애플파이빵을 판매하지 않는 것을 고려해볼 수 있다. 단, 원가를 줄이는 것이 품질을 떨어트리지 않는지, 판매가격은 소비자가 수용할 수 있는 범위인지를 생각해봐야 한다. 또한, 애플파이빵을 판매하지 않는다 하더라도 애플파이빵을 만들기 위한 생산설비를 다른 곳으로 대체하거나 처분하지 못하면 감가상각비는 계속해서 발생하는 구조이므로 제품의 폐지 의사결정도 신중해야 한다.

다음으로는 A베이커리 강남역점의 기말재고를 고려해보자. 기말재고수량은 단팥빵, 소시지빵, 애플파이빵이 각각 80개, 0개, 10개이다. 단순히 판매량만 확인하면 단팥빵이 가장 많이 팔리는 것으로 생각할 수 있으나 재고의 수준을 파악해볼 때, 그리고 베이커리의 특성상 당일 빵은 당일생산 후, 또는 다음날 폐기된다는 점을 고려해보면 단팥빵이 생산한 수량만큼 판매되고 있지 않음을 알 수 있다. 오히려 수요에 비해 과도하게 생산하고 있다. 지점장은 이러한 자료를 통해 단팥빵의 생산량을 줄이거나, 판매량을 늘리기 위한 방안을 추가적으로 모색해야 할 것이다. 단, 단팥빵의 생산량을 줄인다고 하여 원가구조 및 이익구조가 개선되지 않을 수도 있다. 단팥빵의 생산설비에서 감가상각비는 단팥빵의 생산량과 상관없이 발생한다. 10개를 생산하든, 200개를 생산하든 감가상각비는 고정적으로 발생한다는 것이다. 따라서 생산량을 오히려 줄이면 단위당 제조원가가 더 높아지게 된다. 따라서 지점장은 생산설비의 생산량용량을 파악하여 제조원가 상승분까지 고려해 단팥빵의 원가구조를 개선할 방안을 모색해야 한다.

연습문제

1. ○× 문제 연습

(1) 원재료, 재공품, 제품은 모두 재고자산으로 분류할 수 있다.

(2) 직접재료원가, 직접노무원가, 제조간접원가를 제조원가의 3요소라 한다.

(3) 가격을 결정할 때 제조원가에 판매이익을 가산하면 된다.

(4) 제조기업에서 원가는 자산화여부에 따라 제품원가와 기간원가로 구분할 수 있다.

(5) 제조원가는 발생 즉시 비용화시킬 수 있다.

(6) 기간원가란 발생 즉시 매출원가로 비용화하는 원가를 의미한다.

(7) 제조간접원가는 간접재료원가, 간접노무원가, 기타제조경비의 합으로 구성된다.

(8) 당기총제조원가는 직접재료원가, 간접재료원가, 제조간접원가의 합으로 구성된다.

(9) 매출원가는 판매량과 단위당 제조원가의 곱으로 계산할 수 있다.

해답

(1) ○.

(2) ○.

(3) ×. 제조원가와 비제조원가 모두를 고려해야 한다.

(4) ○.

(5) ×. 제조원가는 발생즉시 재고자산으로 자산화한다.

(6) ×. 기간원가는 발생즉시 판매비와 관리비로 비용화된다.

(7) ○.

(8) ×. 직접재료원가, 직접노무원가, 제조간접원가의 합이다.

(9) ○.

2. 괄호 안에 알맞은 답 넣기

(1) 아래 그림의 빈칸(A.~D.)에 들어갈 알맞은 답을 넣으시오.

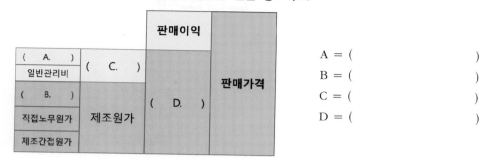

A = (   )
B = (   )
C = (   )
D = (   )

(2) 아래는 자산화 여부에 따라 원가를 구분한 그림이다. 빈칸(E.~L.)에 들어갈 알맞은 답을 넣으시오.

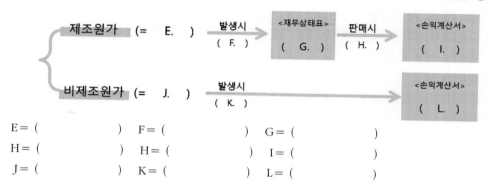

E = (   )   F = (   )   G = (   )
H = (   )   H = (   )   I = (   )
J = (   )   K = (   )   L = (   )

해답

(1) A. 판매비, B. 직접재료원가, C. 비제조원가, D. 총원가
(2) E. 제품원가, F. 자산화, G. 재고자산, H.비용화,
    I. 매출원가, J. 기간원가, K. 비용화, L. 판매비와 관리비

3. 객관식 문제

※ 다음은 (1)~(6)까지 연관된 문제이다. ㈜서울의 20X1년에 발생한 원가 및 비용에 관한 자료를 나타 낸다. ㈜서울은 제품 155개를 생산하였고, 판매이익이 총원가의 20%가 되도록 판매가격을 설정하 고자 한다. 물음에 알맞은 답을 하시오.

직접재료원가	₩32,000	간접재료원가	₩18,000
직접노무원가	15,000	간접노무원가	8,000
공장임차료	32,000	본사직원급여	11,000
공장수도광열비	5,000	본사건물임차료	12,000
공장기계장치감가상각비	6,000	광고선전비	16,000

(1) 제조간접원가를 구하라.
　① ₩26,000　　　② ₩69,000　　　③ ₩82,000　　　④ ₩98,000

(2) 당기총제조원가를 구하라.
　① ₩73,000　　　② ₩116,000　　　③ ₩129,000　　　④ ₩145,000

(3) 비제조원가를 구하라.
　① ₩26,000　　　② ₩39,000　　　③ ₩43,000　　　④ ₩55,000

(4) 총원가를 구하라.
　① ₩90,000　　　② ₩116,000　　　③ ₩155,000　　　④ ₩171,000

(5) 제품 한 단위당 판매이익을 구하라.
　① ₩200　　　② ₩250　　　③ ₩280　　　④ ₩656

(6) 판매이익을 충족하기 위한 최소 판매가격을 구하라.
　① ₩1,000　　　② ₩1,200　　　③ ₩1,250　　　④ ₩1,280

(7) 당기에 영업을 시작한 ㈜서울의 기말제품재고액은 ₩9,000이다. ㈜서울은 당기에 ₩18,000 상당의 직접재료원가를 사용하였으며, 당기에 발생한 직접노무원가는 ₩5,000, 제조간접원가는 ₩15,000이다. ㈜서울이 당기에 ₩40,000 상당의 매출을 달성했을 경우 다음의 보기 중 틀린 답을 고르시오.

① 기초제품제조원가는 없다.

② 당기제품제조원가는 ₩38,000이다.

③ 매출총이익은 ₩11,000이다.

④ 매출원가는 ₩20,000이다.

[해답]

(1) ② ₩69,000(=₩32,000 + 5,000 + 6,000 + 18,000 + 8,000)

(2) ② ₩116,000(=₩69,000 + 32,000 + 15,000)

(3) ② ₩39,000(=₩11,000 + 12,000 + 16,000)

(4) ④ ₩155,000(=₩116,000 + 39,000)

(5) ① ₩200(=₩1,000 × 20%)

　　* ₩155,000/155개

(6) ② ₩1,200(=₩1,000 + 200)

(7) ④ ₩29,000(=₩38,000 − 9,000)

제11장 원가행태와 경영의사결정

앞선 장에서 제조원가와 비제조원가를 계산하여 제조기업의 손익계산서를 작성하고, 가격을 결정하는 방법에 대해 논하였다. 특히 제조원가에서 직접재료원가와 직접노무원가는 직접적으로 원가대상에 추적하여 원가를 할당한 반면 제조간접원가는 합리적인 기준을 정하여 원가대상에 배부하는 방법을 익혔다. A베이커리 강남역점에서는 이 합리적인 기준을 '생산량'이라 정했다.

빵은 일반적으로 여름보다 겨울에 더 많이 판매된다. 강남역점은 겨울에 빵 매출에 따라 생산량을 증가시켰다. 이에 따라 빵에 들어가는 재료원가도 증가하고 빵을 만들어내는 생산기사의 노무원가도 증가할 것이다. 반면 빵 만드는 공간의 임차료는 어떤가? 임차료는 여름이나 겨울에 따라 변하지 않으며 빵의 생산량에 따라 함께 증가하는 원가가 아니다. 생산설비 기계장치에서 발생하는 감가상각비도 마찬가지다. 즉 제조간접원가에 포함되는 임차료와 감가상각비는 직접재료원가와 직접노무원가와는 다른 성격을 지니고 있는 것이다.

편의를 위해 단팥빵 단일 품목만 판매한다고 가정하고, A베이커리 강남역점의 단위당 제조원가를 계산해보겠다. 임차료는 여름과 겨울 모두 ₩300,000으로 동일하지만 생산량은 여름에 200개에서 겨울에 300개로 증가했다. 이 경우 단위당 제조간접원가는 여름에 ₩1,500(=₩300,000/200개)이나 겨울이 되면 ₩1,000(=₩300,000/300개)로 낮아진다. 단위당 제조간접원가의 감소는 결국 단위당 제조원가의 감소로 이어진다. 강남역점의 지점장은 이 원가 데이터를 보고 겨울에 빵을 만드는 원가가 감소했다고 착각할지도 모른다. 그렇다면 이 데이터에 따라 여름에는 단팥빵의 가격을 올리고 겨울에는 단팥빵의 가격을 내리는 것이 합리적인가? 이번 장에서는 관리회계 관점에서 원가를 분류·분석하고 의사결정을 수행하는 과정에 대해 학습하도록 한다.

원가행태에 따른 원가의 분류

    조업도란 조업의 정도를 의미하는 것으로 생산량, 노무(작업)시간, 기계(작동)시간 등을 의미하는데, 이러한 조업도 수준에 따라 원가가 발생하는 행태를 **원가행태**라 한다. 원가행태에 따라 원가는 변동원가, 고정원가, 준변동원가, 준고정원가로 분류할 수 있다.

    A베이커리 강남역점 예시를 생각해보자. 편의를 위해 단팥빵 단일 품목만을 생산·판매하고 있으며 원가는 [표 11 − 1]과 같이 간단하게 발생한다고 가정한다.

• 표 11-1   A베이커리 강남역지점의 단팥빵 제조원가

	단팥빵(생산량 200개)	
	단위당 원가	총 원가
직접재료원가	@₩25	₩5,000
직접노무원가	@₩50	₩10,000
제조간접원가(임차료)		₩300,000

1. 변동원가

    A베이커리 강남역점의 직접재료원가인 단팥의 원가는 단팥빵 한 단위를 만들 때마다 ₩25씩 발생한다. 즉 단팥빵의 생산량의 증가에 비례하여 직접재료원가도 증가한다. 직접노무원가도 마찬가지이다. 단팥빵의 생산량이 증가할수록 빵을 만드는 생산기사의 일하는 시간이 많아지고 이는 직접노무원가의 증가로 이어진다. [표 11 − 2]를 살펴보자. 생산량이 0개이면 직접재료원가 또한 ₩0이 되지만 생산량이 5개, 10개씩 증가할수록 직접재료원가가 일정하게 증가하는 것을 볼 수 있다. 이와같이 관련범위 내에서 조업도에 비례하여 원가가 증가하는 행태를 **변동원가**라 한다. **관련범위**란 원가를 설명할 수 있는 조업도의 범위를 의미한다.

    변동원가의 함수는 [그림 11 − 1]과 같이 나타낼 수 있다. 조업도(x)가 0이면 원가(y)는 0이 되고, 조업도가 증가하면 원가는 조업도(x)에 따라 일정하게 b만큼 증가한다. 직접재료원가의 예시에서 b는 @₩25이므로 원가함수는 y = @₩25x로 표현할 수 있다.

$$y = bx$$

(y = 금액, b = 단위당 변동원가, x = 조업도)

● 표 11-2　A베이커리 강남역지점의 변동원가

	조업도(생산량)			
	0개	1개	5개	10개
직접재료원가	₩0	₩25	₩125	₩250
직접노무원가	₩0	₩50	₩250	₩500

● 그림 11-1　변동원가 그래프

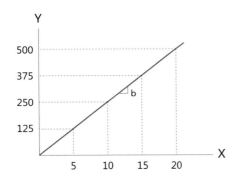

직접재료원가의 예시:
y = 금액(총원가),
b = 단위당 직접재료원가, @₩25
x = 생산량

2. 고정원가

　　반면 임차료를 생각해보자. 생산량이 증가한다 해도 임차료는 생산량에 비례하여 움직이지 않고 일정한 수준을 유지할 것이다. [표 11-3]을 살펴보자. 생산량이 0개여도 임차료는 계속해서 발생하는 원가이므로 생산량과 상관없이 일정한 금액으로 나타난다. 생산량이 5개, 10개씩 증가해도 임차료는 고정적으로 발생한다. 이와 같이 관련범위 내에서 조업도와 무관하게 일정한 원가행태를 보이는 것을 고정원가라 한다.

• 표 11-3   A베이커리 강남역지점의 고정원가

	조업도(생산량)			
	0개	1개	5개	10개
제조간접원가(임차료)	₩300,000	₩300,000	₩300,000	₩300,000

고정원가의 함수는 [그림 11−2]와 같이 나타낼 수 있다. 조업도(x)가 0이여도 원가(y)는 ₩300,000이므로 조업도(x)와 상관없이 원가는 일정하게 a만큼 발생한다. 제조경비(감가상각비)의 예시에서 a는 ₩300,000이므로 원가함수는 y＝₩300,000으로 표현할 수 있다.

$$y = a$$
(y = 금액, a = 고정원가)

• 그림 11-2   고정원가 그래프

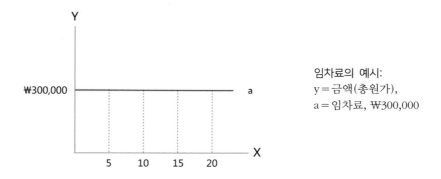

임차료의 예시:
y＝금액(총원가),
a＝임차료, ₩300,000

3. 준변동원가

이외에도 준변동원가, 준고정원가의 개념이 있다. 전기세는 사용량과 상관없는 일정한 기본요금과 사용량에 비례하여 발생하는 사용요금으로 청구된다. 기본요금은 고정원가의 성격이, 사용요금은 변동원가의 성격을 지니는 것이다. 이와 같이 변동원가와 고정원가가 함께 나타나는 원가행태를 **준변동원가**라 한다. 예를 들어 전기세의 기본요금은 ₩1,000이고 사용요금은 한 단위당 ₩100씩 증가한다고 생각해보자. 아래의 [표 11−4]는 조업도(생산량)에 따른 전기요금의 원가행태를 보여준다. 생산량이 0개일 경우 전기세는 기본요금 만큼인 ₩1,000이 발생하고 생산량이 5개일 경우 ₩1,500, 10개일 경우 ₩2,000씩 발생한다.

• 표 11-4   A베이커리 강남역지점의 준변동원가

	조업도(생산량)			
	0개	1개	5개	10개
전기세	₩1,000	₩1,100	₩1,500	₩2,000

준변동원가는 조업도에 따라 상관없이 발생하는 기본요금(고정원가)과 사용량에 비례하여 발생하는 전기요금(변동원가)이 함께 발생하므로 변동원가 및 고정원가의 함수를 합하여 [그림 11-3]과 같이 표현할 수 있다.

$$y = a + bx$$

(y = 금액, a = 고정원가, b = 단위당 변동원가, x = 조업도)

• 그림 11-3   준변동원가 그래프

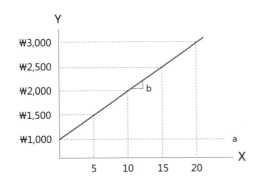

전기세의 예시:
y = 금액(총원가),
a = 기본요금, ₩1,000
b = 단위당 전기요금, @₩100
x = 생산량

4. 준고정원가

준고정원가란 일정한 조업도의 범위 내에서는 고정원가이지만 관련 범위를 벗어나면 원가가 변화하는 원가행태를 의미한다. 감가상각비를 생각해보자. 단팥빵의 생산설비의 최대용량은 200개이다. 단팥빵을 250개를 만들고 싶다면 생산설비를 하나 더 구입해야 할 것이다. 이 경우 감가상각비는 고정원가라 하더라도 변하게 된다. 단, 생산설비의 용량에 따라 일정한 범위 내에서는 고정원가 행태를 보일 것이다. [표 11 − 5]를 살펴보자. 생산량이 0개여도 감가상각비는 계속해서 발생하는 원가이므로 일정한 금액을 보인다. 단, ₩295,000은 생산설비의 최대용량인 200개까지 발생하며 생산용량이 200개를 초과하는 순간 ₩590,000으로 변화한다.

● 표 11-5   A베이커리 강남역지점의 준고정원가

	조업도(생산량)		
	0~200개	201~400개	401~600개
감가상각비	₩295,000	₩590,000	₩885,000

준고정원가의 함수는 [그림 11 − 4]와 같이 나타낼 수 있다. 조업도(x)가 0이여도 원가(y)는 ₩295,000 이다. 다만 조업도(x)의 범위가 0개부터 200개까지 인 경우에 해당된다. 고정원가의 함수와 동일하게 y=a로 나타낼 수 있지만, 관련범위를 표시해야 한다. 감가상각비의 예시에서 a는 ₩295,000이므로 원가함수는 y=₩295,000(0≤x≤200)으로 관련범위와 함께 표시할 수 있다.

$$y = a1 \ (\ x_0 \leq x \leq x_1 \ ),$$
$$y = a2 \ (\ x_1 < x \leq x_2 \ ),$$
$$y = a3 \ (\ x_2 < x \leq x_3 \ ),$$
$$(y = 금액, \ a = 고정원가, \ x = 조업도)$$

• 그림 11-4 준고정원가 그래프

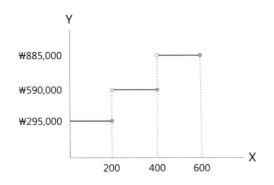

감가상각비의 예시:
y = 금액(총원가),
a1 = 감가상각비 ₩295,000(0 ≤ x ≤ 200),
a2 = 감가상각비 ₩590,000(201 ≤ x ≤ 400),
a3 = 감가상각비 ₩885,000(401 ≤ x ≤ 600),
x = 생산량

• 그림 11-5 원가행태에 따른 원가의 분류

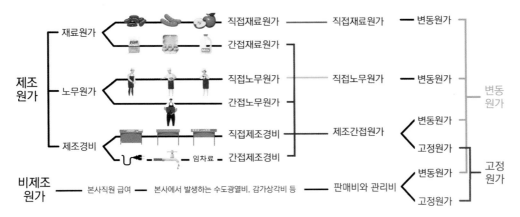

02 공헌이익

1. 공헌이익

관리회계에서, 경영자들이 의사결정을 수행할 때 중요시 여기는 원가정보로서 공헌이익이 있다. 공헌이익(contribution margin)이란 매출액에서 변동원가를 차감한 것으로, 고정원가를 회수하여 이익을 창출하는 데 공헌한다는 의미를 지닌다. 공헌이익을 이용하여 작성한 손익계산서를 공헌이익 손익계산서라 한다. 기업은 외부보고 목적으로 손익계산서를 사용하지만, 내부관리 목적으로는 공헌이익 손익계산서를 사용한다.

공헌이익 손익계산서	
매출액	= 판매량 × 단위당 판매가격
(변동원가)	= 판매량 × 단위당 변동원가
공헌이익	= 판매량 × 단위당 공헌이익
(고정원가)	
영업이익	= 공헌이익 − 영업이익
(법인세비용)	= 영업이익 × 법인세율
당기순이익	= 영업이익 − 법인세비용

예시를 살펴보면 공헌이익의 '공헌'의 의미를 더 잘 파악할 수 있다. 단팥빵 단일품목을 판매하는 A베이커리 강남역점에서 발생하는 원가 및 가격이 아래와 같을 때 생산량에 따른 공헌이익 손익계산서를 만들어보자. 단, 법인세비용은 없다고 가정한다.

단팥빵 단위당 판매가격	₩1,000		
단위당 재료원가	₩100		
단위당 노무원가	80	고정제조간접원가	₩80,000
단위당 변동판매관리비	20	고정판매관리비	20,000
변동원가	₩200	고정원가	₩100,000

공헌이익 손익계산서	조업도(X=판매량)				
	X=0개	X=50개	X=100개	X=125개	X=200개
매출액	0	50,000	100,000	125,000	200,000
(변동원가)	0	(10,000)	(20,000)	(25,000)	(40,000)
공헌이익	0	40,000	80,000	100,000	160,000
(고정원가)	(100,000)	(100,000)	(100,000)	(100,000)	(100,000)
영업이익	(100,000)	(60,000)	(20,000)	0	60,000

표에서 단팥빵을 팔지 않은 경우(X=0개)를 보자. 판매량이 없기 때문에 매출액, 변동원가, 공

헌이익은 모두 0으로 계산된다. 그러나 고정원가는 조업도에 따라 변하지 않는 성격이므로 판매량이 없다 하더라도 ₩100,000씩 항상 지출된다. 아무것도 생산(판매)하지 않는다 하더라도 고정원가는 일정하게 발생하기 때문에 적자의 구조를 갖게 되는 것이다. 판매량이 50개인 경우, 판매량에 따라 매출액, 변동원가, 공헌이익 모두 일정하게 증가한다. 고정원가는 변동하지 않기 때문에 ₩100,000이 지출되고 영업이익은 판매량이 0개일 때보다 개선된 ₩60,000(영업손실)을 기록한다. 판매량이 125개가 될 경우 공헌이익은 고정원가와 같아진다. 따라서 영업이익도 ₩0이 된다. 단팥빵을 125개를 팔아야 적자를 면하는 것이다. 이를 손익분기점이라 부른다. 손익분기점(break even point: BEP)이란 수익과 비용이 같아지는 점으로 영업이익이 ₩0이 되는 지점을 의미한다. 위의 예시에서는 공헌이익과 고정원가가 같아지는 점이며, 이는 공헌이익이 고정원가를 회수하는 지점이다. 단팥빵을 200개까지 판매한다면 공헌이익은 ₩160,000이 되고, 고정원가 ₩100,000을 회수하고도 ₩60,000이 남는다. 공헌이익이 고정원가를 회수하는 지점을 넘어서야 이익을 창출할 수 있는 구조가 된다. 즉, 공헌이익은 조업도에 상관없이 일정하게 발생하는 고정원가를 어떻게 회수할 수 있는가에 대한 판단을 가능하게 하고, 그에 따라 영업이익을 창출할 수 있는 구조를 설명할 수 있는 개념이다.

2. 변동원가율, 공헌이익률

매출액에서 변동원가를 차감하면 공헌이익이므로 매출액은 [그림 11-6]과 같이 변동원가와 공헌이익의 합으로 나타낼 수 있다. **변동원가율**이란 총매출액 중에서 변동원가가 차지하는 비율을 의미하고, **공헌이익률**이란 총매출액 중에서 공헌이익이 차지하는 비율을 의미한다. 따라서 변동원가율과 공헌이익률은 역의 관계를 지닌다.

• 그림 11-6 변동원가율과 공헌이익률

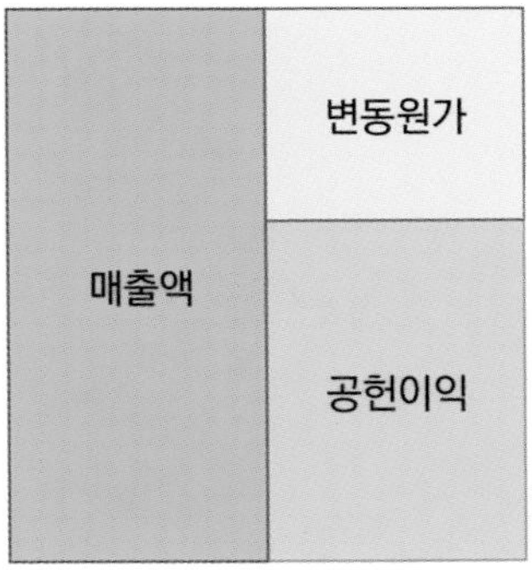

$$\text{공헌이익률} = \frac{\text{공헌이익}}{\text{매출액}} = \frac{\text{판매량} \times \text{단위당 공헌이익}}{\text{판매량} \times \text{단위당 판매가격}} = \frac{\text{단위당 공헌이익}}{\text{단위당 판매가격}}$$

$$\text{변동원가율} = \frac{\text{변동원가}}{\text{매출액}} = \frac{\text{판매량} \times \text{단위당 변동원가}}{\text{판매량} \times \text{단위당 판매가격}} = \frac{\text{단위당 변동원가}}{\text{단위당 판매가격}}$$

공헌이익률은 다양한 의사결정에 활용될 수 있는데, 예를 들면 복수의 제품을 판매할 때 어떤 제품을 많이 파는 것이 유리한가를 판단할 수 있게 한다. 가령 A베이커리 강남역점에서 단팥빵과 소시지빵을 판매하는 데 공헌이익률은 단팥빵이 50%, 소시지빵이 10%라 생각해보자. 매출액 ₩1,000,000을 달성했을 때 어떤 제품이 고정원가를 빨리 회수하여 이익을 창출하는 데 더 큰 도움을 줄까?

	공헌이익률	매출액
단팥빵	50%	₩1,000,000
소시지빵	10%	₩1,000,000

같은 매출액이라면 단팥빵이 ₩500,000, 소시지빵이 ₩100,000의 공헌이익을 창출한다. 고정원가가 두 제품 모두에 동일하게 발생한다면 단팥빵이 상대적으로 영업이익에 큰 공헌을 할 수 있다. 단, 공헌이익률은 고정원가를 고려하지 않고 분석하는 방법임을 주의해야 한다. 고정원가를 고려하는 분석법으로는 영업레버리지가 있으나, 본 교과서에서는 다루지 않으니 참고만 하자.

03 CVP 분석

원가행태를 이용하여 경영 의사결정에 활용하는 방법 중 가장 대표적인 것이 바로 CVP 분석이다. CVP 분석이란 풀어서 원가(cost), 조업도(volume), 이익(profit)을 의미하는데, 조업도에 따라 원가와 이익이 어떻게 변화하는지를 분석할 수 있는 기법이다. CVP분석은 공헌이익 손익계산서를 활용한다.

1. 손익분기점– 판매량

앞서 손익분기점이란 수익과 비용이 같아지는 점, 또는 공헌이익과 고정원가가 같아지는 점, 영업이익이 ₩0이 되는 지점이라 배웠다. 손익분기점에서의 판매량이란 영업이익이 ₩0이 되는 지점에서의 판매량을 의미한다.

"몇 개를 팔아야 손실을 면할까?"

손익분기점을 계산하기 위해서는 공헌이익 계산서의 구조를 생각해보면 된다. 공헌이익 손익계산서 상의 식을 나열한 뒤, 판매량을 도출할 수 있도록 식을 조정하면 쉽게 손익분기점의 판매량을 구할 수 있다. 즉 매출액과 변동원가는 판매량에 따라 변화하는 성격을 지니고 있으므로 판매량과 단위당 판매가격, 단위당 변동원가로 분해한 뒤 판매량으로 묶어 단위당 공헌이익 식으로 나타낼 수 있다.

$$\text{매출액} \quad - \quad \text{변동원가} \quad - \text{고정원가} = \text{영업이익}$$
$$\text{판매량}\times\text{단위당 판매가격} - \text{판매량}\times\text{단위당 변동원가} - \text{고정원가} = \text{영업이익}$$
$$\text{판매량} \times \quad (\text{단위당 판매가격}-\text{단위당 변동원가}) - \text{고정원가} = \text{영업이익}$$
$$\text{판매량} \times \quad \text{단위당 공헌이익} \quad - \text{고정원가} = \text{영업이익}$$

다음으로 손익분기점에서의 판매량을 구하는 목적을 위해 영업이익을 ₩0으로, 판매량을 판매량손익분기점으로 변환한 뒤, 판매량^{손익분기점}을 기준으로 식을 정리하면 아래와 같다.

$$\text{판매량}^{손익분기점}\times\text{단위당 공헌이익}-\text{고정원가}=0$$

$$\text{판매량}^{손익분기점} = \frac{\text{고정원가}}{\text{단위당 공헌이익}}$$

이 식을 바탕으로 A베이커리 강남역 지점의 판매량^{손익분기점}을 구해보자(이전 예시와 동일하게 판매가격은 ₩1,000, 단위당 변동원가는 ₩200, 고정원가는 ₩100,000이다). 단위당 공헌이익은

₩800(＝단위당 판매가격－단위당 변동원가＝₩1,000－200)이다. 고정원가는 ₩100,000이므로 판매량^{손익분기점}은 125개가 된다.

$$판매량^{손익분기점} = \frac{고정원가}{단위당\ 공헌이익} = \frac{₩100,000}{(₩1,000-200)} = \frac{₩100,000}{(₩800)} = 125개$$

2. 손익분기점-매출액

손익분기점에서의 매출액이란 영업이익이 ₩0이 되는 지점에서의 매출액을 의미한다. A베이커리 강남역점의 지점장은 몇 개를 팔아야 손익분기점을 넘기는가를 궁금해할 수도 있지만, 포스기에 얼마까지 찍혀야 손익분기점을 넘길지도 궁금해할 것이다.

"얼마를 팔아야 손실을 면할까?"

손익분기점에서의 매출액도 마찬가지로 공헌이익 손익계산서 상의 식을 이용하여 분석할 수 있다. 매출액을 구하는 것이므로 공헌이익 손익계산서 식을 매출액으로 분해해야 한다. 변동원가에 매출액을 곱하고 동시에 매출액을 나누는 식을 써 변동원가율과 매출액의 곱으로 나타낼 수 있다. 이는 곧 매출액으로 묶어 식을 정리한 뒤 공헌이익률로 나타낼 수 있다.

$$
\begin{array}{lclcll}
매출액 & - & 변동원가 & -고정원가 & =영업이익 \\
매출액 & - & \dfrac{변동원가}{매출액}\times매출액 & -고정원가 & =영업이익 \\
매출액 & - & 변동원가율\times매출액 & -고정원가 & =영업이익 \\
매출액 & \times & (1-변동원가율) & -고정원가 & =영업이익 \\
매출액 & \times & 공헌이익률 & -고정원가 & =영업이익 \\
\end{array}
$$

다음으로 손익분기점에서의 매출액을 구하는 목적을 위해 영업이익을 ₩0으로, 매출액을 매출액^{손익분기점}으로 변환한 뒤, 이를 매출액^{손익분기점}으로 정리하면 손익분기점의 매출액을 구할 수 있다.

$$매출액^{손익분기점}\times공헌이익률-고정원가=0$$

$$매출액^{손익분기점} = \frac{고정원가}{공헌이익률}$$

이 식을 바탕으로 A베이커리 강남역 지점의 매출액^{손익분기점}을 구해보자. 공헌이익률은 80%(= 공헌이익/매출액＝단위당 공헌이익/단위당 판매가격＝₩800/1,000)이다. 고정원가는 ₩100,000 이므로 매출액^{손익분기점}은 ₩125,000이 된다.

$$매출액^{손익분기점} = \frac{₩100,000}{(₩1,000-200)/₩1,000} = \frac{₩100,000}{80\%} = ₩125,000$$

3. 이외의 분석 방법

기업은 영업이익이 ₩0이 되는 지점을 바라보며 경영활동을 수행하지 않을 것이므로 목표이익을 정해두고 몇 개를, 얼마를 팔아야 목표이익에 달성할 수 있는가를 고민해볼 것이다. 또한, 법인세를 차감한 후의 당기순이익을 목표로 정하여 이를 달성하기 위한 판매량과 매출액을 궁금해할수 있다. 이와 같은 분석들은 위의 손익분기점에서의 판매량 및 매출액의 도출 과정을 응용하여쉽게 구할 수 있다. 가령 손익분기점에서의 판매량을 구하기 위해 영업이익에 ₩0을 대입했다면목표이익에서의 판매량을 구하는 식에서는 영업이익 자리에 목표이익 금액을 대입하면 된다. 법인세를 고려한 목표이익도 마찬가지이다. 세전이익(영업이익)－법인세 비용＝세후이익(당기순이익)의 관계를 통해 "세전이익＝세후이익/(1－세율)"식을 구할 수 있다. 이 세전이익을 영업이익 자리에 대입하면 법인세를 고려한 당기순이익을 쉽게 구할 수 있게 된다.

4. CVP 분석방법의 가정

앞선 분석에서 무언가 이상하다는 것을 알아차렸는가? 단위당 변동원가가 늘 일정할까? 원재료를 대량으로 구매하는 경우 할인을 받게 될 수도 있다. 임차료와 같은 고정원가는 관련범위에 따라 변할 수 있다. 단팥빵과 소시지빵, 애플파이빵을 파는 경우에는 CVP 분석을 어떻게 해야 하는가? CVP 분석을 위해서는 해야 할 가정이 몇 가지 있다. 첫째, CVP 분석에서는 조업도만 원가와 수익에 영향을 미친다고 가정한다. 둘째, CVP 분석에서는 원가 함수가 선형관계임을 가정한다. 즉 단위당 변동원가가 일정한 것으로 가정하여 분석을 수행하고 있다. 셋째, CVP 분석에서는 단일제품을 판매하는 것으로 가정하며, 복수제품을 분석하는 경우 매출배합이 일정하다는 가정을 추가로 해야 한다. 넷째, CVP 분석에서는 CVP 분석에서는 생산량과 판매량이 같다. 이전 장에서는 제조원가의 결정 시 생산량에 따른 원가와 판매량에 따른 원가를 구분했지만 이번 장에서는 생산량과 판매량을 구분하여 설명하지 않고 있다. 즉, 생산한 모든 것을 판매한다고 가정하고 조업도에 따른 원가와 이익을 분석하는 것이다.

연습문제

1. ○× 문제 연습

(1) 매출액이 동일할 경우 공헌이익률이 높은 제품이 영업이익을 창출하는데 더 큰 공헌을 한다.

(2) 공헌이익률을 통해 고정원가의 절대적인 크기를 가늠할 수 있다.

(3) 정액법에 의한 생산설비의 감가상각비는 고정원가라 할 수 있다(단, 생산설비는 생산용량을 초과하지 않는 관련범위 이내로 가정한다).

(4) 택시요금은 준고정원가라 할 수 있다.

(5) 연봉제로 운영되는 노무원가는 고정원가라 할 수 있다.

(6) 공헌이익은 매출액에서 매출원가를 차감한 값을 의미한다.

(7) 공헌이익은 고정원가와 영업이익의 합으로 계산할 수 있다.

(8) 손익분기점은 공헌이익이 고정원가와 같아지는 지점이다.

(9) 고정제조원가는 고정제조간접원가와 고정판매관리비를 합하여 구할 수 있다.

(10) 직접재료원가는 변동원가라 할 수 있다.

해답

(1) ○.

(2) ×. 공헌이익률은 고정원가를 고려하지 못한다.

(3) ○.

(4) ×. 준변동원가이다.

(5) ○.

(6) ×. 매출액에서 변동원가를 차감한다.

(7) ○.

(8) ○.

(9) ×. 고정제조원가는 고정제조간접원가만 해당된다.

(10) ○.

2. 괄호 안에 알맞은 답 넣기

※ 다음의 보기는 여러 원가 개념을 나열한 것이다. 원가행태에 따라 구분하라. (중복이 가능하다)

| ⓐ 직접재료원가 | ⓑ 직접노무원가 | ⓒ 변동제조간접원가 |
| ⓓ 고정제조간접원가 | ⓔ 변동판매관리비 | ⓕ 고정판매관리비 |

(1) 제조원가의 3요소를 고르시오. ( )
(2) 변동제조원가를 고르시오. ( )
(3) 고정제조원가를 고르시오. ( )
(4) 총변동원가를 고르시오. ( )
(5) 총고정원가를 고르시오. ( )
(6) 변동비제조원가를 고르시오. ( )
(7) 고정비제조원가를 고르시오. ( )

해답

(1) ⓐ 직접재료원가 ⓑ 직접노무원가 ⓒ 변동제조간접원가 ⓓ 고정제조간접원가
(2) ⓐ 직접재료원가 ⓑ 직접노무원가 ⓒ 변동제조간접원가
(3) ⓓ 고정제조간접원가
(4) ⓐ 직접재료원가 ⓑ 직접노무원가 ⓒ 변동제조간접원가 ⓔ 변동판매관리비
(5) ⓓ 고정제조간접원가 ⓕ 고정판매관리비
(6) ⓔ 변동판매관리비
(7) ⓕ 고정판매관리비

3. 객관식 문제

(1) 다음의 보기 중 가장 올바르지 않은 답안을 고르시오. 단, (가), (나), (다), (라)는 서로 독립적이다.

	단위당 판매가격	단위당 변동원가	공헌이익률
(가)	₩1,000	ⓐ	30%
(나)	ⓑ	₩1,920	40%
(다)	₩5,000	₩4,500	ⓒ
(라)	₩4,800	ⓓ	25%

① ⓐ-₩700   ② ⓑ-₩3,200   ③ ⓒ-10%   ④ ⓓ-₩1,000

※ 다음은 (2)~(3)과 관련된 문제이다. ㈜서울의 20×1년 영업이익은 ₩50,000이고, 손익분기점의 매출액은 ₩250,000, 공헌이익률은 40%이다. 문제를 읽고 답하라.

(2) ㈜서울의 고정원가는 얼마인가?

① ₩200,000　　② ₩100,000　　③ ₩90,000　　④ ₩75,000

(3) ㈜서울의 매출액은 얼마인가?

① ₩375,000　　② ₩350,000　　③ ₩270,000　　④ ₩200,000

※ 다음은 (4)~(5)와 관련된 문제이다. 아래의 보기는 단일 제품을 제조하여 판매하는 ㈜서울의 원가자료이다.

• 판매량	1,000단위	• 단위당 변동제조간접원가	₩20,000
• 단위당 판매가격	₩65,000	• 고정제조간접원가	₩6,000,000
• 단위당 직접재료원가	₩10,000	• 단위당 변동판매관리비	₩10,000
• 단위당 직접노무원가	₩20,000	• 고정판매관리비	₩4,000,000

(4) ㈜서울의 공헌이익 손익계산서상의 영업이익은 얼마인가?

① ₩5,000,000 이익　② ₩5,000,000 손실　③ ₩2,000,000 이익　④ ₩2,000,000 손실

(5) ㈜서울이 받아야할 최소 판매가격은 얼마인가? (단 생산량과 판매량은 같다)

① ₩60,000　　② ₩65,000　　③ ₩70,000　　④ ₩80,000

(6) 보기의 자료로 ㈜서울의 손익분기점 판매량을 구하라.

① 1,500개　　② 2,000개　　③ 2,500개　　④ 3,000개

(7) ㈜서울은 오렌지 주스를 한 병당 ₩500에 판매하는 기업이다. 20×1년 한 해 동안 발생한 수익과 비용은 다음과 같다. 손익분기점의 판매량과 매출액은 각각 얼마인가?

매출액	₩1,500,000	고정제조간접원가	₩540,000
직접재료원가	560,000	고정판매관리비	160,000
직접노무원가	210,000		
변동제조간접원가	400,000		
변동판매관리비	90,000		

	손익분기점의 판매량	손익분기점의 매출액
①	8,750개	₩4,375,000
②	8,750개	833,333
③	4,909개	4,375,000
④	4,909개	2,454,545

해답

(1) ④ $(4800 - ⓓ)/4800 = 25\%$ 이므로, $ⓓ = 4,800 - (0.25 \times 4,800) = ₩3,600$

(2) ② 고정원가/공헌이익률 = 매출액^{손익분기점}이므로, 고정원가/40% = 250,000, 고정원가 = ₩100,000

(3) ①

   매출액 − 변동원가 − 고정원가 = 영업이익

   공헌이익 = 100,000 + 50,000 = 150,000

   공헌이익률 = 공헌이익/매출액 = 150,000/매출액 = 40%

   따라서 매출액 = 375,000

(4) ② 5,000,000 손실

   매출액$^{1)}$ − 변동원가$^{2)}$ − 고정원가$^{3)}$ = 영업이익

   1) 매출액 = ₩65,000 × 1,000개 = 65,000,000

   2) 변동원가 = (₩10,000 + 20,000 + 20,000 + 10,000) × 1,000개 = 60,000,000

   3) 고정원가 = ₩6,000,000 + 4,000,000 = ₩10,000,000

(5) ③ ₩70,000

   판매가격은 최소한 원가이상으로 책정되어야 한다.

   총원가 = ₩60,000,000 + 10,000,000 = ₩70,000,000

   단위당 원가 = 총원가/생산량 = ₩70,000,000/1,000단위 = 단위당 ₩70,000

(6) ② 2,000개

   판매량^{손익분기점} = 고정원가/단위당 공헌이익 = ₩10,000,000/(₩65,000 − 60,000) = 2,000개

(7) ① 8,750개, ₩4,375,000

   판매량 = ₩1,500,000/500 = 3,000개

   단위당 변동원가 = ₩1,260,000/3,000개 = ₩420

   공헌이익률 = (₩500 − 420)/500 = 16%

   고정원가 = ₩700,000

   따라서 판매량^{손익분기점} = 고정원가/단위당 공헌이익 = ₩700,000/(500 − 420) = 8,750개,

   매출액^{손익분기점} = ₩700,000/16% = ₩4,375,000

박주형

연세대학교 일반대학원에서 회계전공으로 경영학 박사 학위를 취득하고, 연세대학교에서 연구교수로 근무했다. 현재는 한림대학교 경영학과 교수로 재직중이다. 2024년 한국회계학회 딜로이트 안진학술상 신진학자상 위촉교수로 활동하고 있으며, 강원도 항공사업자 재정지원 심의위원회 위원을 역임하였다. 연세대학교에서 박사학위논문으로 우수상을, 한국경영학회에서 경영학연구 최우수상을 수상한 바 있다. 또한, 매년 강의우수상을 수상하며 교육의 질 향상을 위해 지속적으로 노력해왔다.

문성훈

연세대학교 경영학과에서 학부와 대학원을 마치고, 서울시립대학교 세무학박사를 취득했다. 삼성금융연구소, 삼성증권 등에서 10년간 근무한 후 현재 한림대학교 경영학과 교수로 있다. 금융위원회 금융개혁자문단 금융세제분과 위원장, 기획재정부 국세예규심사위원회 및 국세예규심사위원회 위원, 중부지방국세청 및 춘천세무서 국세심사위원 등을 역임했다. 금융세제 선진화와 다양한 세제관련 연구를 통해 금융·조세정책 수립에 기여한 공로로 대통령표창을 수상하였으며, 회계학회, 세무학회 등에서 우수논문상을 수여받은 바 있다. 대표적인 논문으로는《금융투자소득세의 현황과 과제》,《채권관련 금융상품 과세제도의 문제점 및 개선방안》,《금융상품의 장기자본차익을 세제상 우대해야 하는가?》 등이 있다. 대표적인 저서로는《스타트업과 세금》,《창업금융론》,《경영의사결정을 위한 회계·세무데이터 분석》 등이 있다.

쉽게 배우는 회계입문

초판발행	2024년 3월 25일
지은이	박주형·문성훈
펴낸이	안종만·안상준
편 집	전채린
기획/마케팅	박세기
표지디자인	Benstory
제 작	고철민·조영환
펴낸곳	(주)박영사

서울특별시 금천구 가산디지털2로 53, 210호(가산동, 한라시그마밸리)
등록 1959. 3. 11. 제300-1959-1호(倫)

전 화	02)733-6771
f a x	02)736-4818
e-mail	pys@pybook.co.kr
homepage	www.pybook.co.kr
ISBN	979-11-303-1936-0 93320

정 가   22,000원